Making Globalization Work

当 代 世 界 学 术 名 著

让全球化
造福全球

[美] 约瑟夫・E・斯蒂格利茨（Joseph E. Stiglitz）/著
雷 达 朱 丹 李有根/译
谢亚凡/校

中国人民大学出版社
・北京・

“当代世界学术名著”
出版说明

中华民族历来有海纳百川的宽阔胸怀，她在创造灿烂文明的同时，不断吸纳整个人类文明的精华，滋养、壮大和发展自己。当前，全球化使得人类文明之间的相互交流和影响进一步加强，互动效应更为明显。以世界眼光和开放的视野，引介世界各国的优秀哲学社会科学的前沿成果，服务于我国的社会主义现代化建设，服务于我国的科教兴国战略，是新中国出版工作的优良传统，也是中国当代出版工作者的重要使命。

中国人民大学出版社历来注重对国外哲学社会科学成果的译介工作，所出版的“经济科学译丛”、“工商管理经典译丛”等系列译丛受到社会广泛欢迎。这些译丛侧重于西方经典性教材；同时，我们又推出了这套“当代世界学术名著”系列，旨在迻译国外当代学术名著。所谓“当代”，一般指近几十年发表的著作；所谓“名著”，是指这些著作在该领域产生巨大影响并被各类文献反复引用，成为研究者的必读著作。我们希望经过不断的筛选和积累，使这套丛书成为当代的“汉译世界学术名著丛书”，成为读书人的精神殿堂。

由于本套丛书所选著作距今时日较短，未经历史的充分淘洗，加之判断标准见仁见智，以及选择视野的局限，这项工作肯定难以尽如人意。我们期待着海内外学界积极参与推荐，并对我们的工作提出宝贵的意见和建议。我们深信，经过学界同仁和出版者的共同努力，这套丛书必将日臻完善。

中国人民大学出版社

目 录

前　言

《全球化及其不满》(*Globalization and Its Discontents*）是我离开世界银行后不久所写的一部著作，从 1997—2000 年，作为高级副行长和首席经济学家，我在世界银行工作了 3 年，在此之前的 1993—1997 年，我曾作为威廉·杰斐逊·克林顿（William Jefferson Clinton）总统麾下的经济顾问委员会的成员和主席在白宫工作。在那本书中我按照历史的顺序记录了我在世界银行和白宫的所见所闻。那真是一个喧嚣跌宕的时代：1997—1998 年的东亚金融危机将一些最为成功的发展中国家推向了前所未有的衰退和萧条；在前苏联，本以为从共产主义向市场经济的转型能够带来新的繁荣，但其结果却是出现了收入和生活水平的下降，下降程度达 70%

以上；即使在最佳状态下，这个世界也不再是歌舞升平，而是充满了激烈的竞争、不确定性和不稳定性；而发展中国家也未能竭尽全力增进它们自身的福祉。而我越来越坚信，发达的工业化国家非但没有尽其所能通过像国际货币基金组织（IMF）、世界贸易组织（WTO）和世界银行（World Bank）之类的国际组织所做的工作，来帮助这些发展中国家，相反在某些时候还使得它们的生活变得更为艰难，像 IMF 的方案很明显使东亚金融危机进一步恶化，而在前苏联及其加盟共和国一度推行的“休克疗法”也是造成转型失败的重要原因之一。

在《全球化及其不满》一书中我涉猎了许多这样的论题。在白宫和世界银行工作的时候，我亲眼目睹了政策形成过程中的内幕情形，并且我们与发展中国家并肩努力，帮助它们完善经济增长和消除贫困的战略。因此，我认为自己对于这些议题能够提供一些独特的见解。除此之外，同等重要的是，作为经济理论家，我花了近 40 年的工作时间去理解市场经济的力量和它的局限；我的研究不仅对有关市场效率的一些一般性论调的有效性提出了质疑，同时也对关于全球化的一些基本信条（如自由贸易是提高福利的必要条件）产生了怀疑。

在前一部著作中，我描述了国际金融体系及其机构的缺陷，并解释了为什么说全球化还没有达到它理应、并且能够使更多的人从中获益的目标。我也勾勒了为使全球化更为有效所必须做的一些事情，特别是针对贫穷国家和发展中国家所必须做的事情。那本书中还包括了对世界金融体系以及治理该体系的国际金融机构进行改革的建议，但是由于篇幅所限，我尚未进行充分的论证和说明。

在白宫和世界银行的经历不仅使我能够站在一个独特的立场来了解全球化所存在的问题，而且它还为我的这部续作打下了基础。在华府工作期间，我出访世界各地，拜会各国领袖和政府要员，了解到全球化的成功与失败之处。在我离开华府回到学术界的那段日子里，我仍然热衷于有关全球化的争论。2001 年，我因早期在信息经济学方面的理论成就而获得了诺贝尔经济学奖，从那之后，我又造访了十几个发展中国家，继续保持我和这些国家的学术界、商业人士、国家元首、政府总理以及议员之间的交流，并参加了有关全球社会各个方面的发展问题和全球化问题的论坛。

在我准备离开华府赴世界银行之际，克林顿总统仍挽留我继续留任经济顾问委员会主席和内阁成员。我婉言谢绝了他，因为我认为能为消除困扰不发达国家的赤贫而设计政策、制订计划，这是一项意义更为重大、更具有挑战性的工作。在一个物质丰富的世界里，还有很多人生活得如此贫困，这样的不平等现象是非常可怕的。解决这些问题无疑困难重重，但是我有信心为消除这个不平等现象做些工作。我之所以接受世界银行的邀请，是因为这不仅为我研究这些问题提供了新的机会，还为我能够维护发展中国家的利益提供了一个平台。

在世界银行的那段日子，我开始理解为什么目前的全球化进程引起了如此强烈的不满。通过全球化获得发展具有可能性，但不具有必然性。我看到在一些国家，贫困不但没有被遏制，相反其程度还有所上升；我更看到这其中更深的含义，贫困程度的上升不仅仅是统计数字变化，更为重要的是民众实际生活质量的下降。当然，没有灵丹妙药能根治这一社会顽症，但是我们所做的许多改进，对政策、经济制度、游戏规则和思维方式的改进——使人们对全球化更好地发挥作用，尤其是对发展国家更好地发挥作用仍然寄予希望。有些变革出现是无法抗拒的，例如，中国作为制造业大国进入全球舞台和印度在外包领域的成功，正在推动着政策和思维方式的转变。在过去的十年全球金融市场已经被打上了不稳定的标签，1997—1998 年的全球金融危机、新千年伊始的拉美危机、2003 年开始的美元走软等，这促使我们对全球金融体系进行再认识。我在后面的一些章节中所提到的世界范围内的变化迟早都会发生。问题的关键并不在于这样或那样的变革是否会发生，而在于这些变革什么时候发生、是在下一次全球灾难降临之前还是之后发生，这一点非常重要，因为为了应对危机而迅速采取的一些相机的变革并不是改革全球经济体系的最佳方式。

冷战的结束意味着新机会的出现和旧障碍的消除，市场经济的重要性现在已经得到公认，苏式共产主义的失败意味着各国政府可以从意识形态的争斗转向修正资本主义的问题。如果美国能够善用这个机会，以一定的原则和价值观为基础，诸如促进贫穷国家发展的贸易协定等，来建立国际经济和政治体系，就能惠及全世界。然而，发达工业国建立的国际贸易体系，实际上只是帮助它们获取特殊的集团利益和金融利益，而受到伤害的往往是世界上最贫穷的国家，而所谓的争取第三世界在“道义上和情感上的拥护”根本不值得一提。

经济发展是一个复杂的问题。实际上，针对 IMF 和其他国际经济组织的主要批评之一就是它们“包治百病”的政策处方，这样的政策抓不住也不可能抓住发展问题的复杂性。虽然对全球经济的描述众说纷纭、莫衷一是，但其中也有一些基本的原则。许多成功的发展中国家的政策也有共性，这些共性也是与每个国家自身所处的环境相符的。本书的写作目的之一就在于解释这些共性。

这里需要提一下我的早期研究与后期著作之间的联系。早期研究主要是指为我赢得诺贝尔经济学奖的研究以及我在华府时期的政策立场，后期著作主要指的是《全球化及其不满》和《喧嚣的九十年代》（*The Roaring Nineties*）。[①]

我早期的学术研究主要在于不完全信息和有限信息的影响以及不完全竞争，它使我认识到市场是有局限性的，我和其他一些学者用了几年的时间将这一成果拓展到了宏观经济学领域。在公共经济学领域，我的研究成果主要是在强调政府和市场之间需要平衡，这个观点与克林顿政府的政策主张很接近，在任经济顾问委员会的成员期间，我帮助将这些政策主张清晰地写进年度《总统经济报告》（*Economic Report of the President*）。当我来到世界银行时，世行还在推行诸如社会保险私有化的保守主义政策，IMF 的情况也是如此，亲身所见，不甚困惑，这与我在白宫苦苦为之奋斗的目标截然相反。更为离谱的是，他们所使用的模型，正是我所做的大量理论工作已经证明了不可信的东西。（当然，我也为克林顿时期的财政部也在推行这类政策而倍感困惑。）

我的经济学研究已经揭示了 IMF 经济学以及“市场原教旨主义（market fundamentalism）”所固有的深层次缺陷，他们相信市场本身能产生经济效率。基于我早期学术研究的一贯认识，迫使我不得不对他们推行的政策发表意见，在我看来，世界银行的东亚政策只能使事态进一步恶化。如果我不尽我所能地指出这些问题那将是一种责任的沦丧。

在我供职于克林顿政府期间，我们为之奋斗的东西不仅与美国人民相关，也与世界其他国家人民相关。当我离开克林顿政府赴世界银行时，我继续为在私人部门和政府部门之间找到一个正确的平衡点而努力，并提出了促进平等和充分就业的政策。我在世行任职期间所提出的这些问题，得到了世行许多经济学家的热情回应，这些问题也正是我在《全球化及其不满》一书中提到的。

---

① 这一点特别重要，因为在我担任世界银行首席经济学家期间及在此之后的时间里，国际货币基金组织（IMF）一直在企图诋毁我，而不是进行理智的辩论。IMF 试图给大家造成这样一个印象，即我在《全球化及其不满》一书中的论点与我在世行任职期间的观点前后不一，没有比这更离谱的了。（我应该感谢他们对我的书反应激烈，在世界大多数地方，这都提高了该书的销量，甚至其中一个国家的出版商在书的封面引用了 IMF 对我的攻击。）

由全球金融危机和东欧向市场经济的艰难转型所引发的不满情绪已经慢慢退去，在今天，人们能够以更加平和的心态来看待这些问题了，就像我在本书第一章所描述的那样，在许多关键性的问题上人们正在达成一致，而这种一致的认识与我在《全球化及其不满》一书中所提出的思想有相似之处。那本书的目的在于改变有关如何重塑全球化的争论的思路，那些观点有相当一部分现在已被广泛接受，就连 IMF 也转而认可了我的观点，即允许投机资本不受限制地流动是极端危险的。当然，在美国和其他一些地方左派和右派之间的冲突告诉我们，在经济学和基本价值观上仍然存在着许多分歧。实际上，我对国际经济组织的主要批评之一，是他们总是无视环境的差异而一味地主张一种特定的经济观点，我认为，这种观点从许多方面来看都将误入歧途。

这本书反映的是我对民主进程的信心，我相信一个信息通畅的公民社会可以提供某种检查手段来制约特殊利益和金融集团的恣意妄为，这些集团支配着全球化的进程；而发达国家以及发展中国家的普通市民是可以在改善全球化的过程中分享共同利益的。我希望本书和前一本书一样，能够转变全球化的争论焦点，最终转变塑造全球化的政治进程。

全球化业已成为彰显重大社会矛盾的场所，包括基本价值观上的冲突，而其中最重要的矛盾是关于政府和市场的作用。

保守主义者通常援引亚当·斯密“看不见的手”的主张，认为市场以及追求私利的行为似乎能通过“看不见的手”的作用产生经济效率。即使他们承认市场自身并没有产生全社会都能够接受的收入分配结果，但他们认为效率和公平问题应该分别对待。

在保守主义者看来，经济学是关注效率的学问，至于公平问题（就像美丽往往只存在于欣赏者眼中一样）应该留给政治学去研究。今天，对于市场原教旨主义进行学术捍卫的现象已近乎绝迹。[①] 我在信息经济学领域的研究已经表明，在信息不完全的时候，特别是当信息不对称时，即一些人知道的事其他人总是无法知道时，我们之所以看不见那只“看不见的手”，是因为这只手根本不存在。[②] 如果没有政府适当的监管

① 我必须说明的一点是，由于市场原教旨主义已经失去了知识基础，报纸专栏作家、权威人士，甚至偶尔还有一些经济学家，他们有时还祈求用经济“科学”来为他们的立场辩护。

② 在我获得诺贝尔奖时我提到了这项研究。

和干预，市场是无法产生经济效率的。①

近年来我们已经看到了对这些理论洞见的生动写照。就像在《喧嚣的九十年代》一书中所刻画的那样②，追求私利的 CEO 们、会计师们，还有那些投资银行，他们的行为并没有产生经济效率，相反却导致了大规模的投资失误以及与之相伴的泡沫，一旦泡沫破灭，而泡沫总是一定会破灭的，其结果是经济衰退。

今天，从大体上来讲，如果不是在政治家中也至少在经济学家之间，已经形成了市场具有局限性的认识。上个世纪 90 年代在美国以及其他一些地方出现的金融丑闻摧毁了“美国式的金融资本主义”长期依赖的支柱。更宽泛地说，人们已经意识到华尔街的观点往往是短视的，是与经济发展背道而驰的，经济发展需要长远的考虑和计划。

人们同样也越来越认识到资本主义也不止有一种形式，其经济运行也不是只有一种“正确”的模式。市场经济的其他模式也是存在的，如瑞典模式就维持住了经济增长的动力，并产生了截然不同的社会结果，在那里人们受到了良好的教育、享有很好的医疗服务，贫富差距也不明显。尽管瑞典模式在其他地方不一定有效，也不一定适合某个具体的发展中国家，然而它的成功表明存在着其他的有效市场经济的替代形式。在有替代和选择的情况下，处于决策中心的应该是民主政治程序，而不应该是专制统治。我对国际经济组织的一个主要批评在于，他们总是以缺乏权衡取舍的政策空间为借口，似乎只有一套政策能改善所有人的经济状况。而实际上，经济学的精髓在于能够在不同的方案之间选择，在可供选择的空间中，一些方案只对某个利益集团（如外国资本家）有利，另外一些集团则要为此付出代价，而另外一些方案则是将风险强加于某个利益集团（如工人），而利益却归他人所有。

在所有社会都会面临的选择中，政府的作用是一个中心问题。经济的成功要求在政府和市场之间有一个好的平衡。政府应该提供哪些服务？是否需要有公共的养老金计划？政府是否需要对某些特殊部门实行激励以鼓励其发展？政府应该采用哪些法规，如果有这样的法规，来保护工人、消费者和环境？这种平衡会随着时间的推移而变化，也会在不同的国家之间存在差异。但是，我要强调的是，在亦已存在的全球化进

① 参见 Bruce Greenwald and Joseph E. Stiglitz, “Externalities in Economies with Imperfect Information and Incomplete Markets,” *Quarterly Journal of Economics*, vol. 101, no. 2 (May 1986), pp. 229 - 64。

② 参见 Joseph E. Stiglitz, *The Roaring Nineties*, New York: W. W. Norton, 2003。

程中，实现这种必要的平衡已经变得越来越困难了。

我同样希望向人们说明的是，全球化已经沦为推行一套特殊的价值观的工具，虽然这种批评是正确的，然而，全球化却并非注定如此结局，全球化不一定是造成环境破坏、贫富差距加大、多元文化削弱的罪魁祸首，不一定要牺牲普罗大众的幸福来维护特殊集团的利益。在《让全球化造福全球》一书中，我力图说明，只要适当地加以管理，全球化是能够使发展中国家和发达国家同时获得巨大利益的，而这种适当的管理模式在大多数成功的东亚经济发展过程中曾经出现过。

对全球化以及与之管理方式有关的失误与不平等现象所持有的态度，是对不同国家及其国民心态进行罗夏测试（Rorschach test）的很好的途径，它揭示出他们的基本信条和态度、他们对于市场和政府作用的观点、他们心目中社会公正的重要性以及非经济价值观的权重。

那些认为消除收入差距并不是什么大不了的事的经济学家，多数会倾向于认为，政府着手消除贫困的行为成本很高，甚至也可能适得其反。这样的“自由市场”经济学家也总是相信没有政府干预的市场本身是有效率的。在他们看来能够改善贫困状况的最好、最简单的办法是让经济增长，只要经济增长，其增长的利益总会不知不觉地惠及贫困阶层。（即使经济研究成果已经动摇了这种观点的理论基础，他们还是固执己见，真是可笑。）

另一方面，像我这样的同道中人认为，市场通常不能产生有效率的结果，制造的往往是诸如过度污染和基础研究匮乏等结果，而且市场也会受到收入不平等和贫困程度恶化的干扰。我们这些人还认为，减少收入差距的成本并不像保守主义经济学家估计的那么高。出于对不均等和贫困的担忧，我们看到的是对贫困和不均等置之不理所产生的巨大成本，即包括隔阂、暴力和社会冲突在内的社会后果。这些人对政府可能的干预满怀希望，尽管政府干预的效率有时或很多情况下会低于人们的期望，但是也出现了一些引人瞩目的成功案例，在后面的章节中我将对某些成功案例进行讨论。所有的人类制度都不是完美的，对于每一种制度而言，挑战在于人们能否从成功和失败的经历中总结出经验和教训。

在应对不均等和贫困问题的重要性方面，认识上的不同折射出了对不均等和贫困问题产生根源的观点上的差异。大体上讲，那些关注不均的人认为，不均等是运气造成的，运气好的人降生时便具有良好的基因或豪门背景（“遗传学上的六合彩”）①，或者在正确的地点、正确的时间（在石油冲击之前或在当地房地产泡沫形成之前）购买了不动产。②而那些不太关心不均等现象的人认为，财富是对人们辛勤劳动的回报，在他们看来，收入的再分配不仅夺去了对工作和储蓄激励，而且几乎也是违背社会道德的，因为它剥夺了个人的公正回报。

上述态度也反映在他们对待其他许多问题的立场上。那些不关心不均等问题而热衷于经济效率的人总是对诸如社会公正、环境问题、多元文化、大众医疗和消费者保护等非经济价值观漠不关心。（当然，也存在许多例外的情况，如保守主义者对环境问题还是给予了关注。）

我之所以强调经济和文化取向上的联系，是为了说明这一问题与我们所委托的经济决策者有着很大的关联，如果你将决策权赋予了“保守主义者”，那么，你所得到的经济政策及其结果必然反映了他们的政治利益和文化价值观。③ 本书集中反映了我本人的价值观及其判断标准，至少我希望坦诚地向读者呈现现有的经济争论中的两派观点。

从全球化的鼓吹者手中拯救全球化

在 70 年前所发生的大萧条中，英国经济学家约翰·梅纳德·凯恩斯（John Maynard Keynes）形成了他的就业理论。在该理论中他详细阐述了政府应该如何行动才能使经济恢复充分就业和增长。凯恩斯在当时遭到了保守主义者的诋毁，因为在保守主义者看来，凯恩斯的主张提升了政府的作用。他们揪住经济低迷时期不可避免的预算赤字不放，一有时机便削减政府的项目。然而，在拯救资本主义制度方面，凯恩斯的贡献比崇尚市场经济的金融家们加在一起的总和还多。如果依照保守主义的政策建议，大危机的情况将会进一步恶化，经济衰退的程度会更深，其持续时间也会更长，而要求改变资本主义的势力也会发展壮大起来。出于同样的原因，我相信除非我们认识到全球化的问题并开始着手

---

① 慈善家乔治·索罗斯（George Soros）的一种表述。

② 参见 Matthew Miller，*The Two Percent Solution*：*Fixing America's Problems in Ways Liberals and Conservatives Can Love*，New York：PublicAffairs，2003。米勒在书的序言中这样表述问题：“我们先退一步，研究运气在生活中无所不在的影响，以及认真对待生命的‘胎定运程’将如何带来我们进步所需要的共鸣，以此来奠定一点哲学基础。”

③ 同理，不能把这些关键的社会决策交给技术专家官员。本书中对全球化的一个关键批评就是全球化试图将很典型的政治决策“去政治化”。

应对这些问题，否则维持目前的全球化趋势将会变得非常困难。

尽管全球化的背后存在着强大的政治和经济势力，但是，同经济发展问题一样，全球化也并非一种必然的进程。有许多指标表明，在两次世界大战期间，全球化无论在发展速度还是在发展的广度上都放缓了步伐，甚至出现了倒退，例如，以贸易量占 GDP 的指标衡量，在这一期间贸易确实在下降。① 如果全球化的结果使一个国家的多数或绝大多数国民的生活水平下降，或者如果全球化的发展威胁到了基本文化价值观的存在，这时必然会产生要求放缓或终止全球化进程的政治力量。

当然，不仅可以通过思辨的力量和经验的总结（例如关于贸易或资本市场的自由化是否能够促进增长的观点以及对这些改革活动的实践经验）改变全球化的路径，同样一些全球性事件的发生也会改变全球化的路径。近年来，“9.11”事件、反恐战争、伊拉克战争以及中国和印度的崛起已经对有关全球化的争论进行了全方位的重新定义，对于这种定义的方式，我将会作进一步的探讨。

本书不仅阐述了如何运用经济学来构建经济制度，同样涉及了经济制度形成中政治学的运用。经济学家们相信动机起着至关重要的作用，强烈的动机和巨大的机会将经济制度和政治程序导向这样一种模式——某些人从中获利而让多数人承担成本。

公开的、民主的程序是能够限制特殊利益集团的权力的，我们有能力使伦理观回归到商业领域中，公司治理不仅可以维护股东的权利，而且可以维护受到公司行为影响的其他人的权利。② 一个受过良好教育的公民，一旦被卷入了全球化，他是能够理解全球化如何才能发挥作用，或者说最起码也能够理解如何使全球化运行得更为有效这样的问题，因此，他们会对他们的政治领袖在重塑全球化方面提出相应要求。我希望本书有助于将这种美好的愿望变为现实。

---

① 正如我们将要在第三章中阐释的，随着生产和贸易构成的变化，全球化的基本经济动力也可能随着时间的推移而改变。

② 许多欧洲国家已经将这些观点纳入到公司治理中。我需要指出的是，这里所表达的意见在外行人看来似乎是合理的，但的确是有高度争议的，特别是在美国学术界。在一些极端的条件下，公司价值（或者说利润）最大化的行为可以带来经济效率，而大多数经济学文献只是集中研究这些极端的例子。然而，只要不完全信息或不完全市场存在，股东福利的最大化既不会带来经济效率，也不会带来一般福利。比如参见 Sanford J. Grossman and Joseph E. Stiglitz, “On Value Maximization and Alternative Objectives of the Firm,” *Journal of Finance*, vol. 32, no. 2 (May 1977), pp. 389 - 402。

致谢

从撰写《全球化及其不满》一书开始，在过去四年多的时间里，帮助我更好地理解全球化的人越来越多，对他们我深表谢意。除了国际经济机构中的朋友，尤其是我在那本书中提到的在世界银行工作的人，现在我还要特别感谢尼克·斯特恩（Nick Stern）和弗朗索瓦·布吉尼翁（François Bourguignon），他们接替我成为世界银行首席经济学家，继续和我一起从事有关发展进程的研究。我要感谢前世界贸易组织总干事素帕猜·巴尼巴滴（Supachai Panitchpakdi），他与我完成了大量有关发展回合方向的研究。还要感谢瑞典教育部长利夫·帕格罗茨基（Leif Pagrotsky），他在任职瑞典贸易部长时为建立一个更为公平的贸易机制而带头呼吁；我还要感谢前欧盟贸易委员帕斯卡尔·拉米（Pascal Lamy）（现任 WTO 总干事），特别是他对于“非军火贸易自由化倡议”（Everything But Arms Initiative）的观点；还要感谢现任联合国开发计划署（UNDP）署长的凯末尔·德尔维什（Kemal Dervis），因为他使我可以与世界银行联系得更紧密；还要感谢国际劳工组织（ILO）的胡安·索玛维亚（Juan Somavia），他组织成立了全球化社会影响世界委员会，他的报告成为改变对全球化的看法的过程中的一项重要标志。

在准备这本书的过程中，我又回访了以前参观过、研究过并提到过的地方，并感受到了巨大变化的发生，其中包括阿根廷、埃塞俄比亚、泰国、韩国、中国、俄罗斯、哥伦比亚、菲律宾、印度尼西亚、墨西哥、越南、厄瓜多尔、印度、土耳其和巴西。同时，我回到之前只是走马观花地浏览过的国家重新考察了一次，比如孟加拉国和尼日利亚，另外，之前没有机会去的国家这一次我也参观了一下，包括玻利维亚、马达加斯加和委内瑞拉。我万分感谢相当多的政府官员（从首相或总统一直到财政部长和经济顾问）、教师、商界人士以及那些捐赠组织和民间社会（非政府组织）的朋友毫不吝惜地付出了他们的时间。本书中反映了他们的很多想法。

本书中的一些观点已经以不同的形式在世界各地的研讨会上阐述和讨论过。我要特别感谢希腊前外交部长乔治·帕潘德里欧（George Papandreou），他召集学术和政治上的领导人举行一年一度的研讨会（即锡米岛座谈会），从而使有关全球化的议题总是可以引起人们的注意；还要感谢梵蒂冈社会科学院，在这里我们讨论了有关债务的问题；另外还要感谢英联邦，邀请我与伦敦政治经济学院的安德鲁·查尔顿（Andrew Charlton）一起负责研究什么才是贸易谈判中真正的发展回合，并为我们的研究提供资助。同时，我还要感谢联合国大会主席、英联邦财政部长、WTO、全球发展中心以及世界银行，他们邀请我将研究发现展现给大家。本书各章的观点能够在世界性研讨会和国际会议上发表，我自己也获益匪浅。改革全球储备体系的观点就曾在联合国经济和社会事务执行委员会、2006 年 1 月在波士顿召开的美国经济学会会议、2001 年 12 月在瑞典召开的研讨会（与乔治·索罗斯一起），以及 2005 年 9 月在拉科鲁尼亚召开的西班牙经济学家协会年会上阐述过。知识产权机制及其改革建议中出现的问题，则在 2004 年 10 月首尔世界知识产权组织（WIPO）召开的最不发达国家部长级会议和 2005 年 6 月哥伦比亚大学的政策对话倡议组织举办的一场国际会议上讨论过。第一章的某些观点则在2004年春牛津大学的坦纳讲座中讨论过。另外，我还要感谢巴塞罗那的国际关系与发展研究中心（CIDOB）基金会，该组织于2004年秋发起了有关“后华盛顿共识的共识”的会议，会议上许多观点得到了进一步的发展。

这本书的观点涵盖非常宽泛，很多议题都是我研究了长达30年之久的领域，在此期间积累的大量知识都要感谢许多人的帮助。第三章中关于贸易政策的研究我要感谢彼得·奥斯泽格（Peter Orszag），在我任职经济顾问委员会期间他和我一起仔细研究了倾销问题；同时也感谢我在世界银行任职期间帮助过我的艾伦·温特斯（Alan Winters）、迈克尔·芬格（Michael Finger）以及伯纳德·霍克曼（Bernard Hoeckman）。第四章知识产权方面的研究我要特别感谢杰米·洛夫（Jamie Love）、迈克尔·格拉格（Michael Cragg）、保罗·戴维（Paul David）、乔瓦尼·多西（Giovanni Dosi）、马里奥·西摩里（Mario Cimoli）、理查德·纳尔逊（Richard Nelson）、张夏准（Ha Joon Chang）以及知识产权署（IPD）知识产权专项工作组会议的所有参与者，另外还要感谢《创新通论》（*The General Theory of Innovation*）的几位合著者理查德·吉尔伯特（Richard Gilbert）、卡尔·夏皮罗（Carl Shapiro）、戴维·纽伯里（David Newbery）和帕萨·达斯古普塔（Partha Dasgupta）。这些人中有一部分也同我一起研究了自然资源和环境问题。哥伦比亚的凯文·康拉德（Kevin Conrad）和杰夫·希尔（Geoff Heal），巴布亚新几内亚的总理迈克尔·索马雷（Michael Somares），以及环境部长罗德里格斯（Rodriguez）在第六章中所提到的雨林联盟中都起到了关键作用。迈克尔·托曼（Michael Toman）、艾伦·克鲁波尼克（Alan Krupnick）和雷·帕斯夸（Ray Squitieri）同我一起在经济顾问委员会研究全球变暖问题；鲁思·贝尔（Ruth Bell）特别帮忙审阅了第六章的最初版本。有关负债方面的问题研究我一定要感谢戴维·黑尔（David Hale）、巴里·赫尔曼（Barry Herman）、库尼贝特·拉夫（Kunibert Raffer）、迈克尔·杜利（Michael Dooley）、罗伯托·弗伦克尔（Roberto Frenkel）、约根·凯泽（Jurgen Kaiser）、苏珊·乔治（Susan George）以及知识产权署国家债务专项工作组会议的所有参与者。而全球储备体系建议、《清迈倡议》以及失败了的建立亚洲货币基金组织的尝试都曾经在斯德哥尔摩、华盛顿及其他地方的会议、研讨会以及学术报告中提及，因此我也要感谢这些研讨会的参与者，特别是乔治·索罗斯本人也提出了相类似的提议。在与沈联涛（Andrew Sheng）、榊原英姿（Eusake Sakikabara）讨论这些议题的同时，我自己也获益匪浅。

在研究阿拉斯加、得克萨斯、路易斯安那以及加利福尼亚这几个州的石油公司在实际运营中出现的问题时，我都获得了第一手的资料，在这里我要特别感谢这次研究过程中我的伙伴杰夫·莱星格（Jeff Leitzinger）。保持市场竞争性的这一挑战不管是理论上还是政策上都是我永久不变的研究议题；在我的合作伙伴中，史蒂芬·萨洛普（Steven Salop）、贾森·弗曼（Jason Furman）、巴里·奈尔伯夫（Barry Nalebuff）以及乔恩·奥斯泽格（Jon Orszag）对我的思想产生很大的影响。

另外，还有一些人我要致以特别的感谢。关于全球化的争论以及关于市场经济有限性问题的研究，已经持续了很长一段时间，而全球化也成为市场经济缺陷的核心部分。有一部分人（应该说是很多）不同意本书的观点；而我自己也在尽力地去仔细倾听那些反对的声音，同时去评估那些证据、分析那些模型，并理解这些反对观点的根本原因。我因此在胡佛研究所里耗时数年，在这个世界著名的传统派思想库中，与诺贝尔奖获得者米尔顿·弗里德曼（Milton Friedman）、乔治·施蒂格勒（George Stigler）和加里·贝克尔（Gary Becker）等大师进行探讨，对于他们的耐心和容忍我不胜感激。我担心他们有时会认为我去质疑那些他们已经认为是明显的或既定的观点，这已经超出了合理的怀疑范围；我更为担心的是，这些争辩的参与者忽视彼此的观点而仅仅是在捍卫自己的立场，担心他们更多的只是在召集自己的队伍而不去考虑在改变对手的思想中获胜。我猜想我也不能让更多的对手改变其立场，但是我认为我已经在努力开始着手这些问题，去揭示潜在的设想和价值观之间的差异。

过去的5年间，公众对于全球化的讨论尤其热烈，在此期间很多人贡献卓著，比如马丁·沃尔夫（Martin Wolf）（《全球化为什么可行》（*Why Globalization Works*））、贾格迪什·巴格瓦蒂（Jagdish Bhagwati）（《捍卫全球化》（*In Defense of Globalization*））、比尔·伊斯特利（Bill Easterly）（《为增长逃避探求》（*The Elusive Quest for Growth*））、杰夫·萨克斯（Jeff Sachs）（《贫困的终结》（*The End of Poverty*））以及托马斯·弗里德曼（Thomas Friedman）（《世界是平的》（*The World is Flat*））。不论是公开场合还是在私底下，我们之间都在继续争论这些问题，并且我深信即使我们没有办法让对方信服自己立场的优势，我们每个人都已从中受益匪浅。民主给了我们机会、我更认为应该是一种责任，来进行这些问题的争论，希望这些争论能够在这个至关重要的领域，为设计公共政策起到作用。

我想着重介绍以下四个我要特别致谢的群体。首先是要感谢政策对话倡议组织的同事们，在这里来自发达国家和发展中国家的经济学家们共同致力于探索促进发展和全球化的方法，并一直努力保证这些不同方法会引起公众的注意。虽然我无法一一提及每个人，但如果不向以下几位致谢，那未免太过轻率了：拉丁美洲和加勒比经济委员会（CEPAL）前主席、现任联合国负责经济社会事务副秘书长的何塞·安东尼奥·奥坎波（Jose Antonio Ocampo）；现任联合国助理秘书长的 K. S. 乔莫（K. S. Jomo）；贾瓦哈拉尔·尼赫鲁大学的经济学教授迪帕克·纳亚尔（Deepak Nayyar）；哈佛大学的丹尼·罗德里克（Dani Rodrik）；欧洲复兴开发银行（EBRD）的首席经济学家埃里克·伯格洛夫（Eric Berglof）；哥伦比亚大学商学和经济学教授帕特里克·博尔顿（Patrick Bolton）；剑桥大学的张夏准（Ha Joon Chang）；同样来自 CEPAL 的里卡多·弗伦奇-戴维斯（Ricardo Ffrench-Davis）；帮助我详细研究非洲问题的阿克巴·诺曼（Akbar Norman）；尤其还有政策对话倡议组织（IPD）的主席雪瑞·施皮格尔（Shari Spiegel）。政策对话倡议组织也收到了来自福特基金会、查尔斯·斯图尔特·莫特基金会、约翰·D 与凯瑟琳·T·麦克阿瑟基金会以及洛克菲勒基金会等组织的资金支持；加拿大国际开发署（CIDA）；英联邦秘书处；开放社会协会；洛克菲勒兄弟基金会；瑞典国际发展研究局（SIDA）；联合国开发计划署。对于以上这些机构提供的帮助，我深表谢意。

第二，我要特别感谢的是哥伦比亚大学的同事布鲁斯·格林沃尔德（Bruce Greenwald），正是有了他的帮忙，我才能完成很多有关信息经济学的前沿工作，同时也和他一起从事了四年关于全球化和市场课程的教学。他一直在挑战我的观点、丰富我的思想，并在全球化的每个方面都提出了独到的见解。他对整本书的贡献贯穿始终，在第九章中尤为突出。

第三个我要感谢的人是安德鲁·查尔顿（Andrew Charlton），我们共同撰写了递交给英联邦的报告，我和他密切合作，尤其是在有关贸易方面的问题。

第四个要感谢的是哥伦比亚大学以及校长李·伯林杰（Lee Bollinger），他鼓励学校致力于全球化问题的研究，在他的支持下哥伦比亚大学成为了全球学术中心，并建立了校际的全球化思想委员会，本人荣任主席。同时，我的同事杰夫·萨克斯（Jeff Sachs）和梅丽特·贾瑙（Merit Janow）（他们现在是 WTO 的上诉机构专家组成员）也将学术责任深深地嵌入我们所处的这个世界。哥伦比亚大学教员和学生的多元化是世界的一个缩影。与其他有影响力的学术研究中心一样，哥伦比亚大学为各种争鸣的观点提供了一个百花齐放的环境。我本人和我的这本书也都从各种挑战性的观点中获益颇深。

我要感谢我在哥伦比亚大学的各位助手，包括吉尔·布莱克福德（Jill Blacksford），尤其是要感谢玛丽亚·帕帕达基思（Maria Papadakis），在很多情况下加班加点地帮助我。同时，我也要感谢我的这些研究助理为这本书付出的艰辛劳动，其中包括哈米德·拉什迪（Hamid Rashid）、安东·科里内克（Anton Korinek）、丹·乔特（Dan Choate）、乔什·古德曼（Josh Goodman）、梅根·陶罗（Megan Torau）、贾因特·雷（Jayant Ray）以及斯蒂芬·里奇格（Stephan Litschig）。另外，沙龙·克莱里（Sharon Cleary）协助我完成研究和编辑，并完成了将所有的内容最终都整理在一起的繁重工作。还有艾伦·布朗（Alan Brown）、谢里丹·普拉索（Sheridan Prasso）以及渡边元（Gen Watanbe）帮助我完成了本书终稿的编辑。

在诺顿出版公司，我的长期编辑德雷克·迈克费利（Drake McFeely）从一开始就把握了本书的主旨，并不辞辛劳地完成了前两次手稿；而在南希·庞思奋（Nancy Palmquist）和阿曼达·莫里森（Amanda Morrison）两位干将的带领下，包括爱勒格拉·休斯顿（Allegra Huston）、布莱登·卡里（Brendan Curry）和唐·里夫金（Don Rifkin）在内的支持团队在时间紧迫的情况下奇迹般地完成了任务。同时，我还要特别感谢企鹅出版社的斯图尔特·普罗菲特（Stuart Proffitt），正是在与他共进午餐时萌生了撰写这本书的念头，另外，他对手稿的权威评价对我来说也是无价之宝。

而我的妻子安雅·斯蒂格利茨（Anya Stiglitz）从一开始就一直在帮助我。作为一名在发展中国家工作多年的记者，她用极具经验的视角帮助我更加透彻地了解这些国家所发生的事件。在学科领域难以避免有一些狭隘的界限，在我们一同历经数月穿越发展中国家时，她帮助我超越了这些局限性，了解到全球化究竟是如何影响百姓的民生大计的。她对事物寻根究底的渴求促使我更加严谨地去解释事物本质。而她甚至比我更执著于“另外一个世界是可能的”这一想法，在这样的另一个世界中，全球化会离它的承诺更近，会提高贫困人口的生活水平。她还鞭策我不能仅仅停滞于对问题的诊断，还要为大家揭示出如何创造这另一个世界。但同时她却能够从那些崇高的志向中抽身，埋头于乏味的、辛苦的而且往往是烦琐的手稿修编工作，一次又一次地帮助我编辑这些手稿，我谨此表示万分感谢。

1 另一个世界是可能的

2004年1月，在孟买广袤的郊外，来自世界各地的活动家济济一堂，召开世界社会论坛（World Social Forum）。这一论坛首次在亚洲举办，与四年前在巴西南部阿雷格里港召开的该论坛相比，人们感受到了一种截然不同的氛围。这次盛会为期一周，参加的民众逾十万，正如印度这个地区本身一样，这次盛会展示出了一种人潮涌动、缤纷绚丽的人文景观。公平贸易组织的职员们在一排排展位前忙碌，出售手工饰品、各色纺织品及家居用品；沿街的一面面彩旗在向人们宣布："在印度，手摇纺织机是最丰富的就业资源！"；表演队列敲着鼓，唱着口号，穿梭于人群中；围着腰布的社会底层活动家（这些人过去被认为是印度种族底层的贱民)、工会组织及女性团体的代表，以及联合国和非政府组织（NGOs）的代表等等，全都摩肩接踵。成千上万的人聚集在一个面积仅相当于飞机库大小的临时会议厅里，聆听几位大人物的演讲，包括：爱尔兰前总统玛丽·鲁滨逊（Mary Robinson，前联合国人权事务委员会高级专员，1997—2002 年）以及诺贝尔和平奖获得者希尔琳·艾芭迪（Shirin Ebadi）。尽管天气湿热难耐，但到处仍然人头攒动。

这次世界社会论坛提供了众多彼此交流的机会，例如，在如何重组操控世界运行的国际组织、如何约束美国霸权的议题上，人们争论不休。而其中最受关注的议题是：全球化。人们达成了一个共识：变革势在必行，并将这一共识写入了本次论坛的宣言："另外一个世界是可能的!"与会的活动家都曾耳闻全球化所作出的承诺：全球化将会使每个人的生活更美好。然而，人们亲眼目睹的现实是：全球化的确让一些人越过越好，但是另外一些人却每况愈下。因此，在他们看来，全球化本身就是问题的一个组成部分。

全球化所涵盖的内容十分广泛，包括：理念和知识的国际间流动、文化的全球共享、全球化公民社会以及全球环境运动等等。本书主要涉及的是经济全球化，即通过提高商品、劳务、资本甚至劳动力的流动，使全世界国与国之间的经济结合得更加紧密。全球化的宏愿是，提高全世界人民的生活水平：对于贫穷国家而言，它可以让他们进入海外市场出售自己的商品；它也会吸引境外投资，从而用更低的成本制造出新产品；它也会开放边界，人们可以到国外去深造或工作，并将挣得的收入汇回来帮助他们的家庭，资助他们的新业务。

我本人深信全球化必将有潜力为发展中国家和发达国家带来巨大收益。然而，摆在眼前的是不可争辩的事实：全球化本身面对自己这一潜能已经无计可施！本书将会告诉大家，其实这一问题并非产生于全球化本身，而是来自管理全球化的方式方法中。经济上的进步一直推动着全球化的发展，特别是通过降低交通和运输成本；但是，塑造全球化的却是政治。全球化"游戏"的规则基本上是由发达工业国，特别是这些国家的特殊利益集团来制定，那么，这些人利用全球化来为自己谋取更多的利益就不足为奇了。他们不会费心去建立一套公平合理的规则，更不用说去制定一套规章制度来促进世界最贫穷地区的发展了。

结束了在世界社会论坛的发言，我与玛丽·鲁滨逊、迪帕克·纳亚尔以及国际劳工组织主席胡安·索马维亚一同去参加了在达沃斯举行的世界经济论坛。在这个瑞士滑雪胜地，全球的精英领导聚在一起反思我们的这个世界。然而，在这个雪域山城，全世界的工业和金融界的掌门人对于全球化的看法，与我在孟买的所闻所见大相径庭。

世界社会论坛一直都是一个公开集会的场所，全世界各地的民众为了同一个目标聚集在一起，探讨社会变革以及如何将他们的口号——“另外一个世界是可能的!”变为现实。这个论坛，尽管嘈杂无序，又有些漫无目的，却又是那么地生气勃勃——人们有机会面对面敞开心扉，畅谈各自的想法，与他们志同道合的活动家沟通交流。在达沃斯，沟通和交流也是那些操控着世界的权势人物参加盛会的原因之一，但只有受邀者才能出席。所以达沃斯论坛也一直是一个揣摩全世界经济领袖意图的上佳场所。尽管参加这一会议的大多数都是白种人商家，也有一些政府官员和资深记者，但是近年来，这个论坛的邀请者名单范围已经扩展到艺术家、知识分子以及非政府组织代表等等。

达沃斯论坛的氛围是轻松适意的，还有些许洋洋自得，这是因为全球经济自美国互联网泡沫破灭以来一直陷于低迷，现在终于复苏了，而“反恐战争”似乎也在掌控之中。在 2003 年，由于伊拉克战争，这个论坛凸显了美国与其他国家之间严重的对立，而在此之前更早的会议则在全球化究竟应该向哪个方向发展这一问题上分歧严重。在这些紧张局势至少已经得到缓和的情况下，2004 年的达沃斯的论坛才显得轻松。只是人们仍然顾虑重重，主要是针对美国的单边主义，针对这个世界最强权的国家在宣扬民主、自主、人权时把自己意愿强加于他人。发展中国家的人们也一直在担忧，那些全球化决策、那些足以影响他们生存的经济和政治政策究竟是如何制定的。现如今，除美国之外的其他国家似乎都忧心忡忡。

我参加这个每年在达沃斯举办的论坛已经有些年头了，也总能在会议上听到热情洋溢的全球化言论。但是，2004 年的这次会议最令人心潮澎湃的是对全球化态度的迅速转变，越来越多的与会者都在质疑全球化是否真正带来了所承诺的种种好处，至少是否为较贫穷国家的人们带来了好处。与会者们已经因 20 世纪末的经济动荡而受到了惩戒，他们开始担心发展中国家是否有能力应对这些后果。论坛的这种转变象征着近五年来在全世界范围内发生的有关全球化理念的大幅转变。在 20 世纪 90 年代，达沃斯论坛还在讨论开放国际市场的好处；新千年伊始，这个论坛的焦点已经集中在了减少贫穷、人权问题以及必须建立更平等的贸易规则等问题上。

在达沃斯论坛的贸易专题上，发达国家和发展中国家各执己见。一位前世界贸易组织官员认为，如果像降低关税及其他贸易壁垒这样的贸易自由化方案未能完全达到促进发展和削弱贫穷的目标，责任在发展中国家，它们应该为自由贸易进一步开放市场、尽快地全球化。但是，一位印度小额信贷银行的行长却指出了自由贸易带给印度的负面影响，他谈到了印度的花生种植户，这些人无法与马来西亚棕榈油的进口商相抗衡，他还谈到中小型企业要从银行获得贷款已经越来越难。这一现象其实不足为奇，在全世界范围内，那些已经向大型国际银行开放银行业大门的国家发现，这些大型跨国银行偏好与诸如可口可乐、IBM 以及微软这样的跨国公司打交道。从表面上看，在大型跨国银行与本地银行的竞争中，后者通常是输家，但真正的输家其实是依靠本地银行的这些小型企业。让一些与会者困惑的是，许多人深信跨国银行的存在能够毫不含糊地会让每一个人都受益。同时，虽然阿根廷和墨西哥也提出了类似的指责，20 世纪 90 年代以来，许多本地银行被国外银行接管之后，银行提供给本地公司的贷款近乎枯竭了，但面对这些指责，这些银行家们却充耳不闻。

无论是孟买的世界社会论坛，还是达沃斯的世界经济论坛，变革都是讨论的议题。在孟买，人们要求国际社会建立一个更加公平的全球化制度；而在达沃斯，人们责成发展中国家要去除腐败、要让市场自由化、要对达沃斯论坛上这些跨国公司的代表们开放市场。两个论坛的共同之处是，人们都认识到必须行动起来。达沃斯论坛直截了当地将责任推给了发展中国家；而在孟买，责任落在了整个国际社会肩上。

全球化的两面性

20 世纪 90 年代初，人们欣喜若狂地迎接全球化。1990—1996 年的六年间，流向发展中国家的资本增长了六倍；1995 年，经过了半个世纪的探寻，世界贸易组织终于建立起来，为国际商务披上了一件法制的外衣；不论是来自发达国家还是发展中国家，每一个人都应该是赢家；全球化将为所有人带来前所未有的繁荣。

然而在 1999 年 12 月，旨在推进自由化的新一轮贸易谈判刚刚在西雅图拉开序幕，当地便爆发了历史上第一次大规模的反全球化示威，这对于那些信奉开放市场的鼓吹者来说是始料未及的。全球化把全世界的人们团结在一起，来反对全球化，从这个意义上说全球化是成功的。但是，反对全球化的人们不会接受全球化最终会让每一个人获益这样一个论调，因为，美国的工人看到他们的就业受到来自中国竞争的威胁；发展中国家的农民目睹了自己的劳动遭到美国玉米和其他作物高额补贴的威胁；欧洲的工人感到他们经过奋力抗争而获得的就业保障，在全球化的名义下正遭受猛烈抨击；艾滋病活动家发现新的贸易协议把药品的价格提高到了世界大多数地区所不能承受的水平；环境保护学家为保护自然遗产而奋斗数十载试图建立各种规则，却被全球化釜底抽薪；而那些想要保护和发展它们自己文化遗产的组织同样也感受到了全球化的侵扰，因此，至少从经济意义上讲，他们不会苟同全球化将使每个人生活得更美好的说法。

一直以来，专门研究全球化的报告、致力于全球化的各类委员会屡见不鲜。我有幸参与了国际劳工组织（该组织由政府、雇主及劳动者的代表组成，于1919年在日内瓦成立）于2001年成立的全球化社会层面世界委员会，该委员会由坦桑尼亚前总统本杰明·W·姆卡帕（Benjamin W·Mkapa）以及芬兰共和国总统塔里娅·哈洛宁（Tarja Halonen）任联席主席，在2004年发表了一份持怀疑态度的报告，其中一些内容对于理解世人究竟是如何体会全球化的有很大的帮助：

> 目前的全球化过程正在国与国之间以及国家内部制造出不平衡，虽然财富在增加，但是有太多的国家和人民没有享受到这些财富所带来的福利，而他们想要改变这一过程的呼吁却是微弱无力，甚至毫无发言权。在绝大多数人眼中，男性也罢，女性也罢，全球化并没有满足他们简单而合理的愿望，即一份体面的工作，以及孩子们更加美好的未来。他们中的许多人生活在一种非正规经济的状态中，没有根基，没有正式的权利，还有许多人生活在贫困国家，这些国家在全球经济的边缘濒于挣扎；即使是那些经济上获得成功的国家，一些工人和组织也受到了全球化的不利影响。而与此同时，全球通信水平的革命性进步加强了人们对于这些巨大悬殊的认识……这些全球失衡在道德上是难以接受的，在政策上又是难以为继的。①

① World Commission on the Social Dimension of Globalization, *A Fair Globalization*: *Creating Opportunities for All* (Geneva: International Labour Office, 2004), p. x; www. ilo. org/public/english/fairglobalization/report/index. htm.

该委员会对全世界 73 个国家进行了调查，调查的结果令人震惊。1990—2002 年间，除去南亚、美国及欧盟，世界其他地区的失业率都在上升。截至报告发表之时，全球失业人数已经创下了近 1.859 亿的新高。该委员会同时发现，世界上 59%的人口生活在不平等日益严重的国家，只有 5%的人生活在不平等逐渐降低的国家中。① 甚至是在大多数发达国家，富人们生活得越来越富裕，而穷人却时常不能维持生计。

总而言之，全球化可能对一些国家有所帮助，例如会使它们的 GDP 即所生产出的全部商品和劳务的总和增加，但是，全球化不能使大多数人获益，即使是这些 GDP 增长的国家的人。人们所担心的是：全球化可能会制造出国富民穷的境况。

当然，那些对经济全球化不满的人通常不会拒绝进入全球市场的机会，不会拒绝全球知识的传播，因为这些可以使发展中国家利用发达国家的发明和创新。但是，他们提出了以下五项关注点：

- 全球化所遵循的制度规则并不公平，尤其是那些专门为发达工业化国家的利益而制定的。事实上，最近的一些变化已经非常不公平，致使最贫困国家实际上是每况愈下。
- 全球化将物质的价值置于其他价值之上，如关注环境或者生活本身。
- 全球化的管理方式已经剥夺了发展中国家相当部分的主权，剥夺了他们在影响国民福利的重要领域的自主决策权。从这种意义上来说，全球化已经破坏了民主。
- 全球化的支持者宣称每个人都会从全球化中获得经济利益，但是，发展中国家和发达国家都有太多证据表明，两类国家中都存在全球化的受害者。
- 或许最为重要的是，发展中国家被迫实行的、在某些情况下实际上是被强迫实行的经济体系其实是不合理的，而且通常有着严重毁坏力。全球化不应该是指经济政策或文化的美国化，但通常情况却正是如此，于是激起了人们的不满。

最后一个问题既与发达国家有关，同时又涉及发展中国家。市场经

① World Commission on the Social Dimension of Globalization, *A Fair Globalization: Creating Opportunities for All* op. cit., p. 44；和 Giovanni Andrea Cornia, Tony Addison and Sampsa Kiiski, "Income Distribution Changes and Their Impact in the Post-World War II Period," World Institute for Development Economics Research Discussion Paper 2003/28, March 2003。不平等程度按标准测量法之一的基尼系数来衡量。

济有很多模式——美国的模式不同于北欧国家的模式，也不同于日本的，更不同于欧洲社会的模式。甚至连那些发达国家都在担心全球化已经被用以推行“英美自由主义模式”，以此来代替其他模式，虽然用GDP这个指标来衡量，美国模式的效果很好，但在其他层面如寿命方面（有人指出这是生活质量层面）、消除贫困方面，甚至在维持中产阶级生活福利水平方面，美国模式则力有不逮。美国人的真正工资水平，特别是底层群众的实际工资水平已经停滞了25年多，而他们的收入也仅仅和工资水平持平，部分原因在于美国人的工作时间与欧洲从事类似职业的人相比要长得多。如果全球化是被用来推行市场经济中的美国模式，那么其他国家的许多人可能并不想要这样的结果，而那些发展中国家的人会产生更加强烈的不满，因为全球化已经被用于推行一种更加极端的、更加代表公司利益的市场经济模式，这种模式甚至比在美国本土都有过之而无不及。

全球化与贫困

对全球化的批评如今指向了贫困人口数量的增长，现在的世界可以说正在进行一场经济增长和人口增长之间的竞赛，迄今为止是人口增长领先。虽然贫困人口数量的相对比例在下降，但其绝对的数量值是增加的。世界银行对贫困所下的定义是：每天的生活费用不超过2美元，而将绝对贫困或赤贫定义为每天的生活费用低于1美元。

设想一下每天的生活费用不到1美元或2美元是一种什么情况①，对于贫困至斯的人们来说生活是何其残酷，儿童营养不良已经司空见惯，人均寿命往往不到50岁，再加上医疗救助少之又少；人们每天费力地去寻找食物和可饮用水源，以此来勉强维持这种悲惨的生活；又或是在一小块半干旱的土地上种植棉花并期盼这一年风调雨顺；再或者就是在贫瘠的土地上辛苦劳作种植水稻，但同时心里也明白不管他们怎样拼命，他们依然不能养活自己及其家人。

全球化在成功和失败的案例中都起到了相应的作用。在中国，依靠出口拉动的经济增长已经让上亿人脱离了贫困，但是，中国非常慎重地管理着全球化进程：中国在对进口货物开放市场时步伐缓慢，而且至今仍然不允许那些投机性热钱进入——这种资金寻求在短期中获取巨额利润，在乐观情绪主导时蜂拥而至，而一旦稍有风吹草动便立即撤退。中国政府意识到，这类资金的涌入可能会带来短暂的繁荣，但接踵而至的

① 即使是每日2美元的标准也不到美国和欧洲所使用的贫困标准的五分之一。

经济衰退或是萧条也是意料之中的，带来的破坏旷日持久，是之前获得的那些短期利润无法弥补的。中国避免了这种在东亚及拉美地区出现过的经济起起落落（这一点将在第二章中介绍），从而维持了每年超过7%的经济增长率。

然而事实却是可悲的，除中国之外的其他发展中国家，在过去的20多年中，贫困程度却在不断加重。全世界65亿人口中有40%的人处在贫困生活中（这一数字自1981年以来上升了36%），8.77亿的人口处在极度贫困的状态中（这一数字比1981年增加了3%）。非洲是恶化最严重的地区，处在极度贫困中的人口数量占比从1981年的41.6%上升至2001年的46.9%，再加上人口数量的增长，这意味着生活极度贫困的人口数量已经翻了一番，从1.64亿增加到了3.16亿。①

自古以来，非洲一直是遭受全球化剥削最为严重的地区，在殖民时期，宗主国几乎是在无偿地攫取非洲的资源。而最近这几年，拉丁美洲和俄罗斯也已经变成了全球化的受害者，这些国家如约开放了市场，但是全球化并没有兑现它的承诺，尤其是对那些贫困国家。

收入和生活水平的提高固然重要，但是和钱财的匮乏相比，摆脱贫困远远重要得多。在我任世界银行的首席经济学家期间，我们发布了一份题为《贫者呼声》（*Voices of the Poor*）的调查报告。一支由经济学家和调查员组成的团队走访了60多个国家，采访了约六万名贫困男女，以了解他们如何看待自己的处境。② 结果不出所料，这些人所强调的不仅仅是收入远远不够，而且是他们毫无安全感并且孤立无援，尤其是那些没有工作的人感觉自己已经被边缘化，被社会所抛弃。

而对于那些有工作的人来说，这种不安全感大多来自被解雇的风险

① Shaohua Chen and Martin Ravallion, "How Have the World's Poorest Fared since the Early 1980s?" World Bank Development Research Group, World Bank Policy Research Working Paper 3341, June 2004. 日均1美元的标准实际上是按照1993年的"实际（或者购买力平价）"的1.03美元来确定的；每日2美元的标准是按照实际2.15美元来确定的。中国削减贫困的成就着实令人瞩目。在日均1美元的标准下，中国贫困人口的数量已经从6.34亿降至2.12亿，脱离赤贫的人口数量比美国的总人口数还多。

② 《贫者呼声》项目是在我担任世界银行首席经济学家期间作为贫困问题十年报告（《世界发展报告2000/2001：对抗贫困》（*World Development Report* 2000/2001：*Attacking Poverty*））准备工作的一部分实施的，对于这个项目，我们付出了前所未有的努力去从穷人自己的角度来理解贫困。研究结果发布在三卷文献中：《每个人都能听见我们的呼声吗?》（*Can Anyone Hear Us*?）（第一卷）、《为改变而呐喊》（*Crying Out for Change*）（第二卷）以及《来自五湖四海》（*From Many Lands*）（第三卷）（Washington，DC：World Bank，2002）。

以及工资下滑的可能性，20世纪90年代末，拉美、俄罗斯及东亚危机中，都出现过这种工资的骤然下降。全球化已经使发展中国家面临着越来越多的风险，但是可以防御这些风险的市场却又明显缺失。在较发达国家，政府通过提供老年人养老金、残疾人补助、医疗保险、福利救济以及失业保险来填补这个空缺。而在发展中国家，政府财力显然过于贫乏，不足以建立社会保障体系，它们所拥有的那一点点钱很可能都用在了基础教育、医疗以及住房建设上了。穷人们只能够自力更生，而一旦经济不景气，或者因为国外的竞争而丧失工作，他们又是首当其冲。富裕阶层有积蓄作为缓冲器来保护他们，但是穷人却没有。

缺乏安全感只是穷人主要的担心之一，另一个担忧便是自己力量卑微。穷人没有什么机会可以发表意见。当他们想要倾诉时，却发现没有听众；难得有人倾听时，他们的回答又都是无能为力；当他们被告知可以有所作为时，又发现实际上他们什么事都没有做。世界银行中一份来自牙买加青年女性的报告中充斥着这种脆弱无力的感觉："贫穷就像是生活在监狱中，像是生活在奴役的牢笼中，等待被释放的那一天。"

穷苦人民所面对的现实通常也是贫困国家所面对的。虽然民主的理念广泛传播，并且与30年前相比更多国家的人们拥有选举权①，但是，发展中国家发觉它们的行动能力已经遭到损坏，造成这种损坏的原因一方面是外界加诸的新的约束条件，另一方面是由于全球化致使现有制度和规则被弱化。试想一下那些作为援助条件而强加于发展中国家的要求，其中的一些要求可能是有意义的（但不是全部要求，该问题详见第二章），但这都不是问题的关键。附加条件的做法便是削弱了国内政治制度的基础，全体选民认为他们的政府在外来者面前让步，或者屈服于那些被认为是美国操纵的国际机构。于是民主遭到破坏，选民们感觉被政府出卖，因此，尽管全球化促进了民主意识的推广，但自相矛盾的是，它的实现方式及过程却在国家内部渐渐破坏了民主。

更进一步地讲，现如今全球化的实现方式的确没有与民主的原则保持一致，我认为这种看法是非常正确的。例如，发展中国家的呼声和担

① 1985—2000年间，全世界生活在民主国家的人口比例从38%升至57%，而生活在独裁统治下的人口比例从45%降至30%。参见 United Nations Development Programme (UNDP), *Human Development Report* 2002: *Deepening Democracy in a Fragmented World* (New York: Oxford University Press, 2002), p. 29, Figure 1.1；详见 http://hdr.undp.org/reports/global/2002/en/。

忧并没有引起足够的重视。在国际货币基金组织，一个承担了监管全球金融体系职责的国际机构，美国一家就可以拥有实际的否决权。这不是一人一票的问题，也不是一国一票的问题，这是美元话语权的问题。谁拥有最雄厚的经济实力，谁就拥有最多的投票权，对经济实力的衡量甚至不是按照现在的财力，而是大致上按照 60 年前国际货币基金组织建立时各国的经济实力来决定投票权（当然后来也有一些调整）。所以说中国，随着其经济迅速发展，并没有在国际货币基金组织得到相应的代表权。另外举一个国际组织的例子，世界银行承担着促进发展的责任，但其行长一直是由美国总统任命（美国总统甚至无须与国会协商），这里的砝码是美国的政治，而不是胜任的资格，在发展方面的经验甚至在银行业的经验，都不是考量的标准。例如两位世界银行行长——保罗·沃尔福威茨（Paul Wolfowitz）和罗伯特·麦克纳马拉（Robert Mac Namara），他们的背景资历都是国防部，而且这两个前任国防部长都和不得人心的战争（伊拉克战争及越南战争）有关。

改革全球化

有关全球化的争论日益深入，从全球化并未让所有人受益成为普遍共识，到认识到对全球化产生不满的根源至少部分是确实存在的，现在已经发展到更深层次的分析造成某些失败的具体的政策原因。专家和政策制定者们如今也承认一些领域需要变革。本书所关注的是所有问题中最棘手的那部分：究竟需要何种变革，大小不论，才能让全球化兑现它的承诺，或者至少是接近这一目标？我们如何才能让全球化真正造福全球？

让全球化奏效并非易事，那些获益于当前体系的利益集团会反对这种变革，而且它们有权有势。但是，变革的力量已经会聚成流，改革方案虽然零碎不整，但却已经跃然纸上。我希望本书有助于推进那些基于对目前错误的广泛认识而采取的变革，同时，本书也就如何使全球化更好地发挥作用提出了一系列有的放矢的建议，其中的一些建议只是小小的变化，不会受到什么阻碍；而另一些则涉及大的变革，也许数年之内都不会得以实施。

我们有许多工作必须完成。国际社会已经认识到以下六个方面的工作，但所有这六个方面既没有很好地展示取得的进展，也不能说明未来的路还有多远。

贫困的广泛性

贫困最终成为全球的一个心病，联合国以及像世界银行这样的国际机构都已经开始把更多的精力放在了减少贫困这一问题上。2000 年 9 月，大约 150 名国家元首或政府首脑参加了在纽约举行的联合国千年首脑会议，并且签署了“联合国千年发展目标”（the Millennium Development Goals），承诺在 2015 年之前将贫穷削减一半①；他们认识到了贫穷的多个层面，不仅仅是收入的不足，还包括诸如医疗保障和水资源的不足之类。

迄今为止，国际货币基金组织的观点在经济政策的探讨中一直是至高无上的，并且一直以来它都是关注通货膨胀，而不是工资、失业或贫穷问题。在它看来，削减贫困属于世界银行的任务，而它自己的任务是全球经济稳定。但是，重视通货膨胀而忽略失业的后果是显而易见的，那就是更高的失业率和更严重的贫困。一个好的现象是，至少从官方措辞上看，目前国际货币基金组织已经把减少贫困作为首要任务。

目前一个非常明确的结论是，仅仅依靠开放市场（取消贸易壁垒、开放资金流动）本身是不能“解决”贫困问题的，甚至会让情况恶化。解决贫困问题真正需要的是更多的援助，以及一个更为公平的贸易制度。

国外援助和债务减免的需求

2002 年 3 月，50 位国家元首和政府首脑以及 200 名政府部长参加了在墨西哥蒙特雷举行的发展筹资国际会议。在会议上，发达工业国家承诺大幅提高援助资金至它们 GDP 的 0.7%（然而迄今为止，很少有国家履行了当时它们的那些承诺，而尤其以美国为首的一些国家，还差得很远）。② 在认识到必须提高援助的同时，还达成了一个更为广泛的

---

① 千年发展的八个目标包罗了广泛的内容：消灭极端贫穷和饥饿；普及小学教育；促进男女平等并赋予妇女权利；降低儿童死亡率；改善孕产妇保健；与艾滋病毒/艾滋病、疟疾和其他疾病作斗争；确保环境的可持续能力；全球合作促进发展。参见 www.un.org/millenniumgoals/。

② 2004 年，经济合作与发展组织（OECD）的成员国平均将其 GDP 的 0.25%用于发展援助，日本、美国及意大利总计提供的援助还不到其 GDP 的 0.2%（美国在伊拉克战争上的花费都超过了 GDP 的 0.7%）。只有挪威、卢森堡、丹麦、瑞典和荷兰的贡献达到了 GDP 的 0.7%。参见 OECD，“Preliminary Official Development Assistance (ODA) by Donor in 2004, as Announced on April 11, 2005,” at www.oecd.org/document/7/0, 2340, en_2649_34485_35397703_1_1_1_1, 00.html。

共识，那就是应该更多地以拨款的形式提供援助，而减少贷款的方式，由于一直存在的还贷问题，这一点也就不足为奇了。

然而其中最为显著的变化，是改变了援助附加条件的方式。寻求国外援助的国家往往被要求必须满足大量的附加条件；例如，受援国可能被告知它必须迅速通过一项法案，或者改革其社会保障体系、破产体系或其他金融体系，才有可能得到援助。海量的附加条件使受援国政府穷于应付，而无法将精力放在更为关键而紧迫的工作上。

过度的附加条件是国际货币基金组织和世界银行备受指责的主要方面，并且这两个机构现在都承认，它们的确在这方面过于热衷，所以在最近的 5 年里大幅削减附加条件。

许多发展中国家负债累累，有些发展中国家甚至需要动用政府支出或出口收入的一多半来还债，而这些钱本应该投资到学校、公路以及医院的建设上。发展本来就不是一件易事，加上这些债务，发展几乎就无从谈起。

世界几大工业化国家（简称 G8）的首脑每年都会碰头就国际重要问题交换意见。2005 年在苏格兰格伦伊格尔斯举行的 G8 峰会上，各国同意免除世界上最贫穷的 18 个国家所欠 IMF 和世界银行的债务，这 18 个国家中有 14 个在非洲。① 即便是在经历了两次债务减免之后，许多发展中国家仍然债务沉重。在我撰写此书的时候，全球发展中国家负债额总计约 1.5 万亿美元，贷方包括全球性银行、IMF 和世界银行等，据估算在这些债务中有三分之一是低收入国家所欠下的②，而且尽管有债务减免，低收入国家所欠的债务仍旧有增无减。

不幸的是，债务问题以及如何应对债务国家无力偿付的问题已经不单单是低收入国家的事情。俄罗斯的债务违约曾经一度差点引发一场国际金融危机；2001 年底，阿根廷出现了历史上数额最大的拖欠债务事件，促使甚至像 IMF 这样的机构也重新权衡一些惯用的债务重组手段的好处，也就是类似于私人破产程序一类的制度，这在历史上已经迈出了一大步。

---

① 参见 HM Treasury，"G-8 Finance Ministers' Conclusions on Development，London 10－11，June 2005，" at www. hm-treasury. gov. uk/otherhmtsites/g7/news/conclusions _ on _ development _ 110605. cfm。

② 参见 Table A. 24 of World Bank，*Global Development Finance*：*The Development Potential of Surging Capital Flows*（Washington，DC：World Bank，2006）；available at http://siteresources. worldbank. org/INTGDF2006/Resources/GDF06 _ complete. pdf。

追求平等贸易的渴望

贸易自由化，即开放市场允许商品和服务的自由流动，曾被认为是通向发展之路，但这一论点缺乏现实的证据，最多也只是好坏参半。① 国际贸易协定在促进贫穷国家发展方面一直极不成功，其中一部分原因就是这些协定往往是不平等的，这些协定允许发达工业化国家对发展中国家的商品征收高额关税，平均税率是发达工业化国家同类产品的四倍。② 在发展中国家被迫放弃旨在扶持其幼稚产业的补贴时，发达工业化国家则可以继续对本国农业实施巨额补贴，压低了农产品价格，进一步降低了发展中国家人口的生活水平。

在西雅图骚乱事件之后，人们进一步审视以往的贸易协定，并且清楚地发现对全球化的不满至少有一部分是合理的。最近的一项贸易协定致使最贫穷国家的状况进一步恶化，于是全世界所采取的措施的是：在2001年的多哈会谈上，人们一致同意下一轮贸易会谈将着重考虑发展中国家的需求。（遗憾的是，正如我们将在本书第三章看到的那样，在随后几年中，美国和欧洲基本上违背了它们在多哈做出的承诺。）

自由化的束缚

20世纪90年代，当自由主义政策未能达到预期效果时，人们着重在发展中国家身上查找失败的原因。如果贸易自由化没有带来发展，那是因为发展中国家的自由化程度不够，或者是这些国家的腐败造成了不利的商业环境。时至今日，即便是支持全球化的人，他们中的许多人也更加意识到发达国家也负有不可推卸的责任。

在20世纪90年代所制定的政策中，讨论的最热烈的莫过于资本市场的自由化，即对短期投机热钱开放市场，当时的IMF甚至企图在1997年的香港年会上改变其章程，使它能够敦促各国实行自由化。但是到了2003年，IMF也不得不承认，至少对于一些发展中国家而言，资本市场自由化不仅不会带来进一步的发展，反而会引发社会的不稳定。③

---

① 参见 UNDP，*Making Global Trade Work for People*（London and Sterling，VA：Earthscan Publications，2003）。

② 参见 Oxfam，“Running into the Sand：Why Failure at the Cancun Trade Talks Threatens the World's Poorest People，” Oxfam Briefing Paper 53，September 2003。

③ Eswar Prasad，Kenneth Rogoff，Shang-jin Wei，and M. Ayhan Kose，“Effects of Financial Globalization on Developing Countries：Some Empirical Evidence，” IMF Occasional Paper 220，March 2003.《经济学家》（*Economist*）是长期坚定地主张总体上放松市场管制，尤其要让资本市场自由化的杂志，甚至该杂志也在2004年9月30日的一篇精彩文章《一种公平的交换吗？》（*A Fair Exchange*？）中承认了这一问题。

贸易自由化与资本自由化是一项更为广泛的政策框架的两大组成部分，这便是华盛顿共识，它是 IMF（坐落于第 19 街）、世界银行（位于第 18 街）及美国财政部（坐落于第 15 街）三方共同打造的，主要是关于制定一系列政策来最大限度地促进发展。① 华盛顿共识强调精简政府、放松管制、加速自由化及私有化进程。在 21 世纪初，华盛顿共识日渐势微，后华盛顿共识初现端倪。华盛顿共识存在弊端，例如忽视平等、就业和竞争等问题，也没有注意到改革的步伐和结果，更没有考虑私有化是如何进行的。目前大家都已经认识到，华盛顿共识过度强调 GDP 的增长而没有考虑其他影响民生的因素，更没有重视增长的可持续性，即增长是否能够在经济上、社会上、政治上以及环境上具有可持续性。阿根廷曾经因为奉行华盛顿共识而获得 IMF 的 A＋评级，但是好景不长，短短几年后便陷入危机，这一事实有助于增强对持续性的高度重视。

环境的保护

从长远角度来讲，在环境稳定问题上的失败将会对世界带来更大的危险。10 年前，只有环保倡导者和环境专家对环境与全球化问题表示忧虑。而今天，全世界都认识到了这个问题。如果我们不减少对环境的破坏，继续肆意使用有限的资源并对全球变暖不采取措施的话，灾难就会随之而来。全球变暖已经成为全球化的一个最大的挑战。中国和印度等国家的飞速发展意味着这些国家对资源的使用量激增，但是地球环境是无法承受这样的资源浩劫的。如果全世界每个人排放的温室气体的比例都和美国人一样的话，这个世界就会有灭顶之灾。好在目前除了华盛顿的少数人以外，全世界已经认识到了这个问题；然而改变生活方式绝非易事。

备受争议的全球治理体系

目前除了美国外，全世界其他国家都认识到我们在国际问题上做出

---

① “华盛顿共识”这一说法最初是由著名经济学家约翰·威廉姆森（John Williamson）为描述拉美的政策变革而首创，他所提出的观点更为丰富（包括 10 点说明）并且更加精准细腻。参见 John Williamson，“What Washington Means by Policy Reform，” Chapter 2 in *Latin American：How Much Has Happened*?，ed. John Wiliamson（Washington，DC：Institute for International Economics，1990），以及 Joseph E. Stiglitz，“The Post-Washington Consensus Consensus，” IPD Working Paper Series，Columbia University，2004，presented at From the Washington Consensus Towards A New Global Governance Forum，Barcelona，September 24－25，2004。

决策的方式存在一定的问题，尤其对单边主义以及国际经济机构中所存在的“民主赤字”所带来的危险，人们的认识更为一致。不论是从结构上还是在进程上，人们所表达的意见都被当成了耳边风。殖民主义虽然已经成为历史，但是发展中国家并没有获得它们应有的代表权。

第一次世界大战清楚地表明了国与国之间的相互依存日益增强，战后人们便创建了几个国际机构，其中最重要的一个莫过于国际联盟(League of Nations)，但它却未能实现其维护和平的使命。当第二次世界大战接近尾声时，人们决心要建立一个更好的机构，于是联合国诞生了，以防止20世纪前半叶的战争梦魇再次发生。在人们对20世纪30年代的大萧条记忆犹新的时候，两个新的经济机构建立起来，即国际货币基金组织和世界银行。当时很多发展中国家仍处于殖民统治之下，于是这些机构就成为了富裕国家的俱乐部，这一切可以从这些机构的治理机制上看出来。富裕国家迅速制定“老友”规则以加强控制：美国同意由欧洲来任命国际货币基金组织主席，但是二把手必须是美国人；欧洲则同意美国总统可以任命世界银行行长的人选。如果这些机构能够更为妥善地处理自己应当解决的问题，比如说国际货币基金组织能够保证世界经济稳定的话，这些治理上的历史错误也许可以一笔勾销。但问题是IMF没能好好履行其保证全球金融稳定的重要使命，20世纪90年代末的全球金融危机中，每个遵循IMF建议的新兴市场国家都遭到重创，IMF的失败表露无遗。当IMF制定应对危机的政策时，它更多地是从救助西方国家的贷款人出发，而不是帮助那些危机中的国家及其人民。IMF有足够的钱来拯救西方银行，却不肯掏钱给那些生活饥寒交迫的国家提供最低食品补贴。凡是向IMF寻求指导的国家都未能实现持续的增长，而像中国这样走自己的路的国家，却取得了巨大的成功。如果我们进一步分析的话就会发现，IMF所制定的一些政策如资本市场自由化是导致失败的原因。就在IMF指责发展中国家管理混乱没有透明度的同时，其自身也被这些问题所困扰。IMF缺少民主机构所应该具有的一些最基本规则，即透明化，透明化帮助人们看到问题所在，并有时间来应对，而且也能看到官员们是如何表决的，也就知道了他们是不是负责的。除此之外，IMF还需要建立规则，限制官员从IMF离职之后迅速从事任何商业行为，这些限制是现代民主制度的基本内容，用以减少和避免利益冲突，防止公职人员通过偏向性的安排或法规给予潜在的未来雇主好处。

人们越来越认识到，像IMF这样掌控全球化的国际公共机构存在治理上的问题，而这些问题又是这些国际机构失败的原因。退一步说，这些国际机构在治理上的民主赤字已经破坏了它们的合法地位，从而降低了它们的作用效力，尤其是当它们谈及民主治理问题时，表现得更为突出。

民族国家与全球化

大约150年前，沟通以及交通运输成本的降低促使了全球化早期雏形的产生。在此之前，大多数贸易行为都是本地性的，正是19世纪发生的变化导致了民族经济的形成，并巩固了民族国家的政体。人们对政府的要求增加了，因为市场也许带来了增长，但同时也带来了新的社会问题，甚至是经济问题。于是政府承担了新的角色：防止垄断、奠定现代社会保障体系的基础以及监管银行及其他金融机构。这一过程具有双向的相互巩固作用，政府努力的成功有助于塑造并巩固建设国家的进程，而民族国家能力的增强则促进了经济的巩固，提高了民生。

人们习惯性地认为美国的发展得益于自由资本主义，其实这是错误的，即便是在今天，美国政府仍然在诸如金融等领域起着核心作用，其提供的贷款，或贷款担保，在全部的贷款中占有相当大的比例，贷款项目涉及抵押贷款、助学贷款、进出口贸易、合作社以及小企业业务等。美国政府不仅要对银行机构进行监管、对储户实施保障，同时还要尽力保证贷款能惠及那些享受不到服务的阶层，至少在不久前，保证贷款可以发放到全国所有地区，而不是仅仅局限在几个金融中心。

从历史上看，美国政府在促进经济发展方面，包括技术及基础设施建设的发展，所起的作用更大。19世纪的美国经济仍然以农业为中心，当时的政府创建了整套农业大学体系及“延伸”服务项目。政府通过大量土地开采权的下放推动了美国西部铁路系统的发展。19世纪，美国政府资助建立了全世界第一个电话传输线路；在20世纪，美国政府投资的研发引起了互联网革命。

美国之所以会成功，一部分原因是其政府在经济发展、市场调控以及社会基础性服务中所起到的作用。而现今很多发展中国家所面对的问题是，自己的政府有能力起到同等的作用吗？全球化进程对民族国家提出了新的要求，因为它加剧了不平等和不安全，并带来了激烈竞争的挑战，这些都需要民族国家能够积极应对，然而与此同时，全球化通过各种途径限制了其应对能力。比如说，全球化解放了市场的力量，而这一力量本身过于强大，很多国家尤其是发展中国家都难以掌控；任何试图控制资本流动的政府都会心有余而力不足，因为人们都是会想方设法规避法规的限制；某个国家也许打算提高最低工资标准，但最终也会发现根本行不通，因为，在那里开业的外资企业将会很快地作出反应，向工资水平更低的国家迁移。

由于国际协议约束了主权国家行使政策决定的权利，政府在控制个人或企业行为方面更加无能为力。例如，某个政府想要确保银行将部分贷款发放到欠发达地区，或要求公司的财会结构能准确反映出该公司的实际情况，但最终会因为不能通过合适的法律而夭折。一个国家如果签署国际贸易协议，那么该国政府将不能控制投机热钱的涌入或撤出，因此，资本市场的自由化也将可能导致经济危机。

在过去的一个半世纪里，民族国家一直以来都是政治和（从更大程度上讲）经济的中心，但是目前被两方面的力量所挤压，一方面是全球经济的力量，另一方面是政府权力转移的政治要求。全球化进一步将世界各国紧密联系起来，需要更多的协作，需要各国及其人民统一行动，解决面临的共同问题。许许多多的难题，诸如贸易、资本以及环境问题，都只能通过国际合作得以解决。但是民族国家的权力已经被削弱，而国际社会还没有建立起一种民主的国际机构，能够更有效地应对全球化所带来的问题。

在现实生活中，经济全球化的速度已经超过了政治全球化的速度。我们现有的全球治理体系杂乱无章，协调性差，缺乏一个全球性政府的管理；在应对一系列诸如温室效应、国际贸易及资本流动等问题上，我们有一大堆各式各样的机构和协议。各国财政部长们在国际货币基金组织大谈全球金融性问题，却从来没有考虑过他们所做出的决定会对环境和健康带来什么影响；环境部长也许会呼吁对全球变暖采取一定的措施，但他们缺乏足够的资源来为这些呼吁撑腰。

因此，我们明显需要强有力的国际组织来应对经济全球化所带来的挑战，但目前现有的组织在应对这些挑战方面显得信心不足。一个很明显的问题是，正如我们曾经谈到的，这些制定决策的组织机构目前正遭受民主赤字的困扰，所以它们的决策往往不能代表发展中国家的利益。更为严重的是，发达工业国家政府虽然掌控着经济全球化的方向，但它们缺乏起码的悲悯之心，而这种悲悯之心是全球性工作所必需的。当然我们也看到，土耳其大地震、埃塞俄比亚大饥荒以及印度尼西亚海啸，全球化能让我们亲眼目睹世界每个角落发生的悲剧，我们为受难者哀恸，援助滚滚而来，但这种力量却又是远远不够的。

在民族国家发展的同时，其国民之间的联系也变得紧密起来，虽然这种联系没有同一地区人们的联系强，但起码要比与该国之外的人的关系强得多。但问题是，在全球化进程中，人们对国家的忠诚程度却没发生什么变化。这种情感上的反差在战争中反映得尤为明显。美国人一直在准确记录美军阵亡的人数，但是当公布伊拉克死亡人数是美军的50倍时，人们却无动于衷；如果美国人遭受虐待将激起公愤，但美军虐囚事件只是引起了反战运动组织的关注，甚至还有很多人为此狡辩说这是保障美国安全所必需的。在经济领域也有类似的不对等现象，比如说美国人会因为国内失业率升高而不满，却不会为那些远远落后于美国的贫穷国家的就业大幅增加而高兴。

我们大多数人都生活在某个地方，如社区、州或是国家，但全球化却意味着我们也属于整个全球社区的一部分。欧洲人正在学习如何认识自己既是德国人或意大利人或英国人，又是欧洲人，尽管有时候比较困难，而经济关系的进一步密切对此有所帮助。在全球层面也是如此，我们虽然居住在一个固定的地方，但是我们会越发以一种全球性思维去思考问题，将我们置身于一个全球大家庭之内。这就要求我们不仅要尊重别人，也需要思考什么是公平，比如公平交易制度应该是什么样子？同时也需要我们设身处地地为他人着想，如果我们是他们，我们会不会认为这是公平的或者正确的？[①] 我们还要慎重考虑在什么时候需要实施规章制度以使全球系统有效地运行，在什么时候必须尊重其他国家的主权，让每个国家都能做出符合自己国情的决策。

如果我们想要改变管理全球化的方式，我们就需要在理念上做出改变，而这种变化也正在发生。本章仅仅指出了在过去十年内人们对全球化所持态度的巨大改变，在很大程度上，人们已经不再就“反对”或“支持”全球化而进行争论。我们都认识到全球化所带来的积极影响：亚洲包括中国和印度在内几乎占全世界一半的人口正逐步融入全球经济领域之中；24亿人所在的国家曾在历史上遭受殖民、战争以及内部纷争的苦难，而在短短四分之一个世纪内，取得了前所未有的增长。这是具有重大历史意义的事件，同时也必须放在历史背景中考察。西方世界最为成功的年代，例如工业革命和第二次世界大战后的经济繁荣，其经

---

① 已故的伟大哈佛哲学家约翰·罗尔斯（John Rawls）的观点有着深远影响，他强烈主张社会公平应该是“盖着无知面纱”，我们在出生前并不知道我们的社会地位如何。参见 John Rawls，*A Theory of Justice*（Cambridge，MA：Harvard University Press，1971）；and Patrick Hayden，*John Rawls：Towards a Just World Order*（Cardiff，UK：University of Wales Press，2002）。

济增速很少超过3%，而在过去的30年里，中国经济的年均增速是这个数字的三倍，这些成就部分归功于全球化。但同时我们也看到了全球化的阴暗面：全球不稳定所带来的经济衰退和萧条；全球经济无规则的无度发展所造成的环境恶化；非洲大陆的财产和自然资源遭受掠夺，留下的是永远也还不完的债。当全球化导致了经济不安全和不平等的后果之后；当物欲横流成为至高无上的价值观时；当一些国家发现它们的福利，甚至生存都要依赖于它们并不信任的其他国家时，例如像中东以及其他地区的一些产油国；就连一些发达的工业化国家也开始质疑全球化了。发展可能出现，但大多数人会更加穷困潦倒。"涓滴"式经济理论认为只要经济整体发展，每个人都会受益，但现在这一理论被不断证明是错误的。

有些人说全球化进程是不可避免的，即使存在缺陷，我们也只能一味地屈从。但是全世界大多数国家都是民主国家，这就意味着如果全球化不能惠及大多数人，人们最终就会起来抵制。人们可能一时被蒙蔽，相信苦尽甘来的故事，但是在经历了四分之一个世纪后，这样的鬼话已经没有市场了。历史上曾经有过全球化的逆转，即一战后全球经济一体化程度按照多数标准衡量比战前有所降低①；这种事情未来还可能会发生。目前世界上已经开始出现对全球化的强烈抵制，这种行为甚至发生在从全球化当中受益最大的国家，比如当印度、中国和迪拜的公司试图并购发达国家的公司时，它们经常会受到发达国家的阻挠。

全球化进程中的一些问题是不可避免的，而我们必须学习如何应对这些问题。全球化将会导致发达国家不公平现象的加剧，因为工人工资特别是非技术工人的工资会被压低；人们可以抵抗工资下调的压力，但随之会出现失业率的上升。这是一种能经得起时间考验的经济学理论观点，在本书后面的章节中我会论及这一理论。即便是权力最大的政治家们，他可以去做各种尝试，但最终也逃不出这个经济理论的魔咒。但是他们能够帮助我们的社会适应全球社会的巨大变迁，就像一个多世纪前民族国家帮助我们融入工业化进程一样。②

如今人们认识到，全球化中有很多问题都是我们自己造成的，是由

---

① 其中一些变化是和生产方式的改变相关的，并且由于世界经济变得越来越以服务业为基础，这种情况可能会再次出现。

② 参见 Karl Polyani, *The Great Transformation: The Political and Economic Origins of Our Time* (Boston: Beacon Press, 2001)。这本1944年的经典著作于2001年再版，在新版序言中，我对这两方面的历史变革的同步性进行了阐述。

于我们管理全球化的方式不恰当造成的。当我目睹群众运动，特别是欧洲的群众运动，呼吁减免债务时，当我看到多数发达国家的领导人呼吁建立更加公平的贸易机制、采取措施应对全球变暖以及承诺在2015年之前将贫困人口数目减半时，我觉得非常鼓舞人心。但言论和行动还是有差距的，这些领导人在其民主国家都是领军人物，他们可以全心全意地致力于这些崇高的目标，但前提是，他们不必为此付出任何代价。

我希望这本书能够帮助人们改变观念，就像那些发达国家的人一样，能更加清楚地预见自己国家的政府所采取的政策会带来什么样的结果，我希望这本书能够让全世界所有国家的人都相信，“另外一个世界是可能的”，而且“另一个世界是必然的、是一定能实现的”。我们不能因循守旧，民主的力量非常强大，选民们不会再允许全球化按照旧的模式发展下去，这一点我们已经在拉美和世界其他各地的选举中初见端倪。好在经济学不是零和的，我们能够重塑全球化，让发达国家和发展中国家的人民、我们这代人和我们的后代都从中获益；但是也会有一些特殊利益集团会失去一些东西从而抵触这些改变。我们能够拥有更强势的经济和社会，会更加重视价值体系，包括文化、环境以及生命本身。

2 发展承诺

返回印度南部地区卡纳塔克邦的道路，坑洼不平，尽管路途不远，但驱车仍需几个小时。路边，劳作的妇女们在用手工采石，远处贫瘠的土地尘埃弥漫，赶牛犁地的男人的孤独背影依稀可见，路边货摊的摊主兜售着点心和茶叶。这是印度的典型写照，在那里，相当部分的人仍然是文盲，日均收入仅有2.7美元。

然而，在相隔仅数英里之遥的班加罗尔，一场革命性的变革正在悄然出现。印度高科技和咨询行业的巨擘——印孚瑟斯技术（Infosys Technologies）的全球总部大楼熠熠生辉，该公司已成为了颇受争议的外包潮的象征，在那里，美国公司雇用印度工人干着以往由美国和欧洲人所干的活儿。尽管这些公司将制造业转入低工资的国家已有数十年的历史，然而，印度在吸引诸如计算机程序设计和客户服务这样的高技术含量的工作方面所取得的成功却引起了美国的种种担忧。

每年能创造15亿美元收入的印孚瑟斯技术已经成为了当地经济的支柱，他们的雇员在汽车、洋房和体面的服饰上花费不菲，他们时常出入班加罗尔新兴的林林总总的餐馆和酒吧。任何造访班加罗尔的人都能感受到这里欣欣向荣的气氛。但并非所有人都对这个新的世界充满热情。在2004年的大选中，执政的印度人民党（Bharatiya Janata，BJP）以“印度璀璨夺目”的口号参加竞选——仅就印度人口中的2.5亿人的生活而言，印度确实成绩斐然，因为这些人的生活在过去的20年中发生了翻天覆地的变化。但是仅在班加罗尔10英里之外，甚至就在这个城市的一些街区，贫困现象随处可见。对于印度另外8亿人口来说，经济成就的光环并没有照亮他们。

世界人口中大约有80%的人口生活在发展中国家，处于收入水平低、贫困程度高、教育差、失业高的状况。对这些国家而言，全球化的出现意味着前所未有的风险和机遇。如果全球化的成功意味着使整个世界都富足起来，那么，全球化必须首先为这些国家的人民发挥应有的作用。

在这一章中我们将会看到，所谓的经济发展的灵丹妙药和救治良方并不存在。发展经济学的思想历程是孜孜不倦地寻求“标准答案”，一种发展战略的失败所导致的失望很快又转化为对下一个战略发挥作用的希望，这种努力近乎堂吉诃德式的狂想。[①] 例如，教育固然很重要，但是如果没有就业岗位能吸纳这些受过良好教育的人的话，那么发展也就无从谈起。发达国家向发展中国家开放市场，这也很重要，但是如果发展中国家没有码头和道路设施将商品输送到市场上去的话，光有商品又有什么用呢？反过来，如果农业劳动生产率低，农民没有东西可卖，那么道路和码头的修建改变不了什么。发展的进程涉及社会的方方面面，需要市场、政府、非政府组织、社会团体和非营利机构等所有参与者的努力。

一个发展中国家只是简单地对外部世界开放也不一定会收获全球化的成果，即使它的GDP增长了，这种增长也是维持不住的或不可持续的。再退一步说，即使维持住了这种增长，它的绝大多数国民也可能会

---

① 参见William Easterly，*The Elusive Quest for Growth: Economists' Adventures and Misadventures in the Tropics*（Cambridge，MA：MIT Press，2001）。

发现他们的境况变得更糟糕了。

关于经济全球化的争论时常与关于经济理论及价值判断的争论交织在一起。25 年前，自由市场经济、共产主义和有管理的市场经济三大经济思想流派相互竞争。然而，1989 年，随着柏林墙的倒塌，三大流派削减为两大流派，今天的争论主要在推行自由市场意识形态的人和那些将政府和私人部门视为同等重要的人之间展开。当然，在争论中这些人的立场也不是泾渭分明的。自由市场的鼓吹者也认识到了非洲所面临的问题之一在于缺乏有控制力的政府，同时对不受任何约束的资本主义持批判态度的人士也很尊重市场的重要作用。

然而，我们不应该自欺欺人地认为不同观点之间的差别已经不复存在，实际上这种观点上的差距依然很大。在前一章，我们介绍了华盛顿共识的发展战略。这些政策的重点在于尽量弱化政府的角色，强调私有化（将政府企业卖给私人），强调贸易和资本市场的自由化（消除贸易壁垒和资本自由流动的障碍），强调放松管制（废止规范商业行为的规章制度）。政府仍能发挥稳定宏观经济的作用，但其关注点应放在价格稳定上，而不是在产出稳定以及就业和增长方面。政府能干什么，不能干什么，在华盛顿共识中都有一系列的具体规定：政府应该在各个领域实行私有化，从制造工厂到社会保险都应该实行私有化，但政府不应该介入推动某个特殊产业发展的事务；政府应该强化产权关系，但不能允许腐败出现；削弱政府的职能意味着降低税收，但是政府需要保持预算平衡。

在实践中，华盛顿共识几乎没有关注到均等问题，它的一些鼓吹者坚信“涓滴”经济学，即经济增长自然会惠及所有的人，然而，很少有实际的证据能够支持这种经济学结论。另外一些鼓吹者则认为均等是政治学领域的问题，不是经济学中的问题，经济学家应该关注效率，他们认为华盛顿共识表达的正是经济学家的关注点。

另外有一种观点认为，政府应该扮演更为积极的角色，它既能积极促进发展，也可以在保护贫困者利益上有所作为①，我本人是持这种观点的。经济学理论和历史的经验都为政府的作为指明了方向。尽管在任

① 这一另类观点在某些地方与英国首相托尼·布莱尔（Tony Blair）、美国总统比尔·克林顿（Bill Clinton）和德国总理格哈德·施罗德（Gerhard Schroeder）所提倡的“第三条道路”很类似。克林顿总统在任期最初几年的年度《总统经济报告》（*Economic Report of the President*）中阐释了这些观点，指出政府的作为要与市场的缺陷密切相关。

何成功的经济体中市场总是处于中心位置，但是政府必须创造良好的环境使商业活动兴旺发达并创造出更多的就业岗位，政府必须构建起实体的和制度的基础设施——法制保障，例如在一个健全的银行体系和证券市场中，投资者不用担心受到欺诈。而发育不好的市场总是存在着垄断和寡占，像电讯这样关系国计民生的行业往往价格高企，阻碍经济发展，因此，政府制定强有力的竞争政策。当然也有许多领域是市场本身无法很好发挥作用的。有些事情市场做得有点过头，造成了诸如污染和环境的退化，有些事情市场又做得太少，如研究。发达和不发达之间的区别不仅仅是资源上的差距，而且在于知识上的差距，这也就是为什么投资教育和科技是非常重要的，当然多数情况是由政府投资。

在实践中，上述观点的倡导者与那些主张政府作用最小化的人相比，他们更重视就业、社会公正以及诸如环境保护这样的非物质价值观。例如，失业不仅被视为是资源的浪费，同时它也会伤害个人的自尊心，并产生包括暴力事件在内的诸多不良的社会后果。持上述观点的人通常也赞同政治制度的改革，他们主张在决策上给公民更多的话语权，他们指出，制度约束以及像独立的中央银行这类的经济组织都不负有政治上的责任，会削弱民主基础。与此相反，华盛顿共识的倡导者，由于对民主进程缺乏信心，因此他们强调，中央银行的独立性是确保良好的货币政策的根本。

也许有人会问，在究竟是什么因素能推动经济发展的问题上，为什么所有训练有素、学历高深的经济学家却莫衷一是？如果来自 IMF 的顾问为一个国家提供了 IMF 的方略，而学院派的顾问提供的却是完全相反的方案，那么该国总理究竟应该何去何从？两种方案都以具有吸引力的经济学理论、经济学的一般原理、供求法则作为开场白，但是经济学的推理却不是单线条的。华盛顿共识方案的基础是市场经济理论，这种理论是以完全信息、完全竞争和完全风险市场为假设前提的，这是将现实世界理想化的理论，更与发展中国家南辕北辙。任何理论的结论都基于其假设，如果其假设远离现实的话，那么建立在这种理论模式基础上的政策也就难免无所适从了。

上世纪 70—80 年代的经济理论阐明了市场的局限性，只要信息是不完全的和市场是有缺陷的，例如，好的保险市场也只能抵补个人所面临的一些主要风险，那么不受约束的市场是不可能带来经济效率的。而信息总是不完全的，市场通常也总是不完全的。[①] 因此，当一个国家面临的任务是吸收新技术来缩小“知识差距”（这是经济发展的中心问题）时，市场自身也不必然产生经济效率。今天，多数学院派经济学家都认为市场本身不能产生效率，问题是政府能否改进这种状况呢？

尽管经济学家要用实验来检验他们的理论是困难的，不像化学家和物理学家那样，然而，由于许多国家都在尝试各种各样的发展战略，于是这个世界为我们提供了大量天然的实验机会。不幸的是，由于各个国家在历史、环境以及大量的政策细节（细节往往是关键）上存在着差异，使我们通常很难从实验结果中找到清晰的诠释。然而，有一点却是清楚的：战略的成效千差万别，最为成功的国家是那些亚洲国家，而在多数亚洲国家中政府扮演了积极的角色。亚洲国家政府所做的一切与经济学中所要求政府做的一切完全吻合，如果我们仔细考察了亚洲国家政策的效应之后，这样的感触会特别深刻。同理，基于信息不完全和不完善的风险市场的经济学理论推断，短期资本自由流动作为市场原教旨主义政策的核心部分，它带来的不是增长而是不稳定，这一推论也被实践所证实。

25 年前，对市场原教旨主义和华盛顿共识政策存在争议，这是容易理解的，其实那时也没有真正地推行这些政策。（当然，理论上的异议和历史的经验都对此提出了义正词严的警告。）今天，当我们已经看到了许多成功和失败的案例之后，除去意识形态的作用以及华盛顿共识政策所服务的特殊利益之外，我们很难理解这样的争论还在继续。（有人即使在经济没有增长的时期，也能够从华盛顿共识政策中获益。）

今天不发达国家所面临的任务相对于 19 世纪欧美工业化时期而言还是要容易一些，因为，它们的任务主要在于追赶，而不是进入一个完全未知的领域。然而，事实证明，除亚洲这一经济发展最成功的典范之外，对于其他地区而言这样的任务是高不可攀的。由于亚洲的成就如此

---

① 两个世纪以来，经济研究的核心一直在寻求理解这样一个问题：按照斯密的观点，市场“就像被看不见的手”指引一样，在什么样的条件下会带来或者不会带来经济效率。肯尼斯·J·阿罗（Kenneth J. Arrow）与杰拉德·德布鲁（Gerard Debreu）都是凭借对此问题的严谨数学分析而获得了诺贝尔经济学奖，他们证明了理想条件下斯密的观点是正确的，同时也指明了市场失灵的大量例子，在这些情况下斯密的观点并不准确，比如外部性的存在（例如污染），个体行为会影响到其他人但却不会给受影响的人提供补偿。我自己的工作为市场失灵导致无效率的情况进行了补充，即信息不完全和/或不对称的情况（即某些个体了解其他个体所不了解的情况）。阿罗与德布鲁分析的假设前提也是技术不变，或至少技术不会被市场参与者的行为所影响；但技术的变革正是发展的中心所在。

宏大，亚洲成功的持续时间又如此之长，因此，很容易将这种成功视为发展中国家的必然现象。殊不知亚洲的增长曾令上个世纪 50—60 年代的许多专家震惊，诺贝尔经济学奖得主像纲纳·缪达尔（Gunnar Myrdal）曾经估计亚洲的前景着实暗淡。① 那时的传统观念认为，像韩国这样的国家就应该坚持发展它们所一贯擅长的生产技能：种植稻谷。东亚奇迹表明，即使不存在特殊的先决条件，快速发展和公平增长也是可能的，而且这种增长是一种使穷人和富人共同受益的增长方式。而其他地区的失败也表明发展并不是一种必然。

各地区之间经济表现的差异之大令人吃惊，过去 30 年中东亚的平均增长率为 5.9%（最近 15 年中它们的平均增长率为 6.5%），拉丁美洲和非洲却在为避免总体增长率垫底而努力，撒哈拉以南的非洲地区的人均收入在过去的 30 年中年平均下降了 0.2%。② 而这两个地区的挣扎居然被俄罗斯经济更为恶劣的表现所超越，从共产主义体制向市场经济转轨开始，俄罗斯的收入总体上已下降了 15%，在转轨的头十年中它的人均收入实际上已下降了 40%，但是在最近五年，俄罗斯经济终于开始止跌回升。

东　亚

全球化以出口导向的增长方式将东亚国家拉出了贫困的泥潭。全球化通过提供进入国际市场、获取技术的途径，极大地提高了这些国家的生产率，使脱贫成为可能。然而，这些国家也很好地把握了全球化：它们利用了全球化而不是被全球化所利用，这正是它们成功的主要原因。

这些东亚国家同时获取得了增长和稳定：有些国家在近 25 年中几乎没有出现过负增长的年份，有些国家在个别年份中情况不是很好；就这一点而言，他们的表现好于任何一个发达工业国家。即使是在 1997—1998 年经济低迷时期，中国和越南的经济仍然在增长。中国奉行的是标准的扩张性的宏观经济政策（这不是当时 IMF 向其他东亚国家推荐的政策），增长率虽然下降但仍保持在令人惊叹的 7%，随后又重新回到 8%、9%的高水平（有些人认为这些数字低估了实际增长水平）。如果把中国的省份作为国家来看待的话（因为有些省份的人口超过 5 000 万，规模比世界上多数国家都要大得多），那么世界上增长最

① Gunnar Myrdal, *Asian Drama: An Inquiry into the Poverty of Nations*, New York: Pantheon, 1986.

② 在过去的 15 年里，经济增长的表现已略微好转，人均收入每年有了微小的 0.2%的增加。

快的国家一定在中国。[①]

更为重要的是，东亚国家的政府确保了增长的利益不仅仅为少数人攫取，而是被广泛地分享。[②] 它们不仅仅关注价格的稳定，同时它们也关注实体经济的稳定，以此来确保新的就业机会的创造速度与新增劳动力的出现同步。贫困水平大幅下降，以印度尼西亚为例，1998—2002年间，贫困率（以每天1美元的收入为标准）从28%下降到了8%。[③] 与此同时，健康状况得到了改善，人均寿命也在延长，识字人口也近乎普及。1960年，马来西亚的人均收入为784美元（以2000年美元价计算），比当时的海地还要低一些，而今天它的人均收入已超过了4 000美元。1960年韩国平均受教育的水平不超过4年，而今天韩国已在芯片生产这样的高科技领域处于领先，它的收入在过去40年中也增加了16倍。[④] 中国起步虽晚，但从某种意义上讲，它所取得的成绩更为卓著，自1978年以来，它的收入提高了8倍以上，以日收入1美元衡量的贫困率下降了四分之三。[⑤]

然而尽管这些“市场”经济的国家深深地卷入了全球化的进程，但它们的市场远非那种完全不受约束的市场。它们对全球化的影响进行了衡量和调节，在那里，政府对经济的干预是审慎的但又是无所不在的。当然，政府做到了人们通常希望政府所做的事情，它们既普及了基础教育，同时也发展了高等教育，因为它们知道经济成功不但需要普及识字

① 参见 World Bank, *China 2020: Development Challenges in the New Century* (Washington, DC: World Bank, 1997), p. 3；详见 http://www.worldbank.org/servletWDSContentServer/WDSP/IB/1997/09/01/000009265_3980625172933/Rendered/PDF/multi0page.pdf。

② 自1970年以来，人均收入增长累计（年均增长率）为：中国，923%（6.8%）；印度尼西亚，286%（4.0%）；韩国，566%（5.6%）；马来西亚，283%（3.9%）；泰国，347%（4.4%）。尽管时间跨度太大，使这些贫困数据的可靠性和连贯性大打折扣，但如果用每日2美元的标准来衡量贫困程度，在20年以内，中国的贫困率在1987—2001年间由67%下降至47%，印度尼西亚的贫困率在1987—2002年间由76%下降至52%，马来西亚的贫困率在1987—1997年间由15%下降至9%，泰国的贫困率在1992—2000年间由37%下降到32%。如果用每日1美元的贫困线衡量，贫困的削减程度更加惊人。见世界银行的世界发展指标、人均国内生产总值（2000年美元不变价格）和每日2美元（购买力平价）的贫困人口比率（人口百分比）。世界银行的发展数据统计，可到 www.worldbank.org/data/onlinedatabases/onlinedatabases.html 订阅。

③ 使用每日1美元的贫困线标准。见世界银行的世界发展指标、世界银行的发展数据统计。可到 www.worldbank.org/data/onlinedatabases/onlindatabases.html 订阅。

④ 资料来源：IFS 1963—2003年的数据；可到 http://ifs.apdi.net 订阅。

⑤ 从1981年的64%到2001年的16%。见 Chen and Ravallion, “How Have the World's Poorest Fared since the Early 1980s?”，引文如前所注。

率，同时也要求具备吸收先进技术的高技能骨干；它们斥巨资兴建港口、公路和桥梁这类基础设施，这些设施不仅便利了商品的运输，同时也使得商业及进出口货物运输成本大大下降。

在东亚，各级政府的所为也超出了政府通常应该所为的范围。在经济计划、技术改进、产业发展的选择方面，都不是仅仅由市场来决定的，各级政府在这些事务的决策上起着很大的作用。上个世纪 60 年代以来，这些国家或地区在发展本国或本地区工业方面做出了巨大的努力，在高科技部门的投资使得中国台湾、韩国和马来西亚成为电子产品、计算机和计算机芯片的主要生产地。另外，在钢铁和塑料制品这样的传统商品领域它们更是跻身于最为高效的制造地。

尽管政府的意图并不在于“致胜”市场一筹，或者说是在优胜劣汰方面超越市场选择，然而，它们认识到，通常存在巨大的溢出效应：一个领域技术的进步可以有效地刺激另一个领域的增长，而市场有时不能很好地协调新的商业活动，例如以塑料为原材料的企业如果没有当地塑料供应商就很难发展壮大，但对于塑料生产商而言，如果对它的产品需求没有保障的话，那么它所面临的风险也是巨大的。再如，它们还认识到，银行通常对贷款给新兴产业缺乏兴趣，而对房地产市场的投机给予融资的热情却很高，这在发展中国家比较常见，另外银行也愿意将钱借贷给政府。

经济学家们长期以来一直在谈论储蓄和投资对经济增长的重要性，在东亚国家开始处理这一问题之前，政策的决策者通常是将这一问题留给市场来调节的。经济学家或许会为低储蓄水平而哀叹，但是他们认为政府对此也无能为力。东亚国家的政府所为表明这种认识并不正确。政府鼓励储蓄，那么用于投资的钱就来源于国内居民，这些国家就不会依赖波动无常的国外资本流。这个地区几乎所有国家的储蓄占 GDP 的比重都达到或超过了 25%，今天，中国的国民储蓄率已占到了 GDP 的 40%，而与此相对应，美国的这一比率只有 14%。在新加坡，42%的工资收入被强制性地纳入“公积金”（provident fund）中。在其他一些国家，如日本，政府创立的储蓄机构深入到了偏远农村，为人们储蓄提供了安全便利的渠道。

所有这些国家都深信市场是非常重要的，但是它们也认识到了市场制度是需要创造的，市场行为是需要治理的，有时候私人企业会对它们本应该干的事无动于衷。如果私人银行不能将分支机构建立到偏远的农村去吸收储蓄，这时当局就必须介入；如果私人银行不能提供长期贷款，这时当局也要介入；如果私人企业不能够提供生产所需的基本原材料，例如钢铁、塑料等，当局更要介入，当然这是建立在当局的经济行为是有效率的基础上的。韩国和中国台湾的经验表明，当局是能够做到这一点的。韩国政府在开始着手这些问题时行为谨慎，但是一旦它们认定这样的投资是有利润的，它们便会勇往直前，并在1968年创立了世界上最有效率的钢铁公司。中国台湾当局的行动比韩国更早，它们在1954年就帮助建立了极为成功的台湾塑料工业股份有限公司。

虽然该地区中的多数经济体实行了经济自由化政策，开放市场和缩小政府管制规模，但是这种自由化的进程相对缓慢，这种缓慢的自由化速度与这些经济体应对全球化的能力成长相吻合。亚洲国家的政府重视出口导向型的增长，尤其在经济发展的早期，同时它们也限制那些会削弱本国制造业和农业的商品进口。

像中国、马来西亚和新加坡这样的国家是欢迎外国投资的，而韩国和日本这类的国家则认为外国投资是多余的，没有外资它们的增长依然很好。即使是那些引进外国投资的国家也要认定外国企业确实转移来了技术并对本国工人进行了培训，这样才能保证它们对东道国的发展做出了贡献。马来西亚就不是简单地将其石油资源交给外国公司经营，而是让它们帮助开发其本国资源，同时从中学习经验和知识。今天政府所拥有的马来西亚石油公司（Petronas）已经在为其他的发展中国家提供培训服务了。自己的石油公司自己管理，这样确保了资源价值中的很大部分被留在了马来西亚而没有作为利润流失国外。

在资本市场自由化的争论中，亚洲国家的态度更具倾向性，像亚洲的两个巨人——印度和中国这样的国家，虽然它们开放了长期资本投资市场，但是它们对短期资本流动仍然有限制。它们认识到那些今天进、明天出的热钱，是无法用于投资建厂、创造就业机会的，它们看到了与资本的这种流动相伴随的是经济的动荡，由此而产生的风险是得不到补偿的。

由于东亚国家的储蓄率较高，因此，它们几乎不需要额外的资本。然而在上世纪80年代，也许是屈服于IMF和美国财政部的压力，许多东亚国家开放了资本市场，允许资本自由流动。一时间资本蜂拥而至，然而一有风吹草动，这些资本便迅速逃离，其结果酿成了席卷整个地区并不断向外蔓延的危机。1997年投机资本攻击泰铢，7月上旬开始引发泰铢币值的急剧下跌；这时外国银行也向韩国催收贷款；印度尼西亚面临着来自银行和投机者的同时发难。整个地区的各个中央银行花费了数十亿的美元试图支撑本国货币的币值，当这些中央银行耗尽了储备之后又转向求助于 IMF，而 IMF 在向它们提供援助时却开出长长的附加条件，其中包括削减政府开支、增加税收以及提高利率。而当中央银行提高利率之后，当地企业发现它们已无力承担这样的利率负担，这时大规模的企业倒闭相继出现，货币危机转变为银行危机。

这是一个可怕的时期：在印度尼西亚演变成了骚乱和社会动荡；歇业的商人在首尔市区公园内无尽地徘徊，他们羞于向妻子启齿，他们再也回不到昔日的办公桌前了；曼谷街头人们开始变卖衣服和家具，许多在首都无法找到工作的人再次回到了农村，回到了家族的怀抱。韩国人将自己的金银首饰争相捐献给政府，用于偿还国家债务。

IMF 的政策没有能够稳定住这些国家的货币，它们唯一能做到的是使经济衰退下滑得更远，这一点标准的经济学理论已经预言到了。因此，人们抨击 IMF 是因为它们政策的真正意图并不是在于保护这些国家免于经济衰退，而是为了保护贷款者的利益，它们想让这些国家迅速地重建储备资产，这样国际信贷机构便能够获得偿付。东亚国家也的确做到了这些，它们很快恢复了储备，并在短短的几年中就向 IMF 偿还了欠款。

亚洲的许多国家目前已经恢复，但危机还是给它们带来了不必要的损害。东亚国家已经认识到，一个管理有序的全球化可以给它们带来繁荣昌盛，但如果全球化意味着要它们向流窜的投机资本开放市场的话，那会给它们带来经济灾难。由于东亚国家的官员对那段严酷的经历有了深入的反思并从中汲取了教训，因此，它们会更加坚定地反对华盛顿共识中的市场原教旨主义，反对要它们国家向肆虐的投机者们开放；它们比以往更强调平等，更强调救助贫困的政策。经济增长业已恢复，但是这些“97 班”的学生们却不能忘却历史的教训。

拉　美

东亚经济成功的轨迹展示出了与华盛顿共识完全不同的特征，因为，在东亚，政府的作用远远超出了市场原教旨主义所接受的范围。与此同时，拉丁美洲却有着比其他地区更高的热情，张开双臂衷心欢迎华盛顿共识的政策（实际上“华盛顿共识”这个术语最初就是根据在这个地区推行的政策而创造出来的）。而拉美的失败和东亚的成功，都成为了华盛顿共识的强有力的反证。

在上个世纪的早些年代，拉美国家在政府强有力的干预政策下也曾取得过骄人的业绩，但其干预政策不像东亚的政府干预那样既有的放矢又明察秋毫，它们更偏重限制进口而不是扩大出口，对某些进口商品征收高关税，以此来鼓励本地产业的发展，这就是人们常说的进口替代的战略。尽管拉美的成就无法与东亚的成就相媲美，然而，拉美的人均收入在 1950—1980 年间仍然保持了年均 2.8%的增长率（1930—1980 年间的增长率为 2.2%）。① 巴西政府对经济的干预在拉美最为强势，它的人均收入在 1930 年之后的半个世纪保持了年均 5.7%的增长率。

上个世纪 80 年代，美国为了应对自身的通货膨胀问题，开始提高利率，并一直攀升到超过 20%。利率变动的溢出效应影响到了对拉美的贷款，触发了 20 世纪 80 年代早期拉美债务危机的爆发，墨西哥、阿根廷、巴西、哥斯达黎加以及其他一些国家都无法履行其债务。债务危机的结果使这一地区经历了三年的经济下滑和十年之久的生产停滞，如此之差的经济表现被称为是拉美“失去的十年”。

拉美国家的经济政策在这一时期发生了重大变化，多数拉美国家都采用了华盛顿共识的政策。当高通货膨胀在许多国家爆发时，华盛顿共识将重点放在遏制通货膨胀上，这是有意义的。由于这些国家的政府在遏制通货膨胀方面做得不够好，于是乎华盛顿共识要求将政府的作用减少到最低程度，这也是可以理解的。当阿根廷等国接受了华盛顿共识的政策时，大肆赞美之词不绝于耳。当价格回稳、增长重现时，世界银行和 IMF 将功劳据为己有，华盛顿共识于是由此而来。然而，事实证明，这种增长难以为继，因为它是建立在向外大量举债，建立在向外国人出售国有资产的私有化基础上的，但所得收入却并不用于投资。当时出现了消费热潮，GDP 确实在增长，但是国民财富却在减少，经济增长只维持了短短的七年，随之而来的却是经济衰退和生产停滞，整个 90 年代的增长率也只有 80 年代以前的一半，而且这种增长的利益很大部分流向了富人。

在东亚的贫困迅速下降的时期，拉美在反贫困上却收效甚微。到写作这本书时为止，拉美国家普遍对华盛顿共识已经大失所望，这也成为不争的事实。反华盛顿共识正在成为拉美的共识，这一点可以从巴西、委内瑞拉和玻利维亚左翼政府当选中反映出来。这些政府由于是平民党而曾经常备受指责，因为它们允诺提高穷人的教育和健康福利，它们所努力追求的经济政策不只是带来高的经济增长，同时要确保增长的成果

① 作者的计算是基于 Leandro Prados de la Escosura，“Growth，Inequality and Poverty in Latin America：Historical Evidence，Controlled Conjectures，” Universidad Carlos Ⅲ de Madrid，Departmento de Historia Economica e Instituciones，Working Paper 05 - 41，2005，Table 1；详见：http：//docubib. uc3m. es/WORKINGPAPERS/WH/wh054104. pdf。

被更广泛地分享。从民主的角度看，政治家为增强普通公民的福利而努力，这理所当然，无可非议，但在此之前的政策显然没有能够满足普通公民的合法要求，尽管在那时高收入人群已经心满意足。这些政府的承诺能否成功实现，现在判断还为时尚早。委内瑞拉总统乌戈·查韦斯(Hugo Chavez)在改善首都加拉加斯地区的教育和健康服务方面似乎成绩斐然，这个具有石油禀赋优势的国家，在以往却看不到任何石油红利的存在。如果这些领袖们不能兑现他们的诺言，那么我们很难估计动荡的暗流还将掀起何种风浪。

转型中的国家

东亚的 GDP 统计数据已经足以令人动容，但其成功远远超出了数据所能表达的程度，同样地，俄罗斯以及其他多数由社会主义向资本主义转型的国家，它们的失败也比 GDP 统计数据所显示的情况严峻得多。在俄罗斯，人均寿命在 1990—2000 年间缩短了 4 年，着实令人震惊，这足以证明贫困加剧给人们造成的压力①，要知道在世界其他地方人均寿命都是在增长的；另外，违法犯罪行为也十分猖獗。

柏林墙倒塌之后，整个前苏联及其加盟共和国对民主和经济繁荣普遍抱有希望，西方顾问纷纷涌入东欧，指导它们完成经济转型。许多人错误地相信应该进行“休克疗法”，认为通过迅速地私有化和自由化的方式，向西方式的资本主义的转型应该在一夜之间就能实现。可以预见的是，迅速的价格自由化带来的必然是恶性通货膨胀。乌克兰的物价在短短的一年中就提高了 3 300%。于是紧缩的货币政策（利率高企、信贷萎缩）和财政政策（紧缩预算）被用于抑制通胀，但同时也抑制了经济活动，使经济陷入了深度的衰退和萧条。与此同时，迅速的自由化也葬送了数以千亿的国家最有价值的资产，并由此产生出了新的寡头阶层，这些寡头携款出逃的速度远远快于 IMF 几十亿美元援助资金的注入速度。资本市场也实行了自由化，它们错误地认为，资本市场的自由化可以将资金吸引进来。但事与愿违，资本市场自由化造成了资金的大量外逃，其中包括罗曼·阿布拉莫维奇（Roman Abramovich）这样的

① 大量研究表明，俄罗斯的贫困人口从 1989 年的 11.5%上升到 1999 年的 34.1%，是原来的 3 倍。参见 Anthony Shorrocks and Stanislav Kolenikov, “Poverty Trends in Russia During the Transition,” World Institute for Development Economics Research, May 2001, Table 1。另一些转型中的加盟共和国，其贫困加深程度更为严重，因此就整个地区而言，贫困人口几乎增长了 10 倍。参见 Chen and Ravallion, “How Have the World's Poorest Fared since the Early 1980s?,” 引文如前所注。

寡头，他购买了切尔希足球俱乐部和英国大量的乡村地产，普通的俄罗斯人自然很难理解这对俄罗斯的经济增长有什么帮助。那些经济顾问们认为，打开鸟笼，不仅笼子里的鸟不会飞走，而且还会引来凤凰。事实果真如此吗？

在我任世界银行首席经济学家期间，对于这样的自由化问题，我们曾有过激烈的争论。我们这批人担心迅速的自由化不仅对于急需资金的政府而言产生不了多少收益，同时它还会打击人们对于市场经济的信心。在公司治理相关法律缺失的情况下，经理人大量窃取公司资产的现象就会出现，人们所受到的触动是去侵吞资产，而不是去创造财富。而我个人更为担心的是这种私有化所导致的巨大的不均等现象。而另外一批人则认为，没有必要杞人忧天，私有化应该越快越好，新的所有者会很好地利用资源，经济会出现增长。不幸的是，俄罗斯和其他一些国家出现的情况比我们的担心还要坏。尽管来自IMF、美国财政部和其他机构的顾问们不厌其烦地劝说俄罗斯政府，私有化的结果将会使投资增加、经济增长，但结果却令人失望：产出下降了三分之一。

在俄罗斯，快速而腐败的私有化过程造成了这样一个恶性循环：政府的收益微薄，使人们对将公共资源让渡给私人部门的做法产生了置疑；已经获得资产的投资人这时会担心新政府会在公众的压力下逆转私有化的方向，油然感到他们的产权没有安全保障，其结果，他们会约束自身的投资行为，并将他们的利润尽可能地带出国；这又进一步加剧了人们对私有化进程幻想的破灭，使产权更没有保障。IMF推行的资本市场自由化也给这些问题添了不少乱子，因为资本市场的自由化使那些侵蚀了旗下公司资产的寡头们更容易将他们的资金带往境外，存入保障产权制度健全的国家。这些人在本国钻了法制不健全的空子，在国外又能享受到强有力的产权保护。

对于那些在转型早期阶段访问过莫斯科的人来说，他们看到的似乎是转型的成功景象，商店里商品琳琅满目，公路上车水马龙。但是这些商品都是一些附和新贵们的进口奢侈品，他们已设法将大量的国有资产装入私囊；当一少部分人开着奔驰车、享受着“新俄罗斯人”式的生活时，数以百万计的俄罗斯人却发现他们微薄的退休金已经被侵蚀到无法维系生活的地步。

现在人们普遍认识到前苏东集团的快速改革是一个失误，它们在健全的监管制度和强有力的税法实施前就进行了私有化的改革。当政府收入下降时，医疗和基础设施的支出也就随之垮掉了。俄罗斯往日的遗产之一是高质量的教育体系，但它也随着政府预算的大量削减而迅速衰败。与此同时，旧的社会安全网被废除，造成了严重的后果，从 1987 年（转型伊始）到 2001 年，前苏东集团的贫困程度增加了 10 倍。自由市场的鼓吹者预言转型所释放出来的能量能带来空前的繁荣，而实际发生的情况却是贫困程度的空前提高，二者之间反差之大，无以复加。

有些国家，像波兰和斯洛文尼亚，它们较好地控制了转型的进程，其中部分的原因是它们对休克疗法并不十分热衷。[①] 我认为，东欧国家由于加入欧盟的因素，因此，总体情况较好。加入欧盟的过程会迫使它们迅速地建立健全的法律制度，重塑投资者的信心。而加入欧盟后，它们又有机会进入巨大的市场，低工资结合高教养的劳动力给了它们与众不同的优势。

从共产主义体制向市场体制的转型并不局限于原苏东集团，中国和越南尽管保留了共产主义的政治体制，但在经济上却已经开始了向市场的转型，两相对比，结果惊人。当俄罗斯的收入直线下降时——1990—2000 年下降了三分之一，中国和越南的收入却在飙升，中国的收入增长达到了 135%、越南达到了 75%。中国和越南都没有接受休克疗法，而采用了更为温和、渐进的方式向市场经济转型，它们今天的经济活力向世人重述了“龟兔赛跑”的故事。

休克疗法对社会成本和市场经济有效运行的前提条件不管不顾，而一味地强调快速变化，俄罗斯与中国在经济业绩上的差距让休克疗法的倡导者穷于应对[②]，他们辩解道，由于中国在转型前是一个不发达的以农业为主的国家，因此中国的任务相对容易一些。但是，发展本身就已

---

① 人们经常将波兰视为一个走休克疗法路线却获得了相对成功的例子（与俄罗斯相比而不是与中国相比）。波兰确实遵循了宏观休克疗法的政策，并迅速降低了通胀；之后又采取了渐进的方式进行诸如私有化一类的改革。

② 解释中国和俄罗斯之间经济表现差异的文献多如牛毛。（没有人会真正否认中国在增长和削减贫困上是相对成功的，也没有人会去真正否认俄罗斯比中国更紧密地追随华盛顿共识）。一些人会认为，中国还是运用了休克疗法，只不过是中国版本的；一些人会说中国的相对成功是由于其他一些因素；还有人会声称，如果中国遵循了休克疗法，那么它可能会发展得更快。例如可以参见 Jeffrey D. Sachs，*The End of Poverty*：*Economic Possibilities for Our time*，New York：Penguin，2005，chapters 7 and 8；Jeffrey D. Sachs and Wing Thye Woo，“Structural Factors in the Economic Reforms of China，Eastern Europe，and the Former Soviet Union，” *Economic Policy*，vol. 9，no. 18，(April 1994)，pp. 101－45；或者见转载在 IMF 网站上的相关观点，网址为：https：//www.imf.org/ExternaI/Pubs/FT/staffp/2001/04/。

经是一个难题，为什么发展和转型这两个困难的问题混在一起反而使任务变得简单了？休克疗法的卫道士们从来不能自圆其说；更何况，在东亚之外，成功的案例十分罕见。许多前苏东集团的不发达国家，接受了休克疗法的建议，它们的遭遇和俄罗斯一样地差，像蒙古和摩尔多瓦这样以农业为主的经济体，经济衰退更为严重。那些境遇好一些的国家，如哈萨克斯坦，那是因为它们有石油收入。

非　洲

20 世纪 60 年代后期，在独立运动刚刚开始的岁月里，我曾到过东非，尽管这些国家明白殖民主义没有给它们留下经济发展和社会民主的条件，然而这些国家却也呈现出了欣欣向荣的气氛。它们知道它们连最起码的独立自治的经验都没有——缺乏训练有素的人才，以及缺乏民主化的制度基础和经济发展的物质基础。在乌干达，英国在军界推出了伊迪·阿敏（Idi Amin）作为未来的国家领导之人选。与比利时在刚果* 横行的血腥历史相比较，英国所留下这样的政治遗产也算是光彩夺目的了。

20 世纪 80 年代，许多非洲国家跌入历史的低谷，这一点毫不奇怪，家家都有一本难念的经：在乌干达、刚果、肯尼亚和尼日利亚，统治者腐败且残忍；在坦桑尼亚，“非洲社会主义”政策愿望良好且坦诚，但是却存在着非常大的瑕疵；在象牙海岸，宏观经济政策迷失了方向。20 世纪 80 年代，许多国家转向求助于世界银行和 IMF，世界银行和 IMF 的确也提供了援助，但主要是以贷款的形式而不是赠与，并且附加有要将这些贷款用于“结构调整”的条件。然而，由于这些附加条件本身就具有方向性的错误，所以借贷资金所投入的项目也就注定是错误的，这种情况太司空见惯了。借款国被迫调整经济结构，使其符合 IMF 所倡导的市场原教旨主义的教义、符合华盛顿共识的政策。经济自由化将非洲市场的大门向外国商品打开，而非洲国家却鲜有商品能销往国外。资本市场的开放同样没有引来资本的涌入，投资者更感兴趣的是如何攫取非洲丰富的自然资源。IMF 往往要求它们实施严厉的财政紧缩政策，虽然每个国家都必须遵循量入为出的原则，但 IMF 却是矫枉过正了。实施这样的限制，借款国甚至无法很好地利用从国外获得的有限的资金。例如在埃塞俄比亚，IMF 的要求实在太离谱，它要求该国在评估其预算平衡时不得将外国援助考虑在内，这样一来，外国援助只是增加了储备，而没有用于医院、学校和道路的建设。毫不奇怪，这样的

* 有两个刚果，刚果（金）和刚果（布）。原书如此，未指明是哪个刚果，全书下同。

政策不可能带来经济的增长，但是债务负担却留了下来。

20世纪90年代，包括尼日利亚、肯尼亚、坦桑尼亚、乌干达、埃塞俄比亚和加纳在内的许多非洲国家不知不觉中迎来了新的领导集体，新一代的领袖们比其前辈们更致力于探索好的经济政策，赤字和通胀得到了控制。一些国家的领导人，像尼日利亚的奥卢塞贡·奥巴桑乔（Olusejun Obasanjo）、乌干达的约韦里·穆塞韦尼（Yoweri Museveni）、坦桑尼亚的本杰明·姆卡帕（Benjamin Mkapa）和埃塞俄比亚的梅莱斯·泽纳维（Meles Zenawi）等，在反腐败问题上立场非常强硬，虽然没有完全铲除腐败，但已经取得了令人瞩目的成就。乌干达和埃塞俄比亚出现了经济持续增长的时期：1993—1997年间，埃塞俄比亚在与其接壤的厄立特里亚爆发战争之前，每年的增长率都超过了6%；1993—2000年，乌干达的平均增长率也超过了4%。还有一些国家在提高识字率上有了长足的进步，如果不是艾滋病泛滥，这些国家在健康与人均寿命的延长方面，进步将是巨大的。然而即使这些成功的非洲国家也未能吸引很多的外资，对于大多数跨国公司而言，巨大的亚洲市场更具有吸引力，因为亚洲国家的劳动力拥有更高的受教育程度、基础设施更好、经济正在快速增长。

非洲的经济没有增长，但是其人口却在增加。非洲原来是一个土地富足的大陆，长时间休耕使土地维持着良好的肥力，但是在新增人口的压力下，这种休耕的方式再也不能继续下去了，结果是农业生产力下降、贫困加剧。而全球化的春风甚至也绕开了非洲，绿色革命曾使亚洲的农业生产力得到了巨大的提高，但就像那些宏观经济政策有效的国家也没有能够吸引国外投资一样，绿色革命也没有驻足非洲。迄今为止，非洲的农业生产率只有亚洲的三分之一。这些似乎还不是非洲灾难的全部，肆虐的艾滋病给了非洲毁灭性打击。博茨瓦纳经济管理有方，资源的使用上也很节制，从摆脱英国统治成为独立国家之日起，40年来维持着9%的年增长率，这样一个国家的人均寿命却掉头向下。在这些因素的合力作用下，我们看到，在21世纪的最初年份中，非洲贫困人口的数量在20年前的水平上又翻了一番。

南　亚

印度，一个拥有11亿人口的国家，在过去的20年中，除了20世纪90年代早期出现经济危机的年份之外，经济增长率一直维持在5%或更高的水平上，2006年预期可达到8%。

印度在独立之后的几十年中，社会主义的学说盛行，而经济却停滞不前。然而，即使是在这一时期，政府却始终在播撒着未来希望的种子，它们兴科技、办教育，创建了众多科技机构，这样的耕耘最终在新世纪得到了回报。班加罗尔能够成为印度信息技术领域的重镇，其缘由可以追溯到1909年在那里建立的印度科学院，科学院的用地是由迈索尔大君（the Maharajah of Mysore）捐赠的，而资金则来自工业巨头J. N. 塔塔（J. N. Tata）的资助。

20世纪70年代的绿色革命，倡导人们使用新的农耕技术和新的种子，产量得以大幅度提高，然而经济并没有真正起飞。直至80年代，政府消除了对商业活动的公然敌意，并取消了阻碍私人部门发展的多项限制政策。[①] 在20世纪90年代早期，经济自由化政策是维持改革初期动力的关键，但是，即使当政府向外国直接投资门户开放时，它们仍对短期资本的流动实行限制。直到2006年，在自由化的改革进行了15年之后，它们才开始讨论是否要调整这些限制政策，而不是废除。

最为重要的转折点实际上是国际互联网的出现，新技术对印度来说意味着它们终于可以收获在教育领域的长期投资的利益，而基础设施的匮乏相比而言成为了次要的障碍。美国20世纪90年代的泡沫经济所创造的机会也通过间接的途径给印度带来了裨益。[②] 科技进步降低了通信成本，对电信产业大量的过度投资进一步降低了通信成本，因为，太平洋海底电缆通信设备以及卫星通信设备能力的过剩会进一步降低通信成本。通常来说，厂商在考虑对发展中国家进行投资时一定会对一系列的利弊得失进行权衡：发展中国家的工资会低于发达国家，但是基础设施的匮乏意味着运输成本较高；同样，当地电力供应的不稳定以及通信服务费用昂贵也是需要考虑的问题。印度新兴的高科技产业情况有所不同，因为，这些基础设施问题要么是无关紧要的（运输成本不是一个重要的问题），要么也是可以回避的。例如，跨国公司可以自建发电厂来避免使用当地不稳定的电力供应系统；卫星通信能以十亿分之一秒的速度将印度厂商与远在硅谷或欧美其他地方的厂商联系起来，这意味着全世界范围内的电话联络可以不依赖于印度当地不可靠的电话系统。

---

① Dani Rodrik and Arvind Subramanian, "From 'Hindu Growth' to Productivity Surge: The Mystery of the Indian Growth Transition," NBER Working Paper 10376, March 2004。他们认为关键在于态度的转变——从反商主义到亲商利商，但这与华盛顿共识的自由市场政策相距甚远。

② 在斯蒂格利茨的《喧嚣的九十年代》第十章中有更详细的探讨，引文如前所注。

实际上，印度的成功与中国的成功有许多共同之处，在这两个国家，拥有数亿资产的中产阶级正在出现，他们已经开始享受着美好的人生，当然，这样的生活对于西方的中产阶级来说已经享受了很长的时间了。在这两个国家，贫富之间仍然存在着很大的差距。在消除贫困方面印度远不如中国，但是它们在防止产生不平等、区域差距以及社会顶层与其他阶层之间的差距等方面又远好于中国。中国和印度即使已经成功地登上了新的顶峰，仍能够清醒地认识到它们不能故步自封。因此，两国政府都致力于加强对落后的农村地区的扶植；两国政府都在为新增劳动力努力创造新的工作岗位（印度已经为农村地区实实在在地制定出了有保障的就业计划）；两国政府都认识到在竞争激烈的全球市场中科技和教育的重要性，这一重要性要求它们在已有的巨大的教育投资基础上加大砝码。目前亚洲培养出的理工科的毕业生人数是美国的三倍以上，未来的挑战在增加量的同时追求质的提高。

现在，世界上的发展中国家都将目光投向亚洲，把它视为成功的典范，并想从中获得可资借鉴的经验。毫不奇怪，全球范围内对华盛顿共识的支持已经荡然无存，它的失败随处可见。最为明显的例证是在从共产主义向市场经济的转型过程中，那些遵循华盛顿共识的国家，几乎没有一个国家可以逃脱失败的宿命。最好的情况也不过是实现了微不足道的增长，而最坏的情况是，这些国家正经历着不平等加剧和社会动荡的苦难，甚至连民主也得不到保障。

发展的愿景

对发展中国家的描述不胜枚举，用统计数据也好，用轶闻趣事也好，有的是将人带入绝望的深渊，有的让人升起满怀的希望，但是牢记这样的一幅全景图对于理解发展问题是很重要的：成功是指可持续的、均等的和全民的发展，经济发展注重的是生活水平的提高，而不仅仅是用 GDP 衡量的经济增长。当然，收入是生活水平提高的重要内容，但教育和健康（用诸如人均寿命和婴儿死亡率来衡量）也是很重要的部分。[①] 不丹国王曾探寻过改善教育、健康以及农村与城市生活质量的经

① 联合国开发计划署的年度《人口发展报告》（*Human Development Report*）提出了一个被称为“人类发展指数”（HDI）的综合度量指标，结合了收入、健康以及人类福利的其他指标。在 2005 年的 HDI 中，美国排在第十位，落后于挪威、冰岛、澳大利亚、卢森堡、加拿大、瑞典、瑞士、爱尔兰和比利时。

济增长战略，并在整个增长过程中注意保持其社会的传统价值观，据此他提出了 GNH 的概念，即国民幸福总值（gross national happiness）。

GDP 是一个衡量经济增长的简便易行的指标，但它不是发展的全部内容和终结目标。经济增长必须是可持续的。每个人都知道，考试前临阵磨枪地突击能提高考试的成绩，但是，仓促间狼吞虎咽的东西很快会被忘掉。同样，拼环境、耗资源、借外债也能使 GDP 增长，但这种增长是不可持续的。巴布亚新几内亚正在砍伐热带雨林，正在毁掉这一各种各样物种赖以生存的家园，销售这些资源可以提高它们今天的 GDP，但是 20 年后，这里将留下一片不毛之地。①

由于 GDP 相对容易计算，经济学家们简直对它着了迷，但是，问题在于我们所统计的内容未必是我们想要争取得到的结果。有些时候，GDP 的增加的确与贫困的减少相伴随，如东亚的情况，然而这并不是一种偶然，这是因为政府制定了确保穷人能够分享到增长利益的政策。有些地方，经济增长的同时伴随着贫困的增加，有时甚至伴随着中产阶级个人收入水平的下降。这种情况就曾经发生在美国，1999—2004 年间，人均可支配收入的实际值增长了 11%，同时，中间家庭的收入，即收入居于中间水平的家庭，也就是指真正的中产阶级的家庭收入下降了 1 500 美元，或者说通货膨胀调整后收入下降了近 3%。在拉丁美洲，1981—1993 年间，尽管 GDP 增长了 25%，但生活在每天 2.15 美元以下的人口数量从 26.9%上升到了 29.5%。如果经济增长不能被整个社会所分享，那么这样的发展就是失败的。

东亚国家的政府认识到，经济成功需要社会和政治的稳定，而社会和政治稳定反过来又要求高就业水平和对不均等程度的控制。因此，不仅炫耀性消费不可取，同时工资水平的巨大差异也必须有所限制。在中国，至少在改革的早期阶段，高级管理人员的收入通常不得高于普通工人的三倍；在日本，这一差距在 10 倍左右。（反观美国，近些年来高级经理的薪水已经是普通工人工资的几百倍。）②

我相信，对一个国家而言非常重要的一点是，关注均等问题，确

① World Bank，Papua New Guinea Environment Monitor 2002，详见 http://www.wds.worldbank.org/external/default/main? pagePK = 64193027&PIPK = 64187937&theSitePK = 523679&menuPK=64154159&searchMenuPK=64187514&theSitePK=523679&enriryID=000012009_20030729110929&searchMenuPK=64187514&theSitePK=523679。

② 截至 2000 年，给 CEO 的薪酬支付是雇员平均工资的 500 多倍，20 世纪 90 年代初只有 85 倍，20 年前只有 42 倍。参见 Stiglitz，*The Roaring Nineties*，p. 124。

保经济增长的成果被广泛地分享。均等问题既是一个无可辩驳的道义准则，又是实现持续增长的必要条件。一个国家最重要的资源是它的国民，如果国民中的大多数人都不能发挥出潜能的话——这既可能是他们无法接受教育的结果，也可能是因为他们童年时营养不良所造成的终生影响——那么这个国家也不可能发挥出其应有的潜能。在教育投资上不够普及的国家会发现，它们很难吸引外国资本投资到依赖技术性劳动力的行业，而现在越来越多的行业需要部分依赖技术工人。另外一种极端情况是，由于失业所导致的社会严重不均等会引起社会动荡，犯罪率会上升，由此所形成的社会氛围对商业活动也是缺乏吸引力的。

重要的不仅仅是收入——即便是普通老百姓的收入——而是全体人民的生活水平，二者之间是有差异的。发展伴随着城市化进程，而在发展中国家的许多城市中却出现了肮脏、嘈杂、道路拥挤、空气污染、卫生条件差等现象。1991 年 3 月，墨西哥城的空气污染程度到了令人难以忍受的地步，以至于总统卡洛斯·萨利纳斯·德戈塔里（Carlos Salinas de Gortari）不得不下令关闭一个大型炼油厂。历史上，19 世纪欧美正处于以工业革命为标志的转型时期，环境问题也十分严重，人们健康状况恶化、寿命缩短。① 英国是第一个进行工业革命的国家，然而从 18 世纪后期至 19 世纪中叶，从一个衡量体质健康的指标——平均身高来看，一直处于下降状态。② 值得庆幸的是，医疗的进步和营养的改善一定程度上已经可以克服环境因素的不利影响，因此，除了那些艾滋病肆虐的国家，多数发展中国家的人均寿命都有增长。

今天，发展中的世界越来越关注健康和环境的重要性，同时也越来越关注经济安全，它反映的是普通工人对社会认可的程度，这一点我在第一章中已经论及。③

市场的作用

近几十年来，我们看到了思想领域的重大变化，不仅在于思考什么

---

① 参见 Polanyi，*The Great Transformation*，引文如前所注。

② Roderick Floud，Bernard Harris，"Health，Height，and Welfare：Britain，1700－1980，" in *Health and Welfare During Industrialization*，ed. Richard Steckel，Roderick Floud，Chicago：University of Chicago Press，1997.

③ 经济学家认为个人是"风险厌恶"的，他们为了减少所面对的关键风险而愿意支付巨款的事实表明了安全的重要性。

样的发展才算得上是成功的，同时也在于思考如何才能实现这一目标。① 20 世纪 60—70 年代，人们普遍认为缺乏资本是欠发达国家区别于发达国家的关键，关注的焦点是储蓄和投资的关系，这也就是 1944 年创立世界银行的原因之一，即为了向发展中国家提供更多的资本。世界银行成立之后，外援增加了，资本也容易获得了，但是这些都没有带来人们期盼的结果。于是许多发展中世界的国家又推行市场是解决发展问题的观点，尽管在殖民主义终结之前，市场也从来没有解决过发展问题。② 当被问及“为什么市场没有带来发展”时，回答也很简单：政府挡着道呢。于是乎，所有希望经济发展的国家都让政府靠边站，实行私有化和自由化，取消管制、削减政府开支以及实行对借款的严格限制。

强调市场的重要性始于撒切尔和里根执政时期的 20 世纪 80 年代，这种思潮在共产主义瓦解之后得到了强化，这是对前共产主义国家计划经济失灵的一种自然反应。在 20 世纪的最后十年中，俄罗斯和拉丁美洲的例子已经表明，仅仅是政府让位于市场的战略同样也是失败的。此时，人们开始了另辟蹊径的郑重探索，一些经济学家沿着这一主题进行了一些细枝末节的修正，加入了各种各样的“超市场”（或“超华盛顿共识”）的内容，例如，将人力资本特别是女性教育的重要性加了进来。但这些政策也同样行不通，人们才终于开始明白，现在需要的是发展战略的深刻变化，是更加全面综合的发展方略，是能够突出不同国家、不同时期需要的发展方略。其实，这一类战略并不是新鲜事物，东亚和其他一些地区早已采用了不同的战略，并且收效甚好，只不过长期以来被华盛顿共识和市场原教旨主义的信奉者置若罔闻而已。

全面综合的经济发展方略

在我任世界银行首席经济学家、杰姆·沃尔芬森（Jim Wolfensohn）任世界银行主席的时候③，世界银行是支持这种“全面综合”的

---

① 前世界银行经济学家威廉·伊斯特利（William Easterly）已经记录下了这些思想上的变化。参见 Easterly，*The Elusive Quest for Growth*，引文如前所注。

② 尽管一些自由市场的倡导者可能会声称这是由于殖民势力的干预而阻碍了发展，例如臭名昭著的强加给印度的限制。

③ 我在《通向发展的新范式：战略、政策和步骤》（*Towards a New Paradigm for Development: Strategies, Polices, and Processes*）中展示了这个新方法的知识框架，该文发表在 1998 年 10 月 19 日联合国贸易与发展会议（UNCTAD）主持召开的普雷维什讲座上，详见 http：//ww2. gsb. columbia. edu/faculy/jstiglitz/papers. cfm.

经济发展方略的。有人批评这种方略缺乏重点，这显然是错误的。在经济发展的不同时期，总有一些领域是人们关注的重点，如经济运行中的瓶颈问题。过去的发展政策只注重一点而不及其余，这存在较大危险：没有工作岗位，只注重学校教育是不可能带来经济发展的；没有道路和港口，世界贸易的自由化也不可能产生出更多的贸易活动。全面综合的发展方略已经充分认识到了这些弊端。中国在其 30 年之久的经济发展进程中，在改变其战略关注重点方面已经驾轻就熟。中国的第十一个五年计划于 2006 年 3 月通过，由于感受到了世界范围内日益增加的保护主义的压力，其政策的重点从出口转向了提高国内需求。在中国，储蓄率占到 GDP 的 40%，因此投资能力已不再是个问题，当务之急在于刺激消费。在经济发展的某一阶段，政策重点在于吸引外国投资者，当这一政策获得巨大成果后，政策重点就转向了培育国内企业家。

在过去的数十年中，世界银行发展战略的核心内容是提供更多的资源，并强化市场的作用。在今天，成功的经济发展战略也同样离不开这些重要的内容。没有资本，国家不可能增长。市场是基础，市场有助于资源的配置，确保资源得以很好地利用，这一点对于资源稀缺的国家尤为重要。全面综合的经济发展方略的优势在于，它不仅包含了强化市场作用的内容，也同样重视强化政府的作用，把确定不同国家在不同发展阶段，如何正确地将政府与市场结合运用，放在了同等重要的位置。

亚洲的成功重复演示着美国和其他工业化国家的历史，即政府的作用是巨大的。政府和市场组合的比重会因为国别的差异和历史时期的不同而有所不同。例如在中国，政府的作用无处不在，因此，培育市场成为问题的关键，这也正是“文化大革命”之后的 20 世纪 80 年代，中国面对的挑战。自此以后，中国经济开始了惊天动地的起飞，其增长的势头一直持续至今。① 当然，问题的关键不仅仅在于政府的规模，而且还在于政府的所作所为。基层公社所建立的乡镇企业，是当时中国经济快速增长的一个核心组成部分，政府从农业中摆脱出来，给家庭承包土地的权利，农业生产力因此而剧增。与此同时，中央政府摆脱了对具体经济事务的微观管理，转向对总体经济体制的管理，其中包括对基础设施建设提供融资保障。随着中国经济转型的不断深入，政府认识到，要续

---

① 自 1976 年“文化大革命”结束以来，中国的人均收入年增长率平均达到了 7.8%；自 1990 年以来，增长率为 8.3%。资料来源：World Bank，World Development Indicators，GDP per capita (constant 2000 US $)；详见 www.worldbank.org/data/onlinedata/onlinedatabases.html。

创佳绩就必须加强有关公司治理的法制建设。政府同样认识到，在追求发挥市场作用的狂热中，农村教育和医疗保健等领域已经大为滞后。2006 年的五年计划开始纠正这些发展不平衡问题。

政府施展影响的潜在舞台是巨大的，今天，几乎每个人都承认政府需要在提供基础教育、法律体制、基础设施和一些社会安全网的设施等领域有所作为；另外还应该对商业竞争、银行业以及影响环境的行为进行监管。东亚国家的政府认为它们应该做得更多，这一点我们已经有所了解。东亚国家认为政府有责任维持充分就业、积极促进经济增长，政府应该对社会的平等和稳定保持关注。在马来西亚，政府的作用更是扩展到了其他一些领域。在过去的几十年中，马来西亚政府一直在执行着一项积极大胆的行动计划，以帮助马来族群的发展，这是国家建设的重要组成部分。尽管这些政策的结果有可能会使马来西亚华裔社团失去一些发展机会，但是，让所有的民族都能从社会稳定和均等中获益的观点还是被更广泛地接受了。正是因为政府努力做到了让所有的人分享发展的成果，这在很大程度上避免了种族之间的冲突。

人是发展的核心

经济发展不仅仅是经济制度的转变，也是人们生活方式的转变。对教育和就业政策的考察，我们也需要通过这两种视角来进行：这种政策如何促进经济增长，以及这种政策对个人产生了何种直接的影响。经济学家一谈及教育就会用到人力资本的概念：投资于人与投资于机器一样，是能够产生收益的。然而，教育的含义要更为丰富。教育能开启人们的心智，坦然面对世易时移的各种可能。当教育教授了人们现代科学的基本原理、教授了逻辑推理的要领、提高了人们的学习能力时，人们就能意识到生产的组织也可以采用其他的方式。诺贝尔经济学奖得主阿马蒂亚·森（Amartya Sen）一直强调教育应该能提高人们的能力，教育的结果是给每个个人带来发展的空间。①

只强调 GDP 会使经济发展战略的关注点过于片面，同理，只强调教学年限也会使教育政策的关注点过于片面。教学年限固然是衡量一个国家在提高教育水平方面成效如何的重要指标，学校的教学内容也同样重要，教学内容应该与受教育者离开学校之后所从事的工作相一致。例如在埃塞俄比亚，梅莱斯·泽纳维（Meles Zenawi）政府认识到，就算

① 参见 Amartya Sen, *Development as Freedom*, New York: Oxford University Press, 2001。

是最宏伟的发展计划取得了成功，绝大多数乡村学校的学生长大以后还是要成为农民，因此，为了能使他们成为更好的农民，教学课程一直在进行合理的调整。教育一直被视为一种脱困的途径，因为它能给人们提供在城里获得更好的工作的机会。而现在教育也被视为一种提升的手段，即使对于那些留在乡村的人来说，教育也能帮助其提高收入。教育不仅能传授科学技能，同时也能改善健康和环境水平。学生在学习中能够知道将厕所建在饮用水源的上坡会造成怎样的危害，他们也知道室内空气污染，如没有通风设备的工棚中令人窒息的烟雾，会有哪些危害，更重要的是，他们懂得如何处理这些问题。①

在教育问题上，大思路是重要的，但经常的情况是，像世界银行这样的国际经济发展组织只是狭隘地关注基础教育。这一点是可以理解的，因为基础教育的成效高，而且许多国家投入到精英式的大学教育的预算经费则相对少得可怜。更重要的是，如果要慧眼识英选拔具有进一步深造能力的人才，必须具有很好的基础教育的基础。然而，如果要想缩小发展中国家和发达国家在认知水平上的差距的话，那么它们同样必须拥有完善的中学和大学教育体系。

当然，如果发展中国家不能提供相应的工作机会，那么拥有受过高等教育的人才并非是件好事。发展中国家投入了巨资，用于它们的小学、中学有时甚至是大学的教育费用，培养其急需的智力资本、最聪敏的年轻人，然而没有合适的工作，这些人才都会流失到发达国家，这就是人们常常所说的“人才流失”，结果是成为了发展中国家补贴发达国家的另一种形式。② 马来西亚前总理马哈蒂尔·宾·穆罕默德（Mahathir bin Mohamad）用其惯有的连珠妙语将这种流失称为盗窃发展中国家知识产权的行为。在第四章中我们将会谈到，在为知识产权保护进行辩护时，发达国家指出，药品的价格之所以昂贵，是包括了那些未能成功的研发成本，即支付那些没有研制出特效畅销药的科研费用。马哈蒂尔针锋相对地指出，这个逻辑也能用在教育投资上，发展中国家为其所有的年轻人提供了教育，没想到结果却是在很多时候顶尖人才流向了西方，而发展中国家没有能够从中得到任何补偿。

---

① 在我担任世界银行首席经济学家时，我把强调知识在发展中的重要性，包括纠正教育的不平衡性，看成是重大变革之一。参见 *World Development Report 1998—1999: Knowledge for Development*, Washington, DC: World Bank, 1998。

② 在第六章中，我们将描述发展中国家对全球环境作出的巨大贡献，它们提供的服务价值达数十亿美元，但却没有得到补偿。

社会团体的重要性

市场、政府和个人是成功的经济发展战略的三个支柱，第四个支柱是社会团体，它由一起工作的人组成，往往得到政府和非政府组织的帮助。在许多发展中国家，非常重要的集体行动都是在地方层面进行的。例如在亚洲大多数地方，如巴厘岛，农业灌溉是由灌溉渠道网来提供的，而农村公社负责渠道网的维护，从而确保了村落之间能够公平地分享灌溉用水。

孟加拉国乡村的格莱珉（Grameen）小额信贷银行的故事已经家喻户晓，这一机构给乡村贫困的妇女发放小额贷款，而这些乡村妇女的还款率远远高于城区富有的借款者。这些贷款安排之所以能如此成功，是因为它将妇女群体纳入了计划，这些妇女之间互担责任，互帮互助摆脱困境，并确保每一笔款项能够按期偿还。① 它的姊妹机构 BRAC（它的全称是孟加拉乡村促进委员会（the Bangladesh Rural Advancement Committee)）也是个非政府组织，其规模超过了格莱珉。这两个组织已经广泛地涉足了多个领域。目前，它们已经创办了多所学校，其中包括一所大学；提供了移动电话业务、抵押融资，以及健康与法律援助服务。调查它们的工作情况令我们有着非同寻常的感受：妇女们围坐在地上，讨论着她们所得到的小额贷款应该用于何处，脸上洋溢着自信的神情；学童们在最偏远的乡村小学大声朗读着当日所学的课文；移动电话推广计划的广告在整个孟加拉铺天盖地，这项计划将把数以千计的贫困人口联系起来，并帮助他们在与世隔绝了数个世纪后加入到了世界中。

2003 年 8 月，我参观了一家由 BRAC 经营的养鸡场，妇女们从 BRAC 得到贷款后的第一件事是购买刚孵化出来的雏鸡，然后将这些小鸡喂养成肉鸡或蛋鸡。但是不久却出现了大量雏鸡死亡的现象，其原因是在喂养雏鸡的最初几天中需要特殊的照看技术，而这些妇女们却对此一窍不通。BRAC 并没有因此而关闭这家养鸡场，相反，BRAC 的工作人员专门为此设立了一个项目来解决雏鸡喂养问题，待雏鸡长到容易成活的时候再转交给当地的妇女喂养。另外，当 BRAC 了解到养鸡需要高质量的饲料时，它们便开办动物饲料公司，向养鸡的妇女们销售饲料。因此，从鸡蛋、到雏鸡再到加工鸡的营养饲料，通过这一供给链，

---

① 这就是所谓的“横向监督”。我在 20 年前就提出了基本的经济理论来解释了这些贷款机构成功的原因。参见 Joseph E. Stiglitz, “Peer Monitoring and Credit Markets,” *World Bank Economic Review*, vol. 4, no. 3 (September 1990), pp. 351 - 66)。

BRAC 不仅创造出了财富，同时还创造出了工作机会。

如果没有 BRAC 和格莱珉这样的机构，孟加拉的农民会比现在贫困得多。在 BRAC、格莱珉以及其他类似机构的努力下，孟加拉国国民的健康状态得到了改善，人口出生率也明显下降了。在过去的 12 年中孟加拉国的人均寿命提高了 12%，2002 年人均寿命达到了 62 岁。人口增长率也从 1990 年的 2.4%下降到了 1.7%。现在全世界都在效仿 BRAC 和格莱珉的小额融资模式，它们的项目之所以获得成功，原因在于它们源自所服务的社会团体，能够满足这些团体中人们的需要。

格莱珉银行和 BRAC 机构深知，像养鸡这样的项目还算不上成功，它们的成功真正体现在改变了社会团体的内部权力结构，将更多的经济资源分配给了贫困人群中的最底层，特别是分配给了那些长期沦为二等公民的妇女。他们还通过建立健康和法律援助以及教育项目强化了社会团体的实力。我曾旁听了一门由 BRAC 开设的家庭法律知识的基础课程，这门课程主要教授法律赋予妇女的基本权利，其中包括离婚法的基础知识，以便她们了解哪些法律工具可以保护她们免受肉体折磨和被丈夫遗弃，许多人并不知道孟加拉的法律是不允许伊斯兰式的快速离婚的。BRAC 的课程不仅让妇女们了解了应有的权利，同时还帮助她们去行使这些权利，增强了她们的自主性。格莱珉的贷款计划也强化了妇女的权利，格莱珉只给妇女名下的房产提供抵押贷款，从经济方面促使男人们去努力维持与其妻子之间的婚姻关系。

世界银行的研究也揭示了社会团体工作的重要性，它们发现，基层社团参与项目的设计和选择，项目成功的几率更大。① 因此世界银行目前有一项 25 000 美元的社团计划，获得援助的社团可以自主决定这笔赠与款项的支出。泰国等几个国家也效仿这种做法，将项目的决策交给基层社团。这样做的理由非常具有说服力：村民们比其他人更了解什么项目能改变他们的生活，他们知道如何花钱才能办事，任何腐败行为都会直接损害他们的利益。在项目的设计和实施过程中，他们有了更深切的主人翁的感觉，一种将项目推向成功的责任感，因此，他们也更关注这一项目获得必要的资金支持。例如，在印度以及其他许多发展中国

---

① 比如可以参见 Deepa Narayan，*The Contribution of People's Participation*：*Evidence form 121 Rural Water Supply Projects*（Washington，DC：World Bank，1995），该报告指出了本地参与的农村供水项目，使得运行良好的供水系统的数量明显增加，供水目标人口的比例也得以提高，并且整体经济和环境也都获益匪浅。若要了解更多的当前信息，参见世界银行的网站，www.worldbank.org/participation。

家，妇女们花费了大量的时间，往返于水源与居住点之间，取水做饭、洗衣，十分辛苦。生活在这样的社团中的人们最了解应该在哪里打井，这也就是在印度由基层社团参与的供水项目比社团外部人士所设计的项目更容易成功的原因所在。当然也有失败的案例，东帝汶就出现过滥用基层资助款的事件。但总体来看非常清楚的一点是，社会团体发挥作用的地方，其经济发展的情况都良好。

执行力问题

成功的经济发展不仅需要制定一个好的发展愿景和发展战略，同时还必须将好的发展思路转化为好的项目和好的政策。我在世行工作期间，当失败摆在面前时，人们常常推诿说战略是正确的，只是执行得不好，并归罪于官僚体制没有很好地注意到发展战略中的某些细节，这种现象在发展中国家尤其突出，在世界银行和 IMF 也时有发生。实际上政策的设计应该是让普通人都能够执行，如果一项政策一看便知普通人是难以执行的，或者在执行的过程中总是问题不断，则说明这项政策的设计中出现了一些基本的错误。

变革的管理问题是一件难度超乎寻常的事。在重要的改革上草率行事是行不通的，这一点必须清楚。休克疗法在俄罗斯失败了，上个世纪"大跃进"也给中国带来了巨大灾难。当然，问题并不仅仅在于变革的速度，改革的次序安排也同样很重要。俄罗斯实行了私有化，但是在此之前却没有充分建立起征税体系以及对新兴私有化企业的监管制度；在印度尼西亚和泰国，银行体系尚待加强就实行了外汇自由流动的自由化改革，其结果也是灾难性的。让国民接受教育，但是却不能向接受了教育的国民提供工作机会，带来的是不满情绪和社会不稳定，而不是经济增长；均衡问题同样重要，如果坐视城乡之间的收入差距扩大，导致的结果将是动荡。许多发展战略执行不好，其失败的原因在于发展远景的规划有问题。而成功的国家在发展内容上有着更广的远景规划，实现其远景的战略也更为综合全面，它们能对上述问题作出灵敏的反应，善于在执行中应对形势的变化。

治理问题

关于经济发展的许多争论，其关注的核心有两点：其一，发达的工业化国家如何能通过援助、债务减免、直接投资向发展中国家提供更多的资源；其二，发达国家如何通过重新安排全球贸易制度来向发展中国家提供更多的发展机会。然而，即使全球化成功地增加了发展中国家的资源，并向发展中国家提供了新的机会，仍然不能确保其经济发展。发展中国家必须能够很好地使用资源和把握新机会，这是每个国家不可推卸的责任。一个国家能否做到这些，其主要的决定因素在于公共和私人机构的“质量”，而机构的“质量”问题反过来又与如何决策、从何人的利益出发来决策有关，这就是广义上所谓的“治理”问题。

目前在整个发展中世界，人们对治理的一个致命问题异常关注，这就是腐败问题。我相信这种关注正在产生影响。当然，腐败情况还会继续存在，没有哪个国家能根治腐败，差异只是在于，在不同的国家腐败会有不同的表现形式而已。在发达的工业化国家，大公司为政治竞选进行捐款，其中的腐败问题也很严重，有关问题我将在第 7 章中讨论，这种腐败的数额之大，对民主程序的影响之隐秘，都是我们日常见惯不怪的对政府官员进行小额贿赂的可怜虫们所望尘莫及的。如果政府官员是由于工资太低勉强糊口，才接受一些小恩小惠，这种腐败尽管不可原谅，但也不是不可理解，因为在他们索贿之前还是做好了自己的本职工作，最起码这些不当所得用于了他们下一代的教育和食品支出。

新加坡的经验显示，加大惩罚力度，提高政府官员的工资，这种双管齐下的做法是能够迅速铲除腐败的。而有些国家，它们尽管无力支付像新加坡那样的工资水平，但是它们在反腐败方面所取得的进步更为显著。在埃塞俄比亚，政府的反腐决心之坚决，连工商界都抱怨其热情有些过头。在乌干达，政府将所有的下拨给地方的款项都公之于众，让村民们知道他们应该获得的份额是多少，由此确保由坎帕拉至乡村之间的官员不会雁过拔毛。在尼日利亚，政府已经承诺公布从石油公司所获得的收入，以保证国民能够看到这笔钱没有被盗用。在泰国，新宪法规定了解政府的所作所为是公民的基本权利，这是信息自由法案的另一个版本。类似的法案在整个发展中世界正在被确立。这些成功的例子都是迈向正确方向的巨大进步，但是，在腐败成风的社会环境中，这些举措也只不过留下了轻描淡写的印记。

在帮助发展中国家增强民主治理能力方面，西方国家可以做两件事。第一件事很简单，不要挖民主的墙脚。（尽管许多成功的国家的政治制度还远不是民主制度，然而东亚国家在民主化之后出现的持续的经济成功，以及印度在经济上的成功表明，经济成功与民主政治是完全相容的。）民主是重要的，这是发展中国家的国民经常接受到的说教内容，然而，当他们刚刚捕捉到这一信息的精髓，却又被马上告知他们最应该关注的是其经济的总体表现，因为这是确定就业创造速度和通货膨胀上升速度的决定因素，这些问题如此之重要，以至于无法等待民主政治程序来完成。尽管有争议，IMF 仍然要求受援国的货币政策无须通过民主政治程序，直接交由所谓的“专家”来制定，这些限制性条件就是对民主政治的破坏。同样，许多国际贸易协定，特别是一些双边的贸易协定，对民选政府的合法行为进行了限制，也损害了发展中国家的民主政治，在下一章中我们将对这种现象专门进行分析。

第二件事情也同样重要，发达国家应该通过限制银行的保密业务，提高透明度和加强反贿赂手段，进一步减少腐败的机会。这一点我将在第五章做更深入的论述。每一次贿赂行为都有行贿者和受贿者两方，而行贿的一方往往来自发达国家。即使没有藏匿贿金的安全港，腐败也有可能出现，即便腐败分子的恶迹败露，他们的生活方式也照样能够得以维持，而银行的保密账户使这一切变得更为便利。

让全球化造福全球：造福更多的人

在 2005 年出版的《世界是平的》（*The World Is Flat*）一书中，作者托马斯·L·弗里德曼（Thomas L. Friedman）如是说：全球化和科技发展已经将世界改变成扁平状了，它创造出了一个公平的竞技场，发达国家和发展中国家可以在这个竞技场中以平等的方式一争长短。[①] 全球经济确实发生了巨大变化，世界格局已然大为改观，在某些方面，世界的确比以前要扁平化得多，世界各组成部分之间的联系比过去任何时候都更加紧密，这些方面弗里德曼都没说错，但是世界绝不是平的。[②]

高科技的全球化形成了一个新世界，想加入的国家需要新技术、计算机以及其他相关设备，用以与其他国家联系。想参与全球经济竞争的个体必须具备相应的技术与资源。印度的部分地区，如班加罗尔，既有科技也有能够运用这些技术的人才。而非洲却不具备这些条件。当全球化和新技术缩小了印度的部分地区以及中国与发达工业化国家的差距时，非洲和世界上其他国家的差距实际上却在被拉大。同样，在许多国家内部，贫富之间的差距也在拉大，与此同时，有能力参与全球竞争的

---

① Thomas L. Friedman, *The World Is Flat: A Brief History of the Twenty-First Century*, New York: Farrar, Straus and Giroux, 2005.

② 弗里德曼自己也明白世界并不是平的，因此专门撰写了一章，题为“不平的世界。”

人和不具备全球竞争能力的人之间的差距也在加大。

高科技是一场高赌注的博弈，它要求（政府或国家的）巨额投资，发达工业化国家及其大企业具有这些资源，而许多国家不具备。印度和中国也有这方面的阻碍，但它们的卓越表现实在令人惊异的。

世界不仅不是扁的，在许多方面它变得越来越不扁平了。东亚国家将全球化为其所用，它们的成功是最好的佐证，证明全球化也能够对其他发展中国家有所裨益。但是，对一些世界上最贫困的国家而言，由于它们仰仗于世界银行和 IMF 的援助，或是欧洲、美国和日本的赠与，为了获得这些援助，它们被迫接受了一些附加条件，这些条件所带来的经济负担虽然比以前要小，但是仍然阻碍了它们对自己所选择的经济政策的追求，这其中也包括在东亚的经验中已证明是行之有效的政策。更有甚者，最近的贸易协定使得发展中国家在寻求诸如提升科技进步、缩小知识差距、利用金融市场促进经济增长等政策方面，如果不是遥不可及的话，至少实施起来会更加困难。

发展中国家天生弱势，这一点已经够不幸的了，而游戏的规则还要向不利于它们的方向倾斜，从某些方面看，这种状况还在变本加厉。全球贸易和金融体制赋予了发达工业国家明显的优势，在下一章中我将具体描述发达工业化国家如何利用这些国际制度，以牺牲穷国为代价，从中谋取利益。

在其他方面也存在同样令人担忧的现象，新技术强化了技术拥有者、支配者的市场权力，如微软，而这样的企业均来自发达国家。世界上第一次在一个重要的全球化行业中出现了一个几乎垄断全球的公司，其强大的力量，连浏览器的第一大开发商、创新能力极强的美国网景公司（Netscape）都被轻易挤垮。那么发展中国家那些开发能力和资本实力均望尘莫及的企业又有什么机会可言？它们最多也就是捡些残羹冷炙，占据那些商业巨头们不屑一顾的小市场。微软所拥有的市场权力极其强大，它们竟肆无忌惮地威胁韩国，如果韩国实施反垄断法来限制它们的话，就将撤离韩国。从这个意义上看，这正好证实了它们过度膨胀的市场权力，因为如果它们不拥有这样的权力的话，它们以撤离相威胁的做法便毫无意义可言了。

在接下来的章节中，我将具体说明上述那些全球化的败绩，其中包括：贸易协定不仅没有创造出它们所承诺的发展机会，而且在很多情况下它们创造出的是更加不平等的竞技场所，而且这种不平等越来越严重，最近的一些贸易协定实际上使得贫穷国家的状况更趋恶化。一些发展中国家饱受像艾滋病一类的疾病折磨，那里的药品本已发挥了神奇的功效，但不平等的贸易协定却相当于宣判了这些国家成千上万病人的死刑。在下一章中我们还会看到跨国公司如何从发展中国家掠夺自然资源，留下一片环境遭到破坏的废墟，并且现有的法律制度又让它们再一次逃脱罪责。我们同样还将看到，世界上最富有的国家拒绝为世界上最严重的环境问题——全球变暖做任何事情，全球变暖的破坏作用将会使世界上最贫穷的国家深受其害。我们还会看到，西方国家的政府是如何扶植垄断企业和卡特尔组织，放任它们损害发展中国家的企业的。

当然，假设发展中国家能够更好地解决自身的问题，假设它们拥有一个令人信服的政府，假如特殊利益集团的影响力再小一些、企业的效率再高一些、工人所受的教育再好一些——换言之，假设它们没有承受贫困给它们带来的所有痛苦的话，它们就能更好地应对这种不平等的、功能不健全的全球化。然而，经济发展无论从何种角度看都是非常困难的，成功的案例凤毛麟角，上述对全球经济的一次简单扫描就可以发现，失败的例子却俯拾即是。发展中国家的问题其他任何国家都无能为力，发展中国家只能自救。但是至少我们要创造一个更加公平的竞技场，如果能够更有利于发展中国家则更好。我们不仅在道义上有义务这样做，而且从自身利益的角度出发，也有义务这样做，毕竟发展中国家的经济增长会促进我们的增长，发展中国家的稳定和安全也将会对发达国家的稳定和安全有所贡献。

3 贸易公平化

如果要评价哪项贸易协定最成功的话，那么一定是墨西哥、美国及加拿大之间签订的《北美自由贸易协定》(NAFTA)。这项于 1994 年签署的协议在当时创建了世界最大的自由贸易区，覆盖了 3.76 亿人口，GDP 总值近 9 万亿美元。[①]这项协定同时也让美国这个世界最富裕的国家向墨西哥敞开了大门，这两个国家共有着一段也许不总是那么美好的历史：美国境内有着大批墨西哥移民；美国有相当大一部分地区属于西班牙语区域；另外，美国在农业、制造业及非专业技术服务等方面依赖着

① 当然，这其中有很大一部分反映的是美国经济的规模。欧盟在 2004 年东扩之后便拥有了超过 4.5 亿的人口，经济规模堪比 NAFTA。

来自墨西哥的劳动力；近千万的墨西哥人——约为墨西哥总人口的1/10——合法或非法地生活在美国。[1]随着大批墨西哥人来到美国工作，越来越多的人扎根在美国，与美国公民结婚并生儿育女，在加利福尼亚、得克萨斯及亚利桑那等州甚至成为当地社区的重要成员。其实在NAFTA出现之前，墨西哥和加拿大就是美国最大的贸易伙伴，也是美国游客经常观光游览的国家。

美国与墨西哥两国在联系过程中所表现出来的经济和政治力量上的悬殊导致了两国的紧张状态。正如墨西哥人所说的那样："墨西哥人距离上帝是那么的遥远，而距离美国却是那么的近。"美国的人均收入是墨西哥的6倍，而相应的6倍工资差距以及墨西哥的高失业率在边境产生了巨大的拉动力，成千上万的人冒着生命危险非法进入美国境内。在美国的南部边境有一个贫困而不稳定的邻国对美国并不利，因此NAFTA的支持者希望这个协定可以为墨西哥这个充满艺术气息、历史悠久、文化灿烂的国家带来经济繁荣。然而事与愿违，十多年后的结果清晰表明，NAFTA并未成功，虽然没有发生批评人士所预言的那种灾难性结果，但也没有带来像NAFTA支持者所宣称的全部益处。

贸易自由化的倡导者坚信贸易自由一定会带来空前的繁荣，他们希望发达国家可以做到敞开大门接纳发展中国家的出口，使自己的市场自由化，取消对商品和劳务流动所设立的人为贸易壁垒，从而让全球化创造它的奇迹。但是，贸易自由化同时又是全球化中最有争议的部分；许多人认为那些所谓的成本，如工资降低、失业率攀升以及国家主权的丧失，超出了更高效率和更快增长所带来的预期收益。

局部地看，自由贸易没有奏效是因为我们并没有真正地去尝试，过去的贸易协定既不是自由的也不是公平的；它们是不对等的，它们让发展中国家对发达工业化国家的商品开放市场，但却没有互惠的条款。一系列微妙但很有实效性的贸易壁垒仍旧存在，这样不对等的全球化把发展中国家置于不利的劣势位置，与一个真正自由和公平的贸易机制下的情况相比，发展中国家的情况变得更加糟糕。

但是退一步说，即使这些贸易协定在真正意义上做到了自由和公平，也并不是所有的国家都会得到益处或者至少得到大部分好处，也不是所有的民众，甚至是那些获益国家的人民可以分享收益。就算对等地

---

① OECD, *OECD Economic Surveys*, "OECD Economic Surveys Mexico: Migration: The Economic Context and Implications," vol. 2003, suppl. no. 1 (Paris: OECD, 2003), pp. 152-212.

消除贸易壁垒，也并不是每个人都处于公平的位置可以抓住新的机会。对于发达工业化国家的人来说，抓住发展中国家开放市场所赋予的机会是轻而易举的事，而且他们会快速行动。但是，对于发展中国家的人来说，他们仍需要面对很多障碍；他们通常缺少基础设施将自己的产品运往市场，另外，他们所生产的产品想要达到发达工业化国家所要求的标准还需要数年时间，这些也是为什么在 2001 年 2 月，欧洲对世界最贫困国家单边开放市场后，基本上没有新的贸易跟进的部分原因。为了实现贸易自由化将会带来更多的新增贸易的承诺，我们将看到，还需要许多其他的条件。

况且，贸易自由化让各个国家面对更多的风险，发展中国家（以及这些国家的工人们）并没有做好足够的准备来应对这种风险。美国和欧洲各国的工人们也担心进口的大肆涌入会让他们失去工作，但是，这些国家中的工人们有很强的安全保障体系来做他们坚实的后盾，他们所接受的教育使得他们可以较为容易地转换工作；他们通常会享有银行存款并能够获得解雇费，以此来减缓工作变动过程中的冲击。但是发展中国家的工人们却毫无保障。

最后，即使有新的贸易产生，也并非每一个人都是赢家。贸易自由化的理论（建立在完全竞争市场的假设下以及贸易自由化是公平的假说下）只是承诺了一个国家将会从整体上获益。理论也预言了还是会存在输家，从原则上讲，赢家的获益可以补偿失败者的损失；但在实际中，这一情况绝对不会出现。如果全部收益流向了少数的上层，那么贸易自由化将会导致国富民穷的结果，就连中层阶级也会遭殃。因此，如果对贸易自由不善加管理的话，大多数民众都要受损，因此他们也就没有理由支持贸易自由化。这不是特殊利益集团反对自由化的问题，而是民众正确地认知这个世界真实面貌的问题。

但是，这并不是世界注定的面貌。如果能够公平地实施贸易自由化，并且配以正确的方法和政策，它是可以促进发展的，正如我们在第一章和第二章所看到的那样，世界上最成功的发展中国家已经通过贸易——主要是通过出口取得了成就，真正的问题在于，这些国家所取得的收益能否持续，能否带给世界上所有的人？我相信这种情况是会出现的，但是要想做到这一点，必须采用一种不同于以往的方法来实施贸易自由化。

北美自由贸易区

如果能够理解 NAFTA 无法成功完成其使命的原因，就可以帮助我们理解贸易自由化的不足之处。关于 NAFTA 的一个最主要争论是，NAFTA 有助于缩小墨西哥与美国之间的收入差距，从而缓解非法移民的压力。[①]然而事实上，这两个国家的收入差距在 NAFTA 诞生的最初 10 年间反而有所扩大，扩大了 10%以上。另外，NAFTA 也没有实现墨西哥经济的快速增长，在最初的这 10 年，实际人均增长率只有区区 1.8%，虽然好于拉美其他大部分国家，却远远比不上 19 世纪前期的情形（从 1948 年至 1973 年的 25 年间，墨西哥平均每年的人均增长率达到了 3.2%）。[②]福克斯（Fox）总统在 2000 年就职时承诺要实现 7%的增长，但实际上，在他任职期间，每年的实际平均增长率仅为1.6%，按人均来计算的实际增长率就更微乎其微了。事实上，NAFTA 使墨西哥在更大程度上依赖于美国，这就意味着美国经济低迷时，墨西哥经济也难逃一劫。

NAFTA 不仅没有促使墨西哥经济大幅增长，甚至可以说它在某种程度上加重了墨西哥的贫困。墨西哥穷苦的玉米种植户们现在不得不在自己的土地上与高额补贴的美国玉米竞争（尽管相对富裕的墨西哥城居民可以从低价玉米中获益）。如果是更加公平的贸易协定，就应该取消美国的农业补贴和美国的农产品进口限制，例如糖类进口。即使美国不能取

---

① 早在克林顿执政时期，政府就要求经济顾问委员会（当时我也是其中的一员）对 NAFTA 作出评价。很多人认为，鉴于当时对 NAFTA 的反对，以及关于其他需要优先考虑的事项（医疗保健、福利制度改革）争议不断，必须至少暂时推迟 NAFTA 的批准进程。我们的结论是美国不会受到太大影响，也就是说这并不会使美国的经济变得不同；主要的影响可能是移民压力的减弱，而我们认为这一点对美国大为有利。同时，我们认为墨西哥将会极大地获益，而且如果我们能缩减收入差距的话，将会大大增强这一半球的“团结一致”。抚今追昔，我们当时错误地估计了墨西哥的受益程度，下面我将对我们错误评价的一些原因进行说明。

尽管我们对墨西哥的估计有误，但对美国受到的影响的评价却是正确的。罗斯·佩罗（Ross Perot）在竞选总统时表示，美国将出现工作机会流失到墨西哥的“巨大抽吸声”。NAFTA 并没有对美国经济产生多少影响，对此我并不觉得意外，因为关税已经很低，并且美国市场依然强劲，经济完全有能力进行自我调整。事实上，在 NAFTA 建立后的年月里，美国失业率从 6.6%降至 5.5%，并最终降为 3.8%。

② 增长率的统计很大程度上取决于产出的计算，而这恰恰会在汇率剧烈波动期间带来问题。如果汇率上升，哪怕一国的产出水平不如从前，以美元计算的产出价值也会上升。因此，经济学家关注的是以购买力衡量的实际收入水平的变化。人均实际收入的增长率在 20 世纪 60 年代的 3.5%、70 年代的 3.2%以及 50 年代的 2.7%之间波动。

消其所有的补贴，墨西哥也应该有权利进行补偿，例如，对从美国进口的货物征税以抵消其补贴。但是，NAFTA 不允许墨西哥这样做。

虽然 NAFTA 取消了关税，但它允许一整套非关税壁垒的存在。NAFTA 签订后，美国仍然用非关税壁垒把刚刚在美国打开市场的墨西哥产品拒之门外，这些产品包括鳄梨、西红柿和扫帚等。举例来说，1996 年墨西哥向美国出口的西红柿刚开始增加，佛罗里达州的西红柿种植者就向国会及克林顿政府施压，要求其必须采取措施。于是，如果证明墨西哥以低于成本的价格销售西红柿，就会指控其为倾销，并用反倾销手段来制裁。但事实上墨西哥并没有倾销西红柿，之所以被指控为以低于成本价格倾销，是因为美国故意以一种有失偏颇的方式来衡量价格（这一点我将在本章稍后细述）。墨西哥不愿冒审判的风险，不得不同意提高西红柿价格。于是，美国的消费者和墨西哥的西红柿种植者成了最终的受害者，但是佛罗里达州的西红柿厂家得到了它们所想要的，即墨西哥西红柿竞争力的降低。

墨西哥经济中有一部分还算成功，至少在 NAFTA 签订后的几年中是如此，那就是位于边界线以南的部分区域。所谓的两头在外的出口加工厂如雨后春笋般建立起来，它们为像通用汽车和通用电气这样的美国制造商提供低成本的零部件。NAFTA 签订之前的六年中就业率为 78%，NAFTA 签订后的六年，就业率增加了 1.1 倍。[①]（而其他地区的就业率出现了停滞。）[②] 于是 NAFTA 的支持者便很快把这些功劳归为己有，并且争辩失败之处并不是 NAFTA 造成的，如果没有这项协议，情况可能会变得更糟。当然，没有一个简单的答案可以回应这种反现实的狡辩，因为它假设了一种想象的选择。但是，严谨的科学研究为我们带来了一些启发。1994 年后美国经济出现扩张，但墨西哥实际工资水平却急速下滑，无论是与美国相比，还是与墨西哥的亚洲竞争者相比都

---

① 资料来源：Instituto Nacional Estadística Geografía e Informática，引自 William C. Gruben，“Was Nafta Behind Mexico's High Maquiladora Growth?，” *Economic and Financial Review*（Third Quarter，2001），pp. 11－21。

② 总体来说，墨西哥国内制造业部门的就业率在 NAFTA 签订之后的十年里是下降的，虽然出口制造业的就业有小幅增长，但这些收益却基本上被农业部门的失业所抵消，而且人们并不清楚这些新增的工作岗位能保留多久，截至 NAFTA 的第一个十年年底，墨西哥出口加工厂在 20 世纪 90 年代创造的就业机会有 30%已经不存在了。参见 Sandra Polaski，“Mexican Employment，Productivity，and Income a Decade after NAFTA，” Carnegie Endowment for International Piece，brief submitted to the Canadian Standing Senate Committee on Foreign Affairs，February 25，2004。

是一样，人们不禁要问：我们预期的墨西哥对美国出口的增长是否与我们看到的实际情况一样？从标准的经济模型上看，答案是肯定的。NAFTA 看起来没有起到促进作用，就算是有作用，也是微乎其微。①

在 NAFTA 第一轮热炒过后发生的事情说明了同样的问题。墨西哥出口加工厂地区的就业率在最初几年的确有所增长，随后实际上也开始出现了下滑，在新千年伊始的前两年，失业人数达到了 20 万之多②，部分原因是一些能够带来经济增长的因素，例如美国经济的强劲，已经渐渐消逝。但一个更为基本的问题是，NAFTA 签订后，不只是美国的经济增长超过了墨西哥，中国的经济增速同样比它快。③由此可见，贸易自由化对经济增长非常重要，但并不像 NAFTA 支持者所设想的那样起到关键作用。与美国的其他贸易伙伴相比，NAFTA 赋予了墨西哥一

① 参见 Gruben，"Was Nafta Behind Mexico's High Maquiladora Growth，" 引文如前所注。至于墨西哥方面，人们的争论由于该国 1994—1995 年的金融危机而变得复杂。世行的一份研究表明，要是没有 NAFTA，墨西哥的人均收入甚至还会降低 4%（参见 Daniel Lederman，William F. Maloney，and Luis Servén，"Lessons from NAFTA for Latin America and Caribbean Countries：A Summary of Research Findings，" World Bank，December 2003）。但是这份研究存在严重缺陷，可以参见 Mark Weisbrot，David Rosnick，and Dean Baker，"Getting Mexico to Grow with NAFTA：The World Bank Analysis，" Center for Economic Policy Research，September 20，2004），详见 www. cepr. net/publications/nafta _ 2004 _ 10. htm。就算暂不考虑这种统计上的争论，有一点仍然还是令人震惊，那就是连 NAFTA 的拥趸也认为它对增长率的影响最多也只有一点，即使是在墨西哥出现危机、致使贸易变得更为紧要的时期也不例外。

墨西哥在 1995 年 1 月加入了 WTO，其所带来的变化可能在某些方面强于 NAFTA，因为入世限制了政府在 1994—1995 年危机后的行为。（在更早的危机中，政府大量采用量化的贸易限制，批评者指责因此而产生的负面影响持久不衰。）

NAFTA 的拥护者有时争辩说，NAFTA 的真正贡献在于它开放的是投资，而不是贸易。但是反对者认为，NAFTA 给对外投资整体所造成的影响尚未有定论，但这些投资的某些方面可能是墨西哥低增长的原因之一。NAFTA 鼓励兼并，因此跨国银行接管了墨西哥几乎所有的银行，只有一家银行例外，因此，银行对墨西哥国内中小型企业所提供的信贷额度受到抑制，增长（涉及国际贸易的外向型企业的增长）也就放缓了。更有甚者，对投资者的保护是一边倒，即国外投资者所得到的保护比墨西哥国内投资者要好得多，这危害到了环保法以及其他法规，这一点我们将在稍后讨论。

② 参见 Instituto Nacional Estadística Geografía e Informática，"Personal ocupado en la industria maquiladora de exportaction segun tipo de ocupación"；详见 www. inegi. gob. mx/est/contenidos/espanol/rutinas/ept. asp？ t=emp75&c=1811。

③ 1993 年，墨西哥人均 PPP（购买力平价）是中国的 3.6 倍；截至 2003 年，这一比率减少了一半，只有 1.8 倍。在过去，中国比墨西哥有明显的工资优势，中国的工资水平只有墨西哥的 1/8。但自 NAFTA 建立之后，中国的工资上涨了，而墨西哥的工资却停滞不前。因此，中国相对于墨西哥的成功应该是其他因素作用的结果。

些微弱优势，但是在教育和科技上的低投入导致墨西哥很难与中国抗衡，中国在研发上的投资（以占 GDP 的百分比衡量）是墨西哥的两倍。每个国家通常都希望贸易协定可以鼓励国外投资、创造就业机会，但是当一个公司作出投资决策时，它会考虑多方面的因素，比如劳动力的质量、基础设施的建设、地理位置以及政治和社会的稳定性等等。

关税的作用非常有限，这一点从中国的成功之路上清晰可见。墨西哥要想更具有竞争力还有很多事情要做，而 NAFTA 仅仅强调关税，把注意力从其他事情转移开了。实际上，降低关税本身也制造了一些麻烦。在 NAFTA 出现之前，关税收入占墨西哥总税收的 7%；而 NAFTA 出现后，这一数字降到了 4%。墨西哥的公共支出仅占 GDP 的 19%，其中 1/3 强来源于石油收入，明显低于巴西或美国，而且这些支出远远不够支持教育、科研及基础设施建设上的公共投资。

贸易自由化：理论与实践

现代经济理论的创始人、英国经济学家亚当·斯密是自由市场和自由贸易的坚决捍卫者，他的理论非常具有说服力：自由贸易允许每个国家利用自己的比较优势，专注于自己擅长的领域，最终所有国家都能受益。在大的贸易地区，企业及个人都可以进行更为专业化的分工，将自己所擅长的加以提高改进。但是先设想一下只有一位面包师的小村庄，然后是一个有 2—3 名面包师的大一些的村庄，再想象一个更大一点的城镇，那里有数名面包师，其中一部分人只做面包，而另外一部分人专门制作蛋糕。那么到了一个更大的城市，由于顾客众多，除了专营面包和蛋糕的糕点师外，他们可以分工得更细，提供各式各样美味可口的蛋糕和面包。由此可见，较大的市场将会提高每位生产者的效率，并为消费者提供更多的选择。

如果没有自由贸易，资本和劳动力在不同的国家得到不同的报酬（假设资本和劳动力不会自由流动，这个假设是合理的，尤其是从短期角度来考察）。一个资本不足的国家，例如缺乏机器和技术，劳动者的生产力较低，工资水平也较低。如果劳动力从一个生产率和工资水平低的国家流向一个高水平的国家，那么产出的增长将是巨大的，同时世界经济也会增长。自由贸易可以看成是现实中人员流动的一种替代，我们可以生活在发达国家，购买来自中国这个劳动力低廉的国家的低价商品；反之，中国人可以在中国得到来自美国这个拥有更先进技术、更高技能劳动力以及高资本投资的国家的高科技产品。从理论上讲，这将意味着随着对中国商品需求量的增加，对中国非技术劳动力的需求也会增加，并且最终中国非技术劳动力的工资水平将会提高。[①]

对失业的恐惧

当然，上述这种乐观情景也存在相反的可能，那就是在人员从一个国家流向另一个国家时会出现失业，这就正如美国居民不购买本国产品而转向购买中国制造的廉价商品一样。自由贸易的支持者认为，即使出现失业，还是会有新的就业机会出现，高生产率高工资的工作机会将会取代低生产率低工资的机会。这种观点的确很有说服力，但是它忽略了一个细节，在很多失业率高的国家，失业者并没有转移到高工资的就业岗位上去，而是被列入失业名单。这种情况尤其发生在世界上大多数发展中国家，在它们快速实行自由化时，私人部门没有足够的时间作出反应并创造出新的就业机会；或者是利率上升过快，私人部门没有能力进行必要的投资来增加就业机会。

发达国家也存在同样的情况，虽然在货币与财政政策都能有效地发挥作用时，在失业产生的同时也会产生新的就业机会，但通常来说这种情况几乎不可能出现。欧洲的失业率仍然居高不下，失去工作的人不会自动地获得新的就业机会，特别是在失业率很高的时候，寻找新的工作不容易，失业的时间会有所延长。对于中年工人来说，他们几乎不大可能再找到工作，于是他们索性提前退休；而对于低技术工人来说，他们尤其容易遭受冲击。这就是为什么发达工业化国家的工人会担心由于中国的竞争而失去制造业工作，或者由于印度的竞争而失去服务部门（像金融公司的后台）的工作。

如果说贸易自由化快速发展的结果是失业的增加，那么自由化所承

---

① 一些简单的模型假设没有运输成本、每个人都能获取相同的知识（技术），这些模型预测要素价格将完全均等，也就是说，技术工人的工资水平非技术工人的工资水平以及资本回报在世界各地都是相同的，这就好像整个全球经济充分实现了一体化，因此在世界各地，任何技术水平的工人都具有相同的工资。参见 Paul A. Samuelson，“International Trade and the Equalization of Factor Prices,” *Economic Journal*, vol. 58 (June 1948), pp. 163 - 84，他指出即使缺乏自由贸易，贸易的自由化进程也会带来要素价格的均等。也可参见 Wolfgang F. Stolper and Paul A. Samuelson, “Protection and Real Wages,” *Review of Economic Studies*, vol. 9, pp. 58 - 73。

诺的收益目标不大可能实现。①当从事低生产力和被保护的职业的工人变成失业人口时，上升的是贫困程度，而不是增长。②

即使发达工业化国家的非技术工人实际上没有失业，但他们的工资也会下降。公司会告诉他们，必须接受降低工资、减少福利、削减劳动保障程度，否则竞争会迫使公司将这些工作机会转移到海外。法国的青年工人一直困惑的问题是，取消了长期奋斗才获得的劳动保障，并宣称为了抢占全球市场而必须降低工资，还能够生活得更好，究竟如何才做得到？他们被告知要有耐心，放长眼光看生活是会好起来的；但是，在自由化实施了10年或20年后，大量的承诺无法成功兑现，这些工人心生疑虑是不无道理的。20世纪中期伟大的经济学家约翰·梅纳德·凯恩斯对那些在经济大萧条中认为市场从长期的角度来看一定会将经济恢复到充分就业的水平主张要有耐心的人说："从长期来看，我们都死了。"③

那些满口承诺贸易自由化必将使每个人受益的政治家和经济学家毫无诚意可言，因为经济理论（以及历史经验）表明了相反的结果：即使贸易自由化可能会让整个国家得到益处，它还是会使一些群体的境况变得更糟④；同时，经济理论也指出，至少在发达工业化国家，那些处于底层的人——非技术工人往往是受损害最严重的。⑤

亚当·斯密和自由贸易鼓吹者所描述的世界、那个自由贸易可以让

---

① 政客们给贸易自由化的好处涂抹上诗一般的色彩，经常谈论出口是如何创造就业机会的，但按这个逻辑，进口就会损害就业，于是许多政府的态度立场并不连贯，当它们口口声声支持贸易的同时，却反对进口。

② 在 Louis Uchitelle, *The Disposable American: Layoffs and their Consequences* (New York: Knopf, 2006) 一书中，对更换工人所面对的巨大成本给出了一个非常有说服力的分析，而且这一成本将由整个社会承担。在受保护部门中，工会组织的工人享受到高于正常水平的工资，工资的损失并不只是由于他们的工资出现损失所致，还有很大的损失来自有效人力资本的损失，即工人的技能与新的工作没有干系。

③ 参见 John Maynard Keynes, *A Tract on Monetary Reform* (London: Macmillan, 1923)。

④ 参见第59页的脚注①。确切地说，一旦将不完全风险市场的后果考虑在内，那么自由贸易实际上会使每一个人的境况更差，而不是让每个人受益，原因在于自由贸易增加了家庭和企业要面对的风险。参见 Partha Dasgupta and Joseph E. Stiglitz, " Tariffs Versus Quotas as Revenue Raising Devices under Uncertainty, " *American Economic Review*, vol. 67, no. 5 (December 1977), pp. 975 - 81；以及 David M. Newbery and Joseph E. Stiglitz, "Pareto Inferior Trade," *Review of Economic Studies*, vol. 51, no. 1 (January 1984), pp. 1 - 12。

⑤ 这一证据也表明，全球化已经与发展中国家日益加深的不平等联系在了一起，原因我们尚不能完全理解。

每个人获益的世界，不但是一个充分就业、市场完全有效的神话世界，而且它也是一个没有风险的世界，因为存在着拥有完善的保险机制并且可以使风险转移的市场，同时，这样的世界中的竞争也是完全的，不会存在类似微软或英特尔这样的企业主导整个市场的情况。在这样的世界中，工人们不会担心贸易自由化会带来失业；他们可以不停地转换工作；即使中途遇到了阻碍，他们也可以购买保险来抵抗可能暂时失业的风险，或者用来弥补转换到新工作后收入的减少。实际上，即使在运作最为有效的市场经济中，也买不到这一类保险，发达国家的政府会提供某些失业保险，而在大多数发展中国家，工人们只能依靠自己来抵抗。

这就是为什么贸易自由化中从老工业转移到新工业需要不止一次援助。开放度越高的经济越需要经受各式各样的冲击，举例来说，经济危机时，国外货币贬值，国内企业可能会发现很难与突然变得廉价的进口商品进行竞争。当韩国货币贬值时，韩国对美国的钢材出口便会增加，美国的钢铁工人就会不满；如果巴西的橘子收成好，佛罗里达州的橘子种植户就会请求援助，有时会促使政府采取非关税保护主义机制。①每个人都感觉到这种不安全的状态。

不仅仅是失业者以及他们的家人会受到影响，几乎每个人都处于危险中。例如，当本地产业由于进口品的冲击而关门时，这些产业的供给商会受到不利的影响。日益加剧的不安全感是贸易自由化遭到普遍反对的主要原因之一。

全球化不仅给发达国家和欠发达国家带来了更多不安全感、加剧了不平等，它还限制了政府作出反应决策的能力。贸易自由化不仅要求取消关税，这是欠发达国家公共收入的重要来源之一，同时为了提升竞争力，一个国家还需要降低其他税种。②随着税赋的降低，公共收入也减

---

① 例如，在 2006 年 1 月 13 日，美国国际贸易管理局对不同的巴西橙汁生产商征收从不到 10%到将近 60%的反倾销税，它们根据价格来征收保护关税，在一些年份，平均税率超过了 50%。参见 Hans Peter Lankes，“Market Access for Developing Countries，” *Finance & Development*（a quarterly publication of the IMF），vol. 39，no. 3（September 2002）；详见：www. imf. org/external/pubs/ft/fandd/2002/09/lankes/htm。

② 例如，以占 GDP 的百分比来衡量，非洲的关税相当于 OECD 成员的四倍还多，巴基斯坦的关税占其 GDP 的 5%，毛里求斯占 6.7%，哥斯达黎加占 3%，而美国的关税仅占 GDP 的 0.27%，法国占 0.13%，英国占 0.35%，日本和德国占 0.21%。这是 1995 年的数据，摘自 Liam Ebrill，Janet Stosky，and Reint Gropp，“Revenue Implications of Trade Liberalization，” IMF Occasional Paper 180（Washington，DC：International Monetary Fund，1999）。

少了，结果是在关键时刻削减了在教育、基础设施建设以及像失业保险这样的保障体系上的支出。为了同时做到应对竞争和帮助人们应对自由化带来的结果，这些投资比其他任何时候都更为重要。

一方面，发展中国家可能遭受贸易自由化带来的损害；另一方面，它们并不总能获得出口增加带来的收益。原因有二，其中之一前面已经提及，就是它们往往缺乏运输货物所必需的基础设施（港口和公路）。另外一个原因是，它们可能根本没有可以出口的商品。发展中国家的资本市场极其不完善，利率也畸高，远远高于发达国家中最优秀的企业家所能够支付的利率；因此即使有人发现了一个新的出口机会，他也无法在合理的条件下筹集到必要的资金。这些供给上的制约是像非洲一样的世界大多数最贫困国家所面临的一个大问题。直至现在，这样的例子依然很多，发达工业化国家对外开放了市场，但是发展中国家从出口中获得的收益却很有限。这些国家需要某些形式的帮助，比如贸易援助，来帮助它们抓住新的机会。过去有些人认为贸易要比救助更重要，因为贸易可以帮助一个国家自立于世界。其实，我们最好将援助与贸易视为相互补充的，两者都是一个国家成功发展所不可或缺的。①

幼稚产业与幼稚经济

国家往往需要时间来发展，才能与外国公司相抗衡；为了争取到这样的时间，这些国家就必须暂时保护它们的新兴产业。自由贸易最标准的论据是以效率为基础，即如果每个国家都专注于自己的比较优势，那么在既定的资源水平下将生产出更多的商品。但是，决定发展中国家增长速度的更为重要的因素，是它们能够以多快的速度掌握发达工业化国家的知识与技术。我们在上一章介绍过，发展中国家不但资源匮乏而且技术也短缺；为了实现可持续增长，缩小知识的差距要比提高效率或增加可用资本重要得多。于是问题出现了：如何才能学得最好？有人认为学习生产钢铁最好的方法——也许是唯一的方法就

① 有关援助贸易的观点，约瑟夫·E·斯蒂格利茨与安德鲁·查尔顿（Andrew Charlton）进行了更深入的讨论，参见 Joseph E. Stiglitz and Andrew Charlton，"Aid For Trade：A Report for the Commonwealth Secretariat"；详见 http：//www2. gsb. columbia. edu/faculty/jstiglitz/download/2006 _ Aid _ For _ Trade. pdf，摘要可参见发展经济学年度银行会议的论文和会议报告，Tokyo，2006 年（即将出版）。

是自己开始生产钢铁，就像韩国创立了自己的钢铁产业一样，当时韩国具有比较优势的产业是水稻种植。但是，即使韩国的水稻种植户变成世界最有效率的水稻生产者，他们的收入仍然是有限的。韩国政府意识到，要使自己的国家变得发达，就必须从农业经济转换成工业经济。

如果发展中国家想要发展这样的产业，那么在这些产业变得足够强大、可以与已有的国际巨头相抗衡之前，国家一定要设法对其进行保护。关税提高了价格，高价格可以覆盖这些新兴产业的成本，使它们可以投资研发或进行其他必要的投资，最终实现自立自强。这就是通常所说的"幼稚产业保护论"①，在20世纪60年代的日本以及19世纪的美国和欧洲这是非常流行的一种观点。事实上大多数成功的国家的确是在保护主义的壁垒下发展起来的，因而全球化的批判者指责像日本和美国这样的国家，它们借着保护的梯子攀上了发展的高峰，但随后就想上屋抽梯，让其他国家难以赶上它们。

自由贸易的支持者对幼稚产业保护论提出了两条主要的批判。首先他们扬言，最有效的手段不是保护，如果从长期的角度来看一个企业是盈利的，那么这个企业可以进行贷款以渡过暂时困难的时期。而在现实中，新兴企业是很难获得资金的。美国政府也只是部分地克服了这个难题，它建立了一个向小型企业提供贷款的小企业管理局(Small Business Administration，SBA)，美国航运物流巨头联邦快递(FedEx)就是靠SBA的贷款起家的。而在发展中国家，这些问题要棘手得多。

第二条批判观点则认为，通常情况下受到保护的幼稚产业几乎不能成长起来，并且会要求永远与外部竞争隔离开来。

其实更为普遍的情况是，特殊利益集团将各种论点为其所用，包括

---

① 有关保护幼稚产业的理论，其历史与自由贸易理论几乎同样久远，也同样出自大师之手，是19世纪弗里德里希·李斯特提出的，参见 Friedrich List，*The National System of Political Economy*（1841，translated by Sampson S. Lloyd [London：Longmans，Green，1909]）。参见 Ha-Joon Chang，"Kicking Away the ladder：Infant Industry Promotion in Historical Perspective，" *Oxford Development Studies*，vol. 31，no. 1（2003），pp. 21－32；以及 Partha Dasgupta and Joseph E. Stiglitz，"Learning by Doing，Market Structure，and Industrial and Trade Policies，" *Oxford Economic Papers*，vol. 40，no. 2（1988），pp. 246－68。关于"学习"的一般理论以及政府干预为什么是必需的，是诺贝尔经济学奖获得者、经济学家肯尼斯·阿罗提出的，参见 Kenneth Arrow，"The Economic Implications of Learning by Doing，" *Review of Economic Studies*，vol. 29，no. 3（June 1962），pp. 155－73。

幼稚产业的相关观点，目的是推进实行保护主义措施，以追求更高的利润，于是对经济中的其他部分构成了巨大的成本压力。①例如在孟加拉国，对纺织企业的保护却因为原材料成本的提高而将服装制造商推向了危险的境地。这些实例对于任何一个打算用保护的方法来鼓励新兴产业的国家都是一种警醒。

但是，不同国家的政体是不同的，并且这样的一种政策失效并不是不可避免的。东亚确实成功地让幼稚产业发展起来，但问题在于其他国家的政治体系是否有能力来解决相同的问题。

针对批评幼稚产业保护论的后一种观点，回应之一是，要注重广义的保护，比如说对制造业商品制定统一的关税。这是幼稚经济（与幼稚产业相对）保护论的一种方法。②如果没有保护，一个静态比较优势是农业的国家，会出现经济停滞的风险，因为它的比较优势滞留于农业，发展前景有限。广义的产业保护会带来产业部门规模的扩大，这是创新的原动力，几乎每个部门都是这样的。该部门所取得的进步会有很多溢出到经济中的其他部分，例如伴随着产业部门的成长，像金融市场这样的机构也会壮大而获得收益。进一步讲，一个增长的大产业部门（以及对制造品征税）将会为政府提供资金，来支持教育、基础设施以及普遍增长所必需的其他投入。在第四章我们将看到，主张严格的知识产权保护的人提出了一种完全相同的利弊权衡论调：他们声称短期的效率低下（在知识产权保护中产生于垄断，在这里产生于关税保护）是长期的动态收益所不能弥补的。在这两种情形下，都涉及一个如何正确地进行平衡的问题，几乎可以肯定地说，某些知识产权保护是需要的；也可以基本肯定地认为，某些贸易保护也是必要的。尽管幼稚经济论的经济原理与幼稚产业论相似，但其政治上的理由要充足得多，广义的保护主义缩小了特殊利益集团的范围。

---

① 2002年3月20日，美国迫于国内钢铁企业的政治压力，非法征收钢铁关税，这是一个非常生动的示例（在WTO通过相反的法令后，钢铁关税于2003年12月4日终止。）。据美国消费品工业贸易行动联盟（CITAC）估算，钢铁关税造成了美国近20万人失业，然而钢铁制造业部门的整个就业才19万。参见 Joseph Francois and Laura M. Baughman, "The Unintended Consequences of U. S. Steel Import Tariff: A Quantification of the Impact During 2002," CITAC Foundation, 2003；详见 www.citac.info/steeltaskforce/studies/attach/2002_Job_Study.pdf。

② 参见 Bruce Greenwald and Joseph E. Stiglitz, "Helping Infant Economics Grow: Foundations of Trade Policies for Developing Countries," *American Economic Review*, vol. 96, no. 2 (May 2006), pp. 141–46。

如果说幼稚产业保护论的支持者对于保护所带来的好处有时显得过于乐观的话，那么自由化的支持者有时看起来则更像是生活在梦幻国度，他们相信任何贸易协定，尤其是与美国或欧盟的协议，不管多么不平等，最终都会神奇地刺激投资并创造就业；他们列举统计数字来说明贸易自由化促进了增长。但是对事实细加观察就会发现完全不同的情况，它表明，像东亚那样已经与全球经济更加融合的国家往往发展速度更快，这其中出口，而不是取消关税壁垒，才是促进增长的真正动力。对取消关税壁垒这一课题的直接研究表明，自由化与增长之间没有什么联系。那些主张快速自由化的人这里试图用数字耍一个花招，期望对于全球化收益的粗线条探讨足以支持他们的观点。①

公平贸易与自由贸易

经济学家专注于贸易自由化是如何影响效率和增长的，但是大众的探讨更多地集中在公平方面。当发达国家的人谈起不平等贸易时，他们脑海中通常想的是发展中国家在低工资上的巨大优势。但是这些国家也有抵消这一优势的劣势，包括高昂的资金成本、简陋的基础设施、较低的技能水平以及整体的低生产率。发展中世界的人也同样肆无忌惮地抱怨在与发达工业化国家竞争时所出现的各种困难。经济学家则强调这些不同的长项和弱点意味着每个国家都有自己的比较优势，有相对比较擅长的东西，可以据此来判断出口什么产品。贫穷和低工资不是由于不公平，而是由于运气不好。

在政治舆论中，有一种自以为是的推断更为常见，如果某些国家或企业的产品价格低于美国公司，那么一定是这家公司采用了不公平手

① 参见 UNDP，*Making Global Trade Work for People*（London and Sterling，VA：Earthscan Publications，2003）。关于全球化与/或贸易可能带来更多增长的观点，参见 Martin Wolf，*Why Globalization Works*（New Haven：Yale University Press，2004）；Jagdish N. Bhagwati，*In Defense of Globalization*，（New York：Oxford University Press，2004）；World Bank，*Globalization，Growth，and Poverty：Building an Inclusive World Economy*（Washington，DC：World Bank，2002）；Jeffrey D. Sachs and Andrew M. Warner，"Economic Reform and the Process of Global Integration，" *Brookings Papers on Economic Activity 1995*，vol. 1，*Macroeconomics*，ed. William C. Brainard and George L. Perry（Washington，DC：Brookings Institution Press，1995），pp. 1－95；Dani Rodrik and Francisco Rodriguez，"Trade Policy and Economic Growth：A Skeptic's Guide to the Cross－National Evidence，" in *NBER Macroeconomics Annual 2000*，ed. Ben S. Bernanke and Kenneth S. Rogoff（Cambridge，MA：MIT Press，2001），pp. 261－325，对计量经济学研究的批判令人信服。

段，因为毕竟美国公司肯定比其他地方的公司要有效率，在一个公平的竞争环境中它一定会胜出。本章稍后的内容将涉及反倾销法，反倾销法（俗称“公平贸易法”）基本上就是基于这样一种推断：由于美国公司更加高效，它们的成本一定更加低廉；如果外国公司战胜了美国公司，那一定是因为它们采用了骗术——它们的售价低于成本。但是这种推断忽略了贸易的基本原则，贸易不是建立在一个国家的绝对优势上，而是建立在相对优势也就是比较优势的基础上；即使美国在每个产业上都具有绝对优势（其实不是这样），那些相对低效率的产业也会发现自己在竞争中逐渐失利。

那么，公平贸易究竟意味着什么呢？一个自然的基准是：如果取消所有的补贴和贸易限制，那么公平贸易制度就会出现。①当然，世界不会出现这样一种制度。自由化中的不对等现象会使一部分群体获益，而另一部分人受损。举例来说，现在的贸易协定基本上禁止补贴，农产品补贴除外，这样就压低了发展中国家那些没有补贴的农民的收入；同时，由于发展中国家中 70%的人口都直接或间接地依赖于农业，这就意味着发展中国家的整体收入水平会下降。总之，不论采用什么样的标准来衡量，今天的国际贸易制度对发展中国家来说始终是不公平的。②

但是即使在这种不公平的贸易体制下，中国、印度以及其他一些发展中国家的发展仍然很快，而且这种发展很大程度上依赖于贸易。只是其他发展中国家就没有这么幸运了。不公平的竞争环境意味着会有更多

---

① 欧洲的大规模“公平贸易”运动具有特别大的影响力，该运动关注的问题与以往略有不同，它担心在消费者支付的最终价格中，发展中国家的农民得到的只是很小一部分，中间商拿走了大部分的钱，例如，一杯咖啡的成本中只有极小部分归咖啡种植者，因此该运动在积极探寻一种方式能够确保农民可以得到更公平的待遇。这里我所关注的是贸易规则，以及对于那些生活在发展中国家的人来说，这种规则是多么的不公平。

② 在新的国家被接纳加入 WTO 的过程中，国际贸易机制的不平等表现得最为明显，其他任何情况都无可比拟。虽然大多数国家在 WTO 建立时就是成员国，但也有一些国家不是，如柬埔寨、俄罗斯和越南。任何成员国都可以否决这类国家的加入，因此任何一个国家都有权力坚持自己想要的规则，而不用理会这些规则是否公平。对新申请国的差别待遇没有经济理由可以解释，这只是权力政治的另一种体现。美国力量强大，因此就会使用甚至滥用其权力，结果国际救助机构乐施会将这种行为称作“在 WTO 门口的敲诈。”（参见 Oxfam，“Extortion at the Gate，” Oxfam Briefing Paper 67，November 2004。）即使像柬埔寨这样的极贫国家也被告知，如果想要加入 WTO，就必须遵循严厉的条件，比加诸于现有成员国的条件更加苛刻，例如，要求柬埔寨尽快遵循 WTO 的知识产权规定，所要求的速度要远远高于其他较为富裕的成员国，如印度。其实要做的事情很简单，任何愿意信守 WTO 贸易协定的国家（它们的调整时期应该与其发展阶段相适应）都应该被准许加入。

的国家从整体上受损，并且有更多的人民甚至是获益国家的人民也会受到损害。中国，从多方面看都是全球贸易竞争中的佼佼者之一，同样面临着不平等加剧的难题；中国农民也由于美国和欧洲的农业补贴压低了价格而受到损害；中国和其他发展中国家面临着一个严峻的两难困境——为了抵消发达国家的农产品补贴，它们也可以集中稀缺的资源来补贴自己的农民，但这意味着减少在发展上的支出，因此减缓整个国家的发展速度。

贸易协定的历史

经济学家对于自由贸易的争论已经持续了两个世纪，但正是20世纪30年代的经济大萧条超越了抽象的理论，真正引发了60年前开始的自由化浪潮。而人们认为20世纪20年代末和30年代初连续提高关税，在加重大萧条危机中起到了推波助澜的作用。每个国家都发现自己的经济在萎缩，于是加强了对进口的限制；而这些限制损害了其他国家的利益，于是其他国家也用加紧进口限制作为回应；当各个国家都这样做时，一个恶性循环也就产生了。所以二战后，全球的领导人自然寻求创建一个全新的并且更加繁荣的国际经济秩序，他们不仅希望通过建立国际货币基金组织来巩固金融体系的稳定，另外他们还尝试建立一个国际贸易组织（ITO）来规范贸易。但是ITO并未成立，1950年美国拒绝了设立ITO的建议，因为某些保守派的人以及公司担心这个组织会侵犯国家主权，并带来过度监管。直到45年后，世界贸易组织（WTO）才建立起来。

过渡期间，在关贸总协定（GATT）的框架下，发达工业化国家主导了贸易谈判，极大地降低了对制造业产品所征的关税，并为现代贸易体系的建立奠定了基础。GATT体系是建立在非歧视原则的基础上的，即GATT的成员国不得歧视任何其他成员国，这就意味着每个国家都要同等对待其他成员国——所有国家都是最惠国，于是得名：最惠国待遇原则，这是多边体系的基石。与该原则同等重要的是国民待遇原则，即外国生产者应与国内厂商享受到同样的待遇，并且也要遵循相同的法律法规。

贸易谈判分为多个回合进行，在此期间，各成员国就多项议题进行了错综复杂的商讨。每个国家都同意，如果能够得到互惠待遇的话，愿意降低关税并开放市场。由于问题复杂繁多，谈判者找到一整套可以让每一个国家都感到获益的贸易折中方案成为一种奢望。GATT将注意力集中在制造业的贸易自由化，这是发达工业化国家的比较优势所在，而对于发展中国家来说至关重要的领域，如农业和纺织品，贸易自由化程度都很有限。纺织品依然按照国别和产品的差异受到强烈的（配额）限制①；同样地，农业仍在享有高度保护和补贴。

1986年9月在乌拉圭埃斯特角城开始的乌拉圭回合谈判，最后于1994年4月15日在马拉喀什签订了一项协议。根据这项协议，GATT被世界贸易组织所取代，当时的成员国有128个，如今发展到149个。这些成员国的部长们至少每两年就要进行会晤。WTO成立的目的是要比GATT更为高效地将贸易协定快速延伸到全新的领域，如服务和知识产权领域。

最为重要的是，世界第一次拥有了一个虽然有限但是有效的执法机制。WTO并不是自己来制裁违约国，而是授权那些受到损害的国家通过实施贸易限制对违约国进行报复。欧盟越来越圆熟地使用这个手段来对付美国。欧盟针对那些关税尤其苦不堪言的地区，或者那些“墙头草”议员辖区的产品，拟定了一份长长的潜在报复对象清单。这种威胁手段成效显著。

乌拉圭回合的巨大成就是国际贸易走向法制的第一步。法制缺位，就会强权当道。当然，WTO的国际法是一种不完美的法制，规则的确立是讨价还价的结果，其中包括了富国与穷国之间的谈判，而在这一过程中一贯是富国和权势占主导地位。这样执法是不对等的，例如美国对像安提瓜这样的小国威胁实施贸易限制也会引发反应，但是美国不太会在意安提瓜的贸易限制威胁。只有当这种行为影响到许多国家时，比如美国给自己的农民发放棉花补贴时，这样的报复威胁才会起到威慑作用。②尽管如此，这样一种不完美的法制总比没有的要好。

---

① 在《多种纤维协定》（MFA）下，国家配额谈判按照一产品一议、一国一议方式进行，这就是为什么世界各地开设了许许多多的服装厂，甚至开设在你预料不到的地方。中国是一个低成本生产国，但是当中国的配额用尽后，进口商不得不转向下一个拥有配额、成本次低的国家。当该协议于2005年1月1日到期后，许多公司又开始从中国购买商品，不仅欧盟和美国的生产商遭淘汰，其他发展中国家的生产商同样被淘汰，这给中国造成了较大压力以限制其出口，这明显违反了贸易自由化的精神。

② 另一个问题是，像很多司法程序一样，规则的执行既耗时又拖沓，巴西于2002年9月提出棉花诉讼，2004年4月出台对抗美国的政策，但直到本书即将出版时，棉花补贴仍然在实行。这与后面阐述的反倾销税有明显的不同，美国一贯先初步征收高额反倾销税，而在对证据进行审查后往往会将税率调低。

从西雅图到坎昆

1999年11月30日，乌拉圭回合结束后的第5年，WTO在华盛顿州的西雅图召开会议，目的是为了开始新一轮的贸易谈判，并为克林顿政府在贸易自由化方面所做的努力，包括1994年成立NAFTA和1995年创立WTO，歌功颂德。①事与愿违，这次会议一片混乱，谈判很快就被大规模的街头抗议覆上了阴影。会议召开的第一天凌晨5点，数百名示威者就占据了会议中心附近的交通路口，当晚，西雅图市长宣布该地区进入紧急状态并实行宵禁，并且州长已经召集了国民卫队。这一次的示威规模让之前所有的反全球化抗议变成了小打小闹。

由于抗议示威者提出了一大堆杂乱无章的看法，没有给出清晰一致的观点，因此不满就更多了。（WTO本身其实并不应该承担这些指责的炮轰，它只是为贸易谈判提供了一个论坛。）乌拉圭回合建立在后来通称为“大谈判”的基础上，也就是发达国家承诺在农业和纺织品上（其实就是与发展中国家出口利益相关的劳动密集型产品）实行自由贸易，作为回报，发展中国家同意降低关税，并接受在知识产权、投资和服务领域的一系列新规则，承担新义务。后来，很多发展中国家感到它们完全是被误导了才会同意这个大谈判，因为发达国家并没有信守它们的承诺，纺织品配额仍然会保留10年，取消农业补贴更是遥不可及。

贸易自由化40年来都把重点放在对制造业产品开放市场上，而制造业一度是美国和欧洲的比较优势行业。但是我之前就强调了比较优势的动态特性，如今是中国以及其他发展中国家在制造业的许多领域拥有比较优势，于是在不知不觉之间，贸易谈判帮助中国打开了市场长达40年之久！发达国家的制造业一直在下滑，如今它只占美国就业和产出的11%，于是美国和欧洲的贸易谈判代表需要在服务（如今占到美国经济的70%以上，欧洲和日本的情况也大致如此）和知识产权上做些文章，以此来讨好他们的选民。他们的确成功了。

对乌拉圭回合贸易协定的指责很多：

● 不对等情况非常严重，最贫困的国家状况实际上在恶化；撒哈拉以南的非洲是最贫困的地区，年人均收入刚刚超过500美元，但每年的

① 贸易回合是以召开城市的名字或以召开时的总统名字命名的。也许克林顿希望就像1964年5月4日在日内瓦召开的谈判被称为肯尼迪回合一样，在西雅图召开的谈判应被称为克林顿回合。如今，被人们所铭记的却是西雅图暴乱。

损失达12亿美元。①

● 每年70%的利润，约3 500亿美元，流向了发达国家。尽管发展中国家有着世界85%的人口并几乎创造了全球总收入的一半，但是只有30%的利润分给发展中国家，而且这些收益主要流向了像巴西这样的中等收入水平的国家。②

● 乌拉圭回合使得这个本来就不公平的竞争环境变得更加不公平。发达国家对发展中国家征收的关税远高于发达国家之间的水平，平均高出四倍之多。像安哥拉这样的贫困国家向美国支付的关税与富国比利时一样多；危地马拉支付的关税与新西兰一样多。③在发达国家给予发展中国家所谓的优惠之后，这种歧视仍然存在。富裕国家让发展中国家在贸易限制上支付的成本，是它们给予的发展救助总额的三倍。④

● 乌拉圭回合的重心是资本的自由流动（这是发达国家所希望的）和投资的自由化，而不是劳动力的自由流动（有利于发展中国家），尽管后者可以大幅度地提高全球产量。

● 同理，非技术劳动力服务的自由流动所带来的全球效率的提高，将远远超过技术劳动力服务（如金融服务）的自由化，但后者是发达工业化国家的比较优势所在，因此，谈判的重点仍然放在了技术密集型的服务上。

● 加强知识产权的保护使发达国家受益匪浅，而发展中国家为此所付出的代价直到后来才显现出来，用于挽救生命的仿制药被迫从市场上下架，发达国家的公司开始对传统的和本土的知识申请专利保护。（这一点我们将会在第四章详细谈到。）

美国和欧洲拥有高超的谈判艺术，一方面鼓吹自由贸易，而同时在争取保护自己利益不受来自发展中国家进口影响的贸易协定。发达工业化国家在贸易谈判中所获得的成功，大多数与由它们来操纵谈判议程有关，它们安排的议程促使市场对自己拥有比较优势的商品和服务开放。

---

① 参见UNDP，*Human Development Report 1997：Human Development to Eradicate Poverty*（New York：Oxford University Press，1997）。

② 世界银行把人均收入在3 256—10 065美元的国家定义为中高收入国家；人均收入为826—3 255美元的国家定义为中低收入国家；人均收入低于826美元的国家定义为低收入国家。

③ 参见United States International Trade Commission，"Interactive Tariff and Trade Dataweb，"详见http：//dataweb. usitc. gov/。

④ 参见Joseph E. Stiglitz and Andrew Charlton，"Fair Trade for All：How Trade Can Promote Development，"Chapter 3。

西方谈判代表甚至理所当然地认为他们可以掌控所探讨的话题并决定谈判结果如何。当美国和欧盟敦促开放服务市场时，他们考虑的并不是以下内容（虽然从逻辑上讲应该是）：总体而言，服务是劳动密集型行业；总体而言，发展中国家才拥有充裕的劳动力；因此，总体而言，服务部门的公平自由化将为发展中国家带来特别的好处。他们想的是：现在我们可以让代表我们的比较优势的高技术服务行业实现自由化，但千方百计也要确保，非技术劳动力密集型的服务是不可开放的。从谈判之始，他们就在心中拟定了一份不平等贸易协定。

特殊利益集团大都是应该遭到谴责的，但并不是指发展中国家那些反对贸易自由化的特殊利益集团，虽然它们经常遭到贸易自由化支持者的攻击。这里特殊利益集团是指发达国家那些为了自己的利益操纵谈判议程，甚至不惜让自己国家的普通民众遭受损害的集团。发达国家的谈判参与者代表的是自己的直接“客户”——经常积极游说他们的公司，有时直接与他们接触，有时则通过游说国会及政府。这些谈判代表常常会失去全局观点，将公司利益和美国国民的利益混为一谈，更为恶劣的是，认为公司的利益能够为全球贸易体系带来好处。这种情况在其他发达国家也不例外，各个国家从事出口的公司要求谈判代表签署能够让自己的产品获得更多市场的协议，而进口企业又要求得到保护。面对这些压力，谈判代表力争的不是条文的前后一致，也不是获得建立在原则基础上的贸易协定，他们争取的仅仅是平衡各方利益。

西雅图的抗议者们已经表达了对贸易部长们不满这样一个重要态度，但是发达工业化国家仍然不准备放弃推进自由化步伐。2001 年 11 月，贸易部长们在波斯湾附近的一个小国卡塔尔的多哈举行了会议。会议选择在这个偏远的地方，是不希望再有示威者来质疑部长们背地里要进行何种勾当。发达国家承诺把这次会谈变成一个“发展回合”；也就是说，它们承诺创建一个可以积极巩固发展前景的贸易机制，并修正前几轮会谈中的不平等现象。①但发展中国家对是否跟随犹豫不决，它们害怕又会出现另外一个不平等贸易协定强加于它们之上，就像上一个协议一样，实际上使它们的境况进一步恶化；它们也担心，一旦这个谈判开始，它们就会被这样或那样的事情束缚住手脚，被迫签订与自己最大利益相违背的新的贸易协定。它们对多哈作出的承诺表示怀疑；随后几

---

① 作为世界银行的首席经济学家，1999 年 3 月我在 WTO 的一次演讲中呼吁这样的一个“发展回合”，我列举了乌拉圭回合以多种方式置发展中国家于不利。

年谈判的发展似乎证明，它们的怀疑是不无道理的。

发达国家拒绝削减农业补贴，谈判也未能扭转。事实上，2002 年美国颁布了一部新的农场法案，将农业补贴几乎翻番。2003 年的 9 月，贸易部长们又在坎昆（Cancún）会晤，在当地玛雅语中坎昆的意思为“蛇坑”，这次会议应验了这个含义。部长们原本应该评价已经取得的进展，并为谈判代表总结“发展回合”指明方向。

发达国家仍然拒绝在农业补贴以及其他发展中国家关注的重大问题上做出让步，这其实已经违背了之前的承诺。除此之外，它们还坚持推进自己的议题，要求降低关税，向美国和欧盟希望出口的商品和劳务开放市场。它们甚至向发展中国家强加一些新的要求。虽然发达工业化国家还在谈论“发展回合”，但已完全流于夸夸其谈，于是在这一轮新的会谈中产生了一个真正的风险，它不仅不能消除以前的那些不平等，反而会让它加重。在会议的第四天谈判终于失败。在乱哄哄的情况下结束贸易谈判，这在以前从来没有发生过。

后一轮的贸易部长全球会议于 2005 年 12 月在香港举行，它的初衷是为之前的“发展回合”画上句号。这次会议虽然没有混乱不堪，但也算不上成功。WTO 总干事帕斯卡尔·拉米成功地降低了大家的预期，使大家认为任何协议，哪怕是对全球贸易没有什么作用的协议，都是在当时环境下所能希望的最好结果。与其说人们是在努力地提出有意义的建议，还不如说是在更好地管理这种压力。美国由于其巨大的棉花补贴而成为世界上最大的棉花出口商，并大张旗鼓地宣称要对非洲棉花生产者开放市场，这一建议毫无价值，因为美国根本不会进口太多棉花（由于其巨额的棉花补贴，美国是一个棉花出口国，不是主要进口国）。

确凿的事实让发展中国家彻底清醒过来，加上发达国家日渐增长的保护主义情绪，多边贸易自由化的时代似乎在渐渐走向尽头（至少在一段时期内是这样）。在所谓的“发展回合”上产生的任何结果——当然如果有的话，也不值得冠以“发展回合”的称号，它既不会建立一个公平对待发展中国家的贸易机制，也不会促进它们的发展：发达国家对发展中国家征收的关税依然要远远高于对其他发达国家的关税；发达国家还在提供大量的农业补贴，对发展中国家造成了很大的伤害。

在今天，真正的危险其实并不是要对“发展回合”盖棺定论，而是要在哪些协议会严重伤害发展中国家的问题上争出个子丑寅卯，因为改革的尺度太小而不太可能有明显的作用，任何一项最终协议的结果要么受害程度有限，要么受益程度有限。真正的危险在于全世界都认为它们已经完成了在多哈会议上所设定的目标，认为下一步没有必要再进行新一轮的"发展回合"谈判了。于是，贸易谈判代表们又和往常一样重回到老路上，开始另一轮的贸易谈判，经过艰难的讨价还价后，结果仍然是发达国家拿走了最大份额的利润。

让全球化造福全球

多哈谈判失败了。①虽然我们很难准确地定义到底什么是一个公平的全球贸易体制，但是有一点很清楚，当前的贸易协定是不公平的，而且"发展回合"协议不会让现在的贸易机制变得更加公平或更加有利于发展。②尽管这样，我还是深信能够设计一种全球贸易机制，不仅可以提高最贫困国家的福利，同时也对发达工业化国家整体有益，当然也可能会对某些特殊利益集团造成损失。这种信念当然也是多哈谈判的承诺。其实这种改革无须发达国家有多大付出，多数情况下可能一点都不用付出，因为这会为纳税人节省亿万的补贴，消费者会从更低的价格中节省亿万的花费，而发展中国家当然也会获得巨大收益。

由于多哈回合没能履行它的承诺，因此在未来的某个时间里创建一个公平贸易体系的挑战还是会存在，这样的贸易体系可以给贫困国家提供通过贸易获得发展的机会。改革的议程已经排满，远远超出了反复强调的农业问题的范畴，改革既要扶贫也要有利于发展，这些改革才是真正的发展回合应该体现的内容。

发展中国家应该享受差别待遇

发展中国家与发达国家是不同的，其中的一些差别解释了它们如此贫穷的原因。发展中国家因此应该得到"特殊和差别待遇"的观点现在已经得到广泛认同，并已经反映在很多贸易协定中。③例如，允许发达

---

① 当本书付梓印刷时，多哈回合还没有结束。但是谈判过程中的种种迹象清楚地表明，人们是有把握得出谈判注定失败的结论的。

② 参见 Stiglitz and Charlton，*Fair Trade for All*，引文如前所注。

③ 给发展中国家更长的时间进行调整是差别待遇主要的表现形式之一。运作良好的市场能够通过帮助资源重新配置以促进调整；当市场良好运作时，失业工人并不需要太长时间就能找到另一份工作；当市场运作不畅时，找寻工作就要花费更长时间，在这段时间里工人就会一直处于失业状态。这就是欠发达国家需要更长时间进行调整的原因之一，它们需要资金上的援助，以朝着更加自由的贸易体制方向进行调整。

国家偏离最惠国待遇的原则，对来自发展中国家的进口商品征收较低的关税。但就像我们所看到的那样，尽管有着这一所谓的优惠待遇，发达国家对发展中国家进口征收的关税还是高出对其他发达国家进口征收的关税四倍之多。

但是目前的体系使这些优惠待遇完全变成了发达国家的自觉自愿，是否提供全凭每个发达工业化国家自己的喜好。如果发展中国家拒绝跟着赐予国的指挥棒转，那么这种优惠待遇就会被取缔。优惠待遇已经变成了一种政治手段，变成了一种让发展中国家唯命是从的工具。

穷人的自由贸易：一份扩大的市场准入建议

一项改革可以同时做到简化谈判过程、促进发展并解决目前体制的不平等问题，只需要富裕国家对较贫困国家开放市场，同时没有互惠要求、不附加任何经济或政治条件；中等收入国家应该对那些最不发达国家开放市场，同时应该准许将这种优惠给予其他不发达国家，但这种优惠无须扩展到富裕国家，这样就不用担心这些落后国家的进口会扼杀它们的幼稚产业。发达工业化国家间也可以通过相互开放取得更快的进展，因为它们的经济有很强的承受能力，它们之间的互惠又不需要顾及发展中国家的担忧。因此，发达工业化国家也能从这项改革中获益。这项改革的精髓是用“对等的互惠”原则代替不顾条件差异对所有国家实行互惠的原则，两者之间的不同之处仅在于强调条件的差异上。①

欧盟认识到了这种基本方法的高明之处，于是在2001年对世界最贫困国家单边开放了市场，（几乎）取消了所有的关税以及贸易限制，并且没有提出任何政治或经济让步的要求。②这一措施的出发点在于，欧洲消费者能够享受更低的价格和更加多样化的产品；同时欧洲制造商

---

① 在约瑟夫·E·斯蒂格利茨和安德鲁·查尔顿合著的《公平贸易为大家》中，有一项向所有更小更穷的国家开放市场的建议，并且安德鲁·查尔顿对此进行了详尽解释，参见 Andrew Charlton, “A Proposal for Special Treatment in Market Access for Developing Countries in the Doha Round,” in *Trade Policy Research 2005*, ed. John M. Curtis and Dan Ciuriak (Ottawa: Department of International Trade, 2005)。

② 欧盟在2001年2月宣布的新政策被称为“非军火贸易自由化倡议”（EBA），有人批评此政策是“非农产品贸易自由化倡议”，因为它几乎没有提到发展中国家非常关心的农业问题。世界银行对EBA作了简要综述，参见 World Bank, *Global Economic Prospects 2004: Realizing the Development Promise of the Doha Agenda* (Washington, DC: World Bank, 2003)；更全面的阐述参见 http://europa.eu.int/comm/trade/issues/global/gsp/eba/ug.htm。“非军火贸易自由化倡议”条例实施后，令人惊异的是，贸易几乎没有扩大，复杂的技术性条款（原产地原则，即详细说明产品有多少“附加价值”是在该国生产的）是造成这种情况的部分原因，突出了贸易协议中细节的重要性。

只需拔一根毫毛，就会为最贫困国家带来巨大收益，这也是良好意愿的强烈表达。欧洲的这种行为应该推广到所有发达工业化国家，同时市场应该不仅仅对最贫困国家开放，也应该对所有发展中国家开放。（2005年12月的香港会议上，虚伪而具有讽刺意味的表演达到了登峰造极的水平，其中之一便是美国宣称对最不发达国家生产的97%的产品开放自己的市场，其实这一数字是经过精心测算的，以便将那些想要拒之于国门之外的产品基本上排除在外，例如孟加拉国的纺织品和服装；当然，孟加拉国可以自由地出口飞机发动机以及其他超出它们自己生产能力的产品。）①

拓宽发展中国家的发展项目

发展本身已经够艰难的了，所以我们不应该限制发展中国家为了自身发展而采取的行动。但是乌拉圭回合却做了这样的事，它限制了发展中国家为鼓励工业化发展使用多种工具的能力。

允许美国和欧洲给予农业补贴；但发展中国家想用补贴的方式来建立新的产业，或保护自己的工业和农民对抗国外补贴商品的竞争，却被禁止，这两种补贴对全球经济造成的影响是不同的。当美国对种植棉花进行补贴时，会影响棉花的全球价格；发展中国家的农民由于美国对其农民的慷慨而受到损害。（经济学家称此为“外部性”。）但是如果牙买加保护自己的牛奶生产者，牛奶的全球价格却不会受此影响。进一步讲，发展中国家应对自由化的能力本来就有限，例如，由于美国对其奶业进行高额补贴，牙买加奶农失去工作后并没有太多的活路可选择，城市里就业机会少之又少，而从事农作物种植的收入更低，使养家糊口的农民更加贫困。发展中国家的政府面临一个艰难的选择：是补贴农民个体的收入呢，还是将政府基金投资在整个国家需要的地方？要想两者兼顾，资金是不够的，于是保护奶农对抗美国奶业补贴也许是唯一合理的选择，至少在短期内是这样。

如果采纳了拓宽市场准入的建议，那么发展中国家将会有机会去实施促进发展的战略，以及保护贫困公民的政策。但是如果没有采纳，那么也应该允许有例外情况，以给发展中国家留有更大的灵活性；尤其是允许使用统一的财政融资关税（对进口的影响与汇率变化产生的影响相差无几）以及临时性工业补贴。正如欧洲指出的那样，美国经常用自己

① 因此相应地，我把“EBA”（见前文脚注）称为“EBP”条例——为所有商品开放市场，但你能生产的商品除外。

的国防支出补贴一批产业。波音公司在飞机设计方面已经从军事费用中尝到了甜头；政府为了帮助互联网甚至是浏览器发展，划拨了大笔款项，软件产业从中得到了巨大的益处。实际上，商业利益往往成为巨大国防支出的理由之一。美国足够富有，能够将某个低效率的产业政策隐藏在军事背后；但发展中国家却不能，所以如果它们愿意的话，它们应该可以自由选择一个适合自己国情的方式。

农　业

乌拉圭回合十年后，挪威和瑞士的农业收入中有超过 2/3 来自补贴，这一数字超过了日本和欧盟，日本和欧盟分别为 1/2 和 1/3。对于像糖和水稻一类的农作物，补贴的数额高达农业收入的 80%。[①]美国、欧盟以及日本的农业补贴总额（包括像用水一类的隐形补贴）如果确实没有超出撒哈拉沙漠以南非洲地区的总体收入，那么也至少达到了这个地区收入的 70%，这也意味着非洲农民想要在世界市场竞争几乎是不可能的。[②]欧洲的奶牛平均每天会获得 2 美元的补贴（这是世界银行对贫穷的界定值）；而发展中国家一半多人的生活费用低于这个数值；这表明在欧洲一头奶牛每天的花费都比在发展中国家一名穷人每天的花费要多。

布基纳法索的人均年收入刚刚超过 250 美元[③]，该国的棉农在小块的半干旱土地上艰难地维持生计，没有灌溉设施，也没有钱买肥料、拖拉机以及优良的种子。而与此同时，加利福尼亚州的一位棉农开垦了一片相当大面积的土地，并且应用了现代农业的所有高科技：拖拉机、优良的种子、肥料、除草剂和杀虫剂等；最突出的不同之处在于灌溉，而且他用来灌溉土地的水实际上也是享受高额补贴的；他所需支付的成本比在一个竞争市场要少得多。但是，即使有这些水的补贴，即使拥有所有这些优势，要是没有政府为他提供的占其收入一半甚至更多的直接补贴，这位加利福尼亚州的农民根本不可能在一个公平的全球市场上立足。没有这些补贴，就不可能让美国人生产棉花；而有了这些补贴，正如我们指出的那样，美国成为了世界最大的棉花出口国。近 25 000 名

---

① 参见 OECD，*Agricultural Policies in OECD Countries: Monitoring and Evaluation* (Paris: OECD, 2005)。

② 2004 年，OECD 补贴为 2 790 亿美元，其中包括水资源补贴和其他间接补贴。引文如前所注。

③ 以购买力平价看，农民的收入略微有所提高，在 1 100—1 200 美元之间。

美国棉农富豪们瓜分了30亿—40亿美元的补贴，以鼓励他们生产更多的棉花。棉花供给的增加自然而然压低了棉花的全球价格，伤害了布基纳法索以及非洲其他地区的近1 000万的农民。①

在全球化的市场中，国际价格会影响国内价格。随着全球农产品价格被美国和欧盟巨大的农业补贴压低，发展中国家国内的农业品价格也会降低，因此那些不从事农业出口、仅仅在自己国家内销的农民也会受到伤害。于是，农民收入的降低会影响到那些销售商品给农民的供货商，如裁缝、屠夫、零售店和理发师等，他们的收入也会降低。发展中国家的每个人都受到损害。提供补贴的意图也许本来不是要对如此多的人造成如此大的伤害，但这个后果是可以预见的。

美国继续提供这些补贴的理由中，最常被提及的是为了保留小型家庭农场及其传统的生活方式，这些补贴是绝对必要的。但是大批的资金却流向了大型农场，而且往往是企业化农场。这些补贴已经成为了另一种形式的公司福利。纵观所有的农作物种植，近3万家农场（占总数的1%）得到了占25%的补贴总额，也就是每个农场平均收到100万美元之多；87%的资金流向了前20%的农场主，平均每人会得到近20万美元。相反，最底端的2 440 184个小农场主，他们是真正的家庭农场主，只得到了总数额的13%，平均每人不到7 000美元。②这些巨额补贴，包括那些所谓的非贸易扭曲补贴在内，事实上是把小型家庭农场主驱逐出局。当农业由于补贴而变得有利可图时，对土地的需求就增加了，从而带动了土地价格上涨；随着土地价格的提高，农业也就变成了资本密集型。由于大量使用肥料和除草剂，对环境的破坏，不亚于农业产量的提高对发展中国家农民造成的伤害。结果，小型农场主无力经营这种资本密集型农业，发现把农场卖给大型农场主换成现金更有吸引力。随着

---

① 在1939年，41个生产、消费和交易棉花的国家发起成立了国际棉花咨询委员会(ICAC)，据该组织估算，美国取消棉花补贴将会使全球棉花价格提高15%—26%。乐施会估计非洲的损失达到每年3.01亿美元，其中大部分损失（每年1.91亿美元）产生在西非8国。在马里、布基纳法索和贝宁，美国的补贴致使它们每年的损失超过GDP的1%。参见Kevin Watkins，"Cultivating Poverty：The Impact of US Cotton Subsidies on Africa，" Oxfam Briefing Paper 30，2002。

② 因为收益与销售成正比，因此小农场主得到的利益很少，这是1995—2004年间的数据，反映的是利益在那些得到补贴的农民之间分配。但是，60%的农民和农场主并没有得到政府的补贴支付，主要是因为他们没有生产可以得到补贴的商品。数据来源：Enviromental Working Group's Farm Subsidy Database， "Total USDA Subsidies in United States,"，详见www.ewg.org/farm/progdetail.php? fips=00000&progcode=total&page=conc。

土地渐渐地转移到大型农场，随着肥料、灭草剂和技术的大量使用，产量进一步提高，于是发展中国家的农民又会再一次地受到伤害。①

如果发达国家认为它们废除补贴需要一段时期过渡的话，那么它们应该做的是取消对收入超过一定水平，如 10 万美元的农民的所有补贴，同时，对每个农民设定补贴上限，如 10 万美元。

由于发展中国家的大多数人都直接地或间接地以农业为生，因此发达国家提高农产品价格、取消农业补贴并开放农产品市场，这将给发展中国家带来巨大收益。尽管这样，也不是所有的发展中国家都会受益，例如农产品的进口商会由于价格提高而受损。在发展中国家之间以及国内，也会存在受益者和受害者，例如农民会获益，而城镇工人将会面临更高的食品价格。解决这种过渡期问题的方法就是工业化国家对发展中国家在调整期内提供援助，花费它们目前用在农业补贴上的一个零头就足够了。

棉花是一个特例，如果取消了棉花补贴，对棉农的影响将是巨大的，但是对消费者的影响则微乎其微。由于原材料成本仅占成品服装价值的一个零头，因此即使棉花价格大幅提高几乎也不会反映在纺织品及服装的价格上。这也是为什么目前发展中国家强烈要求取消棉花补贴的原因之一。

不断升级的关税

尽管减少农业关税与补贴已经得到了广泛关注，但想要创立公平体系还远远不够。关税结构本身需要有利于发展。人们可能会认为，农业国家可以把它们种植的水果和蔬菜进行罐装储藏，就可以获得比它们出口原材料产品更多的收入，这样做既简单易行，又可以创造就业机会。但事实并非如此，因为发达国家设计关税的方式并不鼓励发展中国家的这种工业化，对制造业产品征收的关税比原材料来得高，而且加工的比重越高，所征关税也越多；这就是所谓的关税升级。

关税升级的运作原理是这样的。假设这样一个例子，一种发达国家不会去生产的农产品，如橘子，欧洲的橘子种植业相对较小，无须太多保护，因此对进口的新鲜橘子征收很低的关税——假设税率为零，但

① 欧盟、特别是美国有时会声称：它们已经将补贴与生产“脱钩”，即制定补贴政策时注意补贴不会引起产量的增加。但是就像 WTO 专家组对棉花案的裁决那样，这些声明是不可信的。然而，即使这些宣称脱钩的补贴也能对产出产生影响，它给农民提供更多的收入用来购买肥料、优良的种子以及增加其他提高产量的投入。

是，对各种加工的橘子征收了25%的关税，从橘子酸果酱到冷冻橘子汁。假设橘子酸果酱有一半的价值来源于橘子本身，另一半产生于加工过程，那么很显然关税就只是针对发展中国家的加工业征收的一种税赋，这样计算，加工活动的实际税负是50%，因此发展中国家的加工成本必须非常非常低，哪怕是为了能和发达国家的罐装厂相竞争。这样，通过关税升级，欧洲可以继续享有廉价橘子的供应，而同时减少了来自发展中国家对其加工业的竞争威胁。①

前面提到的市场准入建议，即允许发展中国家自由进入发达工业化国家市场，明显可以解决关税升级的问题。在最近的几次贸易会谈中，发达国家已经把重点集中在要求发展中国家降低高关税上。② 其实重点应该转移，当务之急应该是设法取消关税升级。问题的关键不仅在于名义税率，而且在于实际税率，即对附加价值征收的关税，对发展中国家的工业生产所创造的附加价值部分，发达国家所征收的高实际税率应该大幅削减。

非技术劳动力密集型服务与移民

发达国家有着丰富的资本和技术，而发展中国家有着相当多的非技术劳动力。每个国家生产什么就反映了这个国家的资源禀赋，例如一个有着技术劳动力的国家生产技术密集型商品和服务。乌拉圭回合把贸易谈判的范围拓宽到了服务领域，并且毫不奇怪的是，自由化所涉及的服务业包括银行业、保险业以及信息技术产业等，都是美国拥有优势的部门，与此同时却把非技术劳动力服务业完全排除在外，如船运和建筑业等。

大约40个国家的法律都要求国内商品运输必须使用当地船运，包括美国在内。在美国，1920年的《琼斯法案》(Jones Act) 不仅要求船主是美国人，还要求这些船只必须是美国造船厂制造的，船员也必须是美国人。(保护主义的历史可以追溯到更早以前的1789年第一次国会会议。) 美国在航运方面既没有相对优势，也没有绝对优势，事实上，早在1986年，《琼斯法案》让美国在每个就业机会上花费巨大，经测算高

① 根据2005年美国海关关税编码表，进口橙子的普通关税是1.9美分/千克 (0805.10.00)；用糖腌制的橙子类水果是6美分/千克 (2006.00.60)；橙子酱为3.5美分/千克 (2007.91.40)；橙子果肉为11.2美分/千克 (2008.30.35)；橙子罐头为14.9美分/千克 (2008.92.90.40)；冻橙子汁为7.85美分/公升 (2009.11)。

② 在WTO技术术语中这被称为非农业市场准入 (NAMA)。

达 25 万美元之多。[1]航运是一个很好的理由，它为将贸易谈判议程的重点放在非技术劳动力密集型服务上提供了机会。

在劳动力和资本流动方面也有一种类似的看法。发达国家有丰富的资本，这些资本在世界到处寻找最高回报；发展中国家有丰富的非技术劳动工人，这些工人为了找到更好的工作也在世界各地流动。在过去的几十年中，美国和欧盟大肆推行资本市场的自由化，让投资在世界更加自由地进行，并认为这有利于提高全球效率；它们取得了相当大的成功。然而，劳动力流动的自由化也能提高全球的 GDP，就数量大小而论，即使是适度地推进劳动力流动的自由化，其收益也比资本市场自由化收益的最乐观估计值更大。更直白地说，劳动力的自由迁徙可以让发展中国家受益。[2]在此仅举一例便可见一斑，在发达国家工作的工人将钱汇回家里，每年的汇款已经达数百亿美元；2005 年墨西哥估计收到了 190 亿美元的汇款，是该国仅次于石油美元的外汇收入；拉丁美洲 2005 年收到的汇款总额达 420 亿美元。[3]但是，汇款手续费非常高，吞噬了汇款额的相当大一部分。为了让这些发展中国家获得劳工移民带来的全部受益，发达国家应该为汇款提供更多方便（就像美国已经开始做的那样）。[4]

当然，发达国家是允许高技术劳动力移民进来的，因为它们很清楚地看到这会给它们带来好处。但是，就像我们在上一章探讨的那样，这相当于把发展中国家最有价值的智力资本带走而且没有任何补偿，在发

---

① 为《琼斯法案》辩护的理由有时是国家安全——美国需要自己的运输舰队。具有讽刺意味的是，在近期美国发生的紧急事件中，如卡特里娜飓风袭击，却不得不暂停执行《琼斯法案》。（关于全球化和安全问题稍加引申的讨论，参见第十章。）

② 这将有益于发达国家整体，但是低收入的工人将会蒙受损失，这种效果类似于之前讨论的贸易自由化问题（这并不奇怪，因为正如我们提到的那样，商品交换与人员流动是相互替代的）。必要的应对措施，从帮助那些在全球化过程中受损者的角度看，也是相似的。其他收益包括知识的转移以及这种移民促进了市场准入。印孚瑟斯（Infosys）的故事就说明了这一点，它的创办人中有几位在美国生活了很长时间。

③ 来自泛美开发银行的数据显示，23 个拉丁美洲国家，每一个国家的汇款额都大幅超过了援助额。汇款额至少占海地、尼加拉瓜、萨尔瓦多、牙买加、多米尼加和圭亚那等国家 GDP 的 10%。中美洲各国和多米尼加所收到的汇款合计超过 100 亿美元，安第斯山脉各国合计超过 70 亿美元。在 2004 年，拉丁美洲国家收到的汇款总量达 410 亿美元，该大陆收到的外商直接投资净额为 450 亿美元，两个数字几乎相当。参见 World Bank, *Global Economic Prospects 2006: Economic Implications of Remittances and Migration* (Washington, DC: World Bank, 2006)；外商直接投资数据参见 World Bank, World Development Indicators, foreign direct investment, net (BoP, Current US $)。

④ 墨西哥政府已经与美国合作以减少这些成本，截至 2004 年，美国财政部声称成本已减少了 60%。参见 USINFO, "Treasury Official Notes Importance of Remittance in the Americas," October 7, 2004，详见 http://usinfo.state.gov/wh/Archive/2004/Oct/08-233308.html。

展中国家把它们本来就稀少的资金投资在教育上之后，发达国家却在不经意间把它们中最聪明、最棒的人才搜罗走了。

资本和劳动自由流动的不对等导致了不平等的加剧。随着资本市场的自由化，国家不得不采用降低公司税的方法来设法留住资本；而劳动力，特别是非技术劳动力的流动性不强，国家不需要费力去留住它。因此，自由化的不对等导致了税收负担转移到了工人身上，这样又导致了税收体系中累进税的减少。同样的情况也发生在工资谈判中，工人们被告知如果他们不接受较低的工资和保护程度的削减，那么资本（包括他们的工作）都将会流到海外。

非关税壁垒

关税的减少或取消并不能消除保护主义的情绪或政策，只会促使它们另辟新的保护途径。因此，随着关税的降低，发达工业化国家在设立非关税壁垒方面显得特别巧妙，这一点也就不足为奇了。非关税壁垒有多种形式。

保护措施

保护措施可以说是暂时的关税，从理论上讲，当一个国家面临进口突然大幅增加，即面临进口“冲击”时，它在帮助这个国家进行调整方面发挥重要的作用。关税暂时把国外进口商品拒之门外，以便给国内产业赢得调整的时间，如提高效率，或者是帮助工人找到更合适的工作等等。发展中国家并没有充分利用这种保护措施，而美国的做法则是另一个极端，它们不断地滥用保护措施，而且经常用来保护像钢铁这种处于衰落期的产业，其实国外进口的冲击与其内在的问题并没有什么关系。①

采取保护措施的理由，不应该仅仅只是因为某个国家的进口增加引起了失业增加或国内商品销量下降，而应该显示出进口冲击与产业困难之间存在因果关系。例如，如果从中国进口的纺织品增加，但同时从孟加拉国进口的纺织品减少，这种情况就不应该要求实施进口冲击保护，也不应该由各个国家的行政法院来决定是否应该实施保护关税，因为这些法庭极易受政治压力的影响。所以，应该有一种国际标准，由得到国

① 正如我们在前面第 64 页脚注①提到的，WTO 宣布 2002 年 3 月征收的钢铁保护性关税是非法的，美国最后遵循了这一认定，于 2003 年末取消了对钢铁征收关税。

际公认的法庭来执法，该法庭应该不会对美国及欧洲言听计从。2005年1月取消纺织品配额后，美国及欧洲声称纺织品的进口汹涌而至，于是提出要实施保护措施。而实际上，为了让发达国家平缓过渡，逐步取消保护，已经给了它们十年的过渡期，但在这十年中，发达国家毫无寸进。①

反倾销税

美国最喜欢使用的非关税壁垒是反倾销税，这种税制原本是为了阻止以低于成本的价格销售商品这种特殊的不平等贸易的。保护措施是暂时性的，而反倾销税则可以是永久性的。美国指责墨西哥倾销西红柿、指控哥伦比亚倾销花卉、指控智利和挪威倾销鲑鱼、指控中国倾销苹果汁和蜂蜜；如今，智利葡萄酒的生产商也开始担心如果它们在美国市场继续保持良好的销售，加利福尼亚的葡萄酒制造商就会要求美国征收反倾销税。反倾销税阻碍了商品进入美国并为整个市场蒙上了一层阴影，因为每个公司都担忧如果一项新产品打入了美国市场，那么等待它的可能是反倾销税，从而导致它失去竞争力。

20世纪90年代，越南开始向美国出口鲶鱼，美国迅速成为越南最大的鲶鱼出口市场，而越南也很快占据了美国20%的鲶鱼市场，于是愤怒的美国鲶鱼养殖户便要求国会通过一项法案，申明只有美国的鲶鱼才能以鲶鱼的名称出售。②但是越南人更聪明，他们把他们的鲶鱼升级为一种高档并且有异国风情的外国产品，以龙俐鱼这个新的名字重新回到了美国市场。现在，这种龙俐鱼不仅替代了密西西比鲶鱼，并且价格也上升到了更高的档次。这一次，美国的反应更加激烈，既然前一种非关税壁垒已告失败，那么他们索性用另一种——反倾销税，指责越南以低于成本的价格进行了倾销。

理性的公司不会用低于成本的价格进行交易，除非它们确信这样做可以获得一种垄断地位，并且能够长时间维持，不仅可以弥补它们之前的损失，而且可以收回投资（也就是用低于成本的价格销售产品所带来的损失）。美国的反托拉斯法认识到了这一点。在美国的法律下，要想使对掠夺性定价（公司驱逐国内竞争对手，以低于成本的价格销售产品

---

① 此类法院也不一定会同情美国的投诉，美国投诉NAFTA签署之后墨西哥人“潮涌”到美国，使美国面临失去100到300个工作岗位的威胁，因此要求保护。美国在没有保护的情况下当然也具备应对的能力。

② 2002年政府特别支出预算案包含了一项修正案，提出只有北美鲶科鱼才能称为鲶鱼。

时采用的一种定价策略）的指控成立，必须证明这种定价不仅会产生垄断，而且会使垄断维持很长时间，足够补偿公司的损失。掠夺（真正的倾销）的确存在，但并不多见，因为建立一种持久的垄断地位是非常困难的。然而，美国有关跨国公司竞争的法律根本不承认这个基本的经济逻辑，没有哪一个倾销的案件会造成一种垄断，更不用说持久的垄断了，基本没有这种可能性。墨西哥不可能垄断西红柿市场，哥伦比亚也不可能垄断花卉市场。但是美国不仅提起了倾销诉讼，而且征收了反倾销税，原因在于衡量成本的口径与经济理论和现实都无太大关系。反倾销法并不是用来甄别一家公司是否在按低于（边际）成本的价格销售商品，而是为了计算出一个高成本数字，以便能名正言顺地征收反倾销税。这样，那些理性的公司为何常常被扣上按低于成本价倾销的罪名就不足为奇了。①

当一个非市场经济体受到了倾销指控时，处境会变得更为恶劣。(例如中国，虽然已经向市场经济的方向迈进，但仍然被认为是非市场经济体。)②对于非市场经济体，用来衡量是否在倾销商品的成本并不是实际成本，而是某些替代国生产所花费的成本。那些试图罗织倾销罪名的人只需寻找一个高成本的国家比较，就可以征收高反倾销税。有一个经典的案件，发生在柏林墙倒塌之前，美国对波兰高尔夫球车征收反倾销税时，用加拿大作为替代国，而加拿大的成本高得连它们自己都不生产高尔夫球车，于是征收倾销税的依据便是建立在加拿大生产这种球车的假设和成本计算基础上。在很多地方，包括欧盟在内，所选择的替代国甚至就是提出倾销指控的国家自己，在这种情况下，毫无疑问成本是更高的，否则也就没有竞争不过的问题了。

---

① 成本是一个更加隐晦的概念，非经济学家却往往能够领会。其实真正相关的是边际成本，即每多生产一单位产品所需要的额外成本，这是国内的标准，国际上并没有这样的概念划分。国际上通常使用长期平均成本，在周期性行业，低迷时期的边际成本通常低于平均成本。重要的是今天生产 1 吨钢铁所需要的额外成本，而不是厂房和设备的成本，不是那些无论是否在生产钢铁都必须承担的成本。对于农产品来说，计算西红柿价格最可靠的方法是，对一整季的价格进行分析并且与成本比较；然而，美国只看 1995 年末和 1996 年前 2 个月，而这一时期的西红柿价格最低，这样只分析这几个月的价格，美国就为征收高额反倾销保护税找到了理由。

倾销法甚至允许计算成本的时候人为添加高利润率作为成本的一部分。

② 中国官员有时用一个简单的三段论来与美国官员开玩笑：美国相信最成功的经济（或唯一成功的经济）是市场经济，中国显然已经获得了成功，因此中国肯定是一个市场经济国家。

发达工业化国家最近的一项输出就是把非关税壁垒作为保护主义者的工具加以利用，发展中国家也越来越多地运用这种工具彼此较量。比如印度，在重要化学品异丁苯上对中国提起了倾销指控，并用印度的生产成本作为征收倾销税的依据；在对付俄罗斯的低碳铬铁时，印度选取了津巴布韦作为替代国，想必是因为该国的高电价决定了这一产品的高成本，于是印度以此作为征税的基础。

这里也存在双重标准。如果国际上采用美国国内用来确定掠夺性定价的标准（美国用以指控外国公司低于成本价销售的标准）的话，即使有倾销案件，指控也很少是成立的；反之，如果美国在国内推行用来对付国外厂商的标准，其大多数公司的倾销罪名都会成立。国外厂商与国内厂商显然有着不同的待遇，这对美国人一直以来奉为圭臬的原则——非歧视原则来说是一个重大例外。①

在界定不公平贸易行为上，应该有一个国内国际都适用的单一标准；在处理倾销和掠夺性定价时也应该有一种单一法律（澳大利亚与新西兰的贸易协定中就有这样一条规定）。这一单一标准的假设是，无论国内公司还是国际公司都没有亏本销售的意愿，因此要起诉不公平贸易行为，原告必须出具某公司用不公平贸易的手段获得了足够的市场支配力，并将这种支配力维持足够长时间用以补偿以前的损失的合理推论。

与保护措施一样，反倾销税的部分问题在于征税过程有问题，在我为克林顿政府效力的日子里，我反复见证了这种情况的发生。我们提出倾销诉讼（即使低价销售商品会使美国消费者受益）；我们既是检察官、又充当法官和陪审团；我们操纵证据的做法就连那些私设公堂、随意断案的人都感到汗颜，因为我们依赖的所谓证据常常是那些想铲除竞争对手的国内企业所提供的。（2000 年的《伯德修正案》（Byrd Amendment）增加了一项激励措施，即将征收的反倾销税返还给受到影响的

① 举例来说，麻省理工学院斯隆商学院前院长莱斯特·C·瑟罗（Lester C. Thurow）的结论是，“如果将这条法律运用于国内的企业，那么 1982 年世界 500 强的前 20 名中有 18 家企业有倾销罪。”参见 Lester C. Thurow, *The Zero-Sum Solution: Building a World Class American Economy* (New York: Simon & Schuster, 1985)。普林斯顿大学经济学家罗伯特·D·威利格的一项研究发现，“关于为保护国内免受海外竞争的掠夺或保护竞争环境，需要进行干预的假设，90%以上（的案件）似乎与该假设相矛盾。”参见 Robert D. Willig, “Economic Effects of Antidumping Policy,” in Brooking Trade Forum: 1998, ed. Robert Z. Lawrence (Washington, DC: Brookings Institution Press, 1998), pp. 57－79。

产业，也就是返给那些提出指控的人。)①基于美国企业提供的信息，国外出口商一开始会被课以重税，失去生意并被逐出市场。即使一两年之后，经过充分调查后会重新修订税率，通常的修订后的税率会低得多，但是那时已经为时已晚。②

所以，我们需要一个可以裁定一个国家是否有倾销行为（或者进行了其他不平等贸易行为）的国际法庭。而在目前的体系下，每个国家都可以自行设定标准，每个国家都可以按照倾销指控更加容易成立的方法来计算成本，这种体系与依法贸易的世界是不相容的。

技术性贸易壁垒

国际贸易是复杂的，必须遵循复杂的贸易规则，这些规则通常构成了一种重要的贸易壁垒，有时甚至可以说是故意而为之。

植物检疫条款是为了保护人类和动物免受诸如疾病或进口农业品添加剂威胁而实施的一种限制。困难之处在于甄别这些条款反映的是应该关注的内容，还是一种伪装的贸易壁垒。美国将其他国家针对它的一些产品，如转基因食品，而使用这种限制的手段称为贸易壁垒，而自己对其他国家使用这种限制则被视为合情合理的举动，如美国曾经一度以肉眼看不见的果蝇为由将墨西哥鳄梨拒之门外。巴西抱怨美国以口蹄疫为由限制其对美国的新鲜牛肉出口是不合理的，因为地域辽阔的巴西很多地区已经确定没有这种疫情，但是美国仍然拒绝任何批次的巴西牛肉进口。中国政府估算大概有90%的中国农业产品受到技术壁垒的影响，贸易损失近90亿美元。

在所有的非关税壁垒中，技术壁垒是最难应对的。各国政府有权利和义务来保护它们的国民，要在贸易保护主义者的技术壁垒和合理的技

---

① WTO在2003年1月裁定，美国在2000年10月28日生效的《持续倾销与补贴补偿法案》(Continued Dumping and Subsidy Offset Act)（即《伯德修正案》(Byrd Amendment)）违反了WTO的意义与精神。2004年秋，WTO准许进行报复，但到目前为止还没有采取报复的行动。

② 当提出倾销诉讼时，涉案方只有很短的时间去回复冗长的、旨在确定其生产成本的问卷调查，而且必须用英语回复。如果没能回复，或者回复的方式让商务部不满意，那么商务部就会基于“能够得到的最好信息”征收关税，而这些信息往往都是那些提出倾销指控的行业提供的。不仅外国生产商需要填写调查问卷，进口商和购买方也要填写。在美国国际贸易委员会网站上，一个调查问卷样本就有22页。在公开听证后，遭到倾销起诉的外国生产商还要提交一份简报。关于该问题更广泛的讨论，可参见J. Michael Finger, *Antidumping: How It Works and Who Gets Hurt* (Ann Arbor: University of Michigan Press, 1993)，以及Joseph E. Stiglitz, “Dumping on Free Trade: The U.S. Import Trade Laws,” *Southern Economic Journal*, vol, 64, no. 2 (October 1997), pp. 402-24。

术标准之间进行区分并非易事。一部分人主张采取“科学”的标准，然而人们连到底什么程度的风险是可容忍的问题都还没弄清楚。从“科学”角度看转基因食品的风险也许不高，但是世界上许许多多的人认为这种风险是不必要的，也是不可接受的；至少各个国家应该有权要求明确标明转基因食品。但美国并不赞同这一做法，它担心标明后人们不会购买这些食品。这一点很奇怪，因为美国在其他情况下都恪守消费者主权的原则，而这一原则只有在消费者知道自己所购买的是什么的前提下才有意义。

尽管没有一种简单的答案，然而一个国际仲裁体系的存在（像在反倾销和保护措施中那样）至少可以使案件的审议免受目前保护主义者情绪的干扰，这样法官就能够判定证据的分量。巴西的牛肉也许会被要求贴上“巴西牛肉”的标签，但是如果有科学的证据表明，经过确诊的无口蹄疫地区的牛肉，其所谓的风险不具有统计意义上的显性，那么就应该允许进口。

原产地规则

当发达国家给予发展中国家优惠待遇或与其签订自由贸易协定时，它们希望确定享受优惠待遇的商品确实是在相关的发展中国家生产的商品，例如，它们不希望带有“墨西哥制造”标签的衬衫，实际上墨西哥生产的仅仅是那个标签。这种定义什么是决定商品国别的原则，是墨西哥的或者是摩洛哥的（或者是其他国家的），就叫做“原产地规则”。但是在这个纷繁芜杂的全球经济中，每个人都是相互依存的，没有一个国家生产其所售产品的所有部件。服装制造商会进口它所需要的纺织品、染料或纽扣；它们所用的机器也可能是进口的，包括机器运转所用的机油。如果相邻的三个小国合作的话，一个做包装、一个做剪裁，另外一个做缝纫，那么没有一个国家能通过原产地规则的测试。所以一个服装制造商想要出口服装的话，它可能只能用自己国家生产的纺织原料；而一个纺织品生产者想要出口纺织品的话，它可能只能使用自己国家生产的棉花。

原产地规则会抵消优惠待遇或自由贸易带来的好处，有时原产地规则的门槛刚好设定在可以冲抵好处的水平上，例如，如果衬衫出口国需要进口布料，这些布料占衬衫价值的50%，那么进口国就将原产地规则的门槛设定为55%。（即使设定为50%，用优质棉花生产的高价衬衫也会被排除在外。）美国甚至用原产地规则来促进其出口，用美国棉花生产衬衫的国家会享受到优惠待遇，而用最便宜的棉花的国家则无法享受。

有时，原产地规则引发的问题被说成是技术错误造成的，但是技术错误出现的频率之高表明了这一借口实际上是保护主义者故意采用的手段。进口国使用复杂的计算，规则的执行也随心所欲。出口商为这些协议所迫，选择原材料时只考虑要符合原产地规则，而不是选择以最低价格来获得想要的质量。某些生产者放弃优惠待遇，原因很简单，就是因为准备各种材料的成本要高于能得到的好处。①

限制双边贸易协定

坎昆会谈失败后，美国发表声明说要推进双边贸易协定。这些双边协议破坏了多边自由贸易机制的推进。我在前面提到过，引导贸易扩大的最基本规则之一，是所有国家享有同等待遇的原则。美国的双边贸易协定清楚地指出美国给予某些国家的待遇会好于其他国家。通常这些协定并不会扩大贸易，而只是将贸易从待遇较差的国家转移到了待遇较好的国家。有时，美国会声称这些双边协议是多边贸易协定的前身，而实际上，这些特惠安排会使达成更广泛的贸易协定更加困难，因为多边协定必定会取消特权，所以会遭到那些享有特权的人的抵制。

在双边谈判中，美国与发展中国家力量的平衡更会一边倒，截至目前所签订的双边协议都反映了这种情况。美国已经成功地把那些在多哈回合会谈中未能谈妥的条款加到了双边协定中，比如加强知识产权、开放资本市场等等。有时发展中国家在签订这些协议时抱有幻想，以为只要协议生效了，美国投资者就会蜂拥而至；只要华盛顿当局盖上批准印章、可以免税进入美国市场，国家一定会繁荣昌盛。但有时发展中国家签订这样的协议更多地是出于担心，比如担心如果它们不签约的话，它们将会失去长期以来拥有的优惠待遇，也担心没有了优惠待遇它们将无法与像来自中国这样的国家的大量进口相竞争。②尽管美国签署了一系

① 另一种非关税壁垒是反补贴税，它允许国家征收关税以“消除”——即抵偿补贴的效果（但毫不奇怪的是，这些补贴没有包括农业补贴，或其他诸如防御合约中给飞机制造商的间接补贴等）。这种方法并不常常使用。

② 2005 年 7 月，众议院以 217 对 215 的票数勉强通过《中美洲自由贸易协定》(CAFTA)，这是在共和党代表罗宾·海斯（Robin Hayes）把他的投票从“否决”改为“赞成”后几分钟内发生的，为什么他会放弃长期坚持的反对议案的立场呢？罗宾·海斯是北卡罗来纳州及其纺织工业的代表，议会发言人 J·丹尼斯·哈斯泰特（J. Dennis Hastert）向他承诺，他将会尽力推动对中国服装进口的限制，即以一种关税交换另一种关税。参见 Edmund L. Andrews, “Pleas and Promises by G. O. P. as Trade Pact Wins by 2 Votes,” *New York Times*, July 29, 2005, p. A1。中美洲地区对该协议的看法也是类似的喜忧参半，各国认为自己将面对高昂的药品价格（见第四章）以及北部大国的新竞争，但是它们不确定将得到什么样的回报。各种问题层出不穷，包括中美洲各国批准该协议以及实施问题，这些问题通常是由原产地规则引起的。

列双边协定，但签约对象都是一些小国，如智利（人口 1 600 万）、新加坡（人口 430 万）、摩洛哥（人口 3 080 万）、阿曼（人口 250 万）以及巴林（人口 75 万），因此只占全球贸易中极小的一部分。由此可见，双边政策截至目前已经基本上宣告失败。与此同时，发展中国家也用同样的手段作为回应，在拉美和亚洲内部，要么已经签订了双边协议，要么正在谈判中。多边贸易体制正处在日薄西山的过程中。

因此，应该坚决反对双边贸易协定。至少应该有一个独立的国际仲裁小组来判定双边协定带来的贸易转移是否大于贸易创造；如果是，那么这样的协定应该被禁止。

机构改革

治理问题，即全球范围的制定政策的方式问题，是全球化失败的核心。从长期来看，政策是如何制定出来的、哪些事项可以放到议程中、争议如何解决、如何执行规则等等，在决定全球贸易机制的结果以及这些机制对发展中国家是否公平的方面上，这些内容与规则本身一样重要。这一点除了在贸易领域，在其他领域也是一样的。

不公平的问题从一开始在确定谈判议程的时候就出现了。我们已经看到，关注的重点如何从之前的制造业转向了高技术服务、资本流动以及知识产权上面，而一个以发展为导向的贸易议程应该不是这样的。首先，贸易议程的重点还是应该集中关注需要全球化协议的领域，以促进国际贸易体系有效运行，因为发展中国家根本没有资源去有效协商更为广泛的议题。其次，贸易议程应该关注能使发展中国家受益的领域，即非技术劳动力密集型服务与移民。当然，也有一些新的补充议题，比如限制贿赂、军火销售、银行保密、有竞争力的税制以吸引投资、所有对发展中国家不利的问题，以及所有只能通过国际合作才能控制的问题。①

谈判的方式将治理问题凸显出来，国际磋商的公开化问题很久以来一直备受关注。一战后，伍德罗·威尔逊总统（Woodrow Wilson）提出了改革国际政治构架的方案，第一条就是“公开缔结……公开盟约”，并进一步谈道“外交必须始终在公众的视野下坦诚进行”。②但在贸易谈

① 各国以提供税收减免来吸引企业，在它们互相比拼时，真正的赢家是因此而免去了大部分税收的公司。尽管税收减免竞争可能符合单个国家的利益，然而作为整体它们一致落败。后面的章节将讨论贿赂和银行保密所带来的弱化效果。

② “Fourteen Point Speech,” derived to Joint Session of Congress, January 8, 1918。

判中从未体现这一内容，哪怕是一个宣扬的目标。在 WTO 总部所在的“绿屋”，美国和欧盟通常共同选择一些发展中国家进行贸易谈判，并经常施加沉重的压力让它们与其他发展中国家分道扬镳。（在今天，即使在坎昆、西雅图或者香港的谈判中，凡是与会者聚集的地方仍被称作“绿屋”，连其消极的意义都保留了下来。）将贸易部长们聚集在一个房间，把他们与其仰仗的专家们分开，通宵谈判，这也许是对意志力的一种考验，但并不是一个创建更好的全球贸易机制的好方法。更糟的是，在这种秘密方式的掩护下，特殊利益集团更有可能对国际谈判协商施加影响。

进行这种秘密的高压谈判的借口是，谈判不可能与多个国家同时进行，这一点虽然不错，但还是有方法可以让谈判的过程更加公平，让发展中国家的声音听得更为清晰。①

不公平的议程安排、不公平和不透明的谈判，把这些问题综合起来就是不公平的执行过程。正如我们所提到的那样，执行机制是不对等的。例如安提瓜在网络赌博这件大案件上打败了美国，但是，安提瓜想要真正执行这种决策却是无路可走，征收美国商品的关税只不过提高了安提瓜人购买商品的价格，使自己的处境变得更糟。但是，有这样一个简单的解决方法，在某种程度上有助于建立一个更有效、更公平的执法机制，这就是允许发展中国家出售它们的执行权。② 例如，欧洲对美国悬而未决的案子不满，与其等待判决的结果，倒不如以执行一宗已经判决的案子为要挟，敦促其尽快裁决。

我为国际贸易体制的改革提出了一套宏伟的方案，它能够给发展中国家带来巨大的变化。9 月在纽约举行的千年首脑会议上，国际社会承诺要减少贫困；2002 年 3 月在墨西哥的蒙特雷，发达工业化国家承诺将用它们国家 GDP 的 0.7％来帮助实现这个目标。如果整个世界都真心地致力于为全球贫困做一些实事，也愿意拿出这么多的钱来帮助那些穷苦百姓，那么它们也应该愿意提供一些机会，尤其是在贸易方面的机会。这个世界需要一个真正的发展回合，而不是新瓶装旧酒，将西方国家打着发展方案的招牌所做出的承诺进行重新包装，而那些承诺他们却

---

① 坎昆会议以后，发展中国家的代表性和声音有所增强。我们需要的是更加系统化的方法来实现代表性。

② 这个观念与可交易的排放权非常相近，并成为《京都议定书》（Tyoto Protocol）中管理全球变暖制度的一部分。见第六章。

从未履行过。

任何一项贸易协定都包含成本和收益，那些自我约束的国家期待其他国家做出相应的限制后会换来新的机会，机会的收益会超过所付出的代价。但不幸的是，对于许多发展中国家来说，事实并非如此。如果近几年谈判进行的方向没有彻底的改变，那么越来越多的发展中国家可能会决定不签订任何贸易协议，因为这总比接受一个不利的协议强得多。

但是一个更公平的贸易体制的前景是什么样的？贸易自由化并没有兑现它的诺言，可是贸易的基本逻辑没有改变，也就是贸易即使不会让所有的人获益，但至少会让大多数人受益。贸易不是零和博弈，即赢家的收益是以其他人的损失为代价；贸易是可以做到，或者说至少它能够成为正和博弈，即每个人都可以成为赢家的。如果要把这种潜能挖掘出来，我们首先必须抛弃贸易自由化的两个基本前提：一是贸易自由化自动产生更多的贸易和增长，二是这种增长能自动地“涓滴”，让所有人获益，这两条既不符合经济理论，又和历史经验不一致。

如果发达国家支持贸易全球化，我们一定要确定收益和成本要被更公平地享有，这就需要更多的累进所得税。我们必须特别注意到那些生活受到威胁的人，这就要求有更好的调整性援助、更坚固的保障措施以及更好的宏观经济管理，这样，当有人失业时，他们能够找到一份更好的工作。我们还应该有提高社会底层工资的政策，这些人的工资已经停滞增长了多年。全球化不是告诉工人要想找到工作就要把工资降到足够低，这不是全球化的广告词。生产力提高，工资才会增长，所以需要在技术和教育上有更多的投资。不幸的是，在以美国为首的发达工业化国家，相反的事实却在发生：税率变成了累退的、保障措施被削弱、科技的投资（不包括在军事上的）占 GDP 的百分比在下降，以及理工科毕业生也在减少。这些政策意味着美国及追随它的其他发达工业化国家，虽然它们是全球化的最大潜在受益者，其所得到的收益也会比它们不这样做所得的低；这些政策也意味着这些国家中越来越多的人认为自己在全球化过程中受损。

而我提出的改革措施能够增强全球化让多数人受益的前景，进而也能够对更加公平的全球化构成支撑。有了全球化，我们明白了没有办法闭关自守。发达工业化国家长期以来获益于发展中国家的原材料；最近，它们的消费者极大地享受到低成本、高质量制造业产品带来的好处；然而，它们也遭受着非法移民、恐怖主义甚至境外流行疾病的影响。对于许多人来说，帮助发展中国家、帮助贫困人口是一个道德问题；但是渐渐地，那些发达工业化国家中的人越来越意识到，这种帮助也是一种利己行为。如果陷入停滞，希望幻灭和绝望引发骚乱的威胁程度就会加深；如果没有增长，就很难制止大批量移民的涌入；而如果经济繁荣，发展中国家就可以为发达工业化国家的商品和劳务提供一个充满活力的市场。

世界迟早都会着手创立一个更加公平、更加有利于发展的贸易体制，我对此抱有希望，并期盼这一希望的实现早日到来。随着时间的流逝，发展中国家对这种要求的呼声越来越高，发达国家的良知和利己行为最终会作出反应。当那一天到来的时候，本章所提到的方案将为能够并应该做的事项提供一个详细的议程。

4 专利制度：利润至上还是人命关天

2004年1月下旬，艾滋病激进分子组织鼓动示威者走上巴黎和摩洛哥首都拉巴特街头，抗议美国和摩洛哥打算签订的新的自由贸易协定，他们担心这项协议会禁止摩洛哥的企业生产艾滋病药品。在摩洛哥年轻的民主政治生活中，游行示威还是极其罕见的，因此抗议活动本身就反映出摩洛哥人在这一问题上的强烈情绪。在抗议事件发生的几周之后，我来到了拉巴特，那里的人们还在谈论着抗议活动所导致的搜捕行动。几个月之后，也就是当年的7月，抗议行动再次爆发，这次的抗议地点改在了第15届国际艾滋病大会的举办地泰国，激进分子冲击了当地的会展中心，迫使几家大的制药公司——百时美施贵宝(Bristol-Myers Squibb)、辉瑞（Pfizer)、雅培（Abbott Laboratories）和罗氏集团（Roche Group）关闭了展台。

从经济关系看，摩洛哥并不是美国自由贸易协定所考虑的最重要的伙伴。摩洛哥主要出口硝酸盐（化肥中的一种主要成分），出口量几乎占该国出口总量的五分之一，而这种商品甚至不在关税征收之列。但是摩洛哥希望贸易协定能够促进其鞋类产品对美出口，而美国则想通过经济的紧密合作促进外交关系的改善。① 一提及与摩洛哥的贸易协定，美国贸易谈判代表罗伯特·B·佐利克（Robert B. Zoellick）就会自豪地吹嘘说："这项自由贸易协定标志着我们致力于深化美国同中东和北非关系的决心。"② 这一举措在中东尤为重要，因为美国在这一地区的外交政策说得好听一点是颇受争议，美国希望通过与温和派的阿拉伯政府的合作，在这个地区树立亲善的形象。

然而，让美国贸易代表办公室去推进国际间的友谊，这种做法本身就是有问题的，这些问题在随后发生的抗议活动中暴露无遗。一些参与谈判的摩洛哥人告诉我，实际上没有多少协商的成分，美国谈判代表最关心的是达到自己的目的，也就是让新协议保护美国制药厂商的利益。因此，谈判最后变成了美国公司的利润和摩洛哥人民的生命之间的较量。代表美国制药厂商利益的美国政府坚持要在协议中写进这样的条款，即延缓非专利药的引进，最终他们如愿以偿。

在摩洛哥，非专利药品的价格只是注册专利药品价格的零头，这在美国或世界其他地方都一样。美国的制药公司清楚，一旦非专利药品进入美国市场，它们的利润就会直线下降，因此它们想方设法用各种精明的手段来延缓普通药品进入美国市场，例如，限制使用证明药品安全性和有效性的实验数据，这样在专利到期前，非专利药厂家甚至不得开始专利药品的生产。③ 摩洛哥的抗议者尤其害怕推迟非专利艾滋病药物的

① 例如可以参见 Robert B. Zoellick, "When Trade Leads to Tolerance," *New York Times*, June 12, 2004, P. A13。

② 美国参议院批准与摩洛哥的自由贸易协定后贸易代表罗伯特·B·佐利克的发言。

③ 例如在美国，非专利药生产商能够自己生产药品并放在货架上，一旦专利到期便可出售。而在摩洛哥协议下，摩洛哥的非专利药厂商就不能这样做。制药公司还在争取"数据专有权"，即"批准药物产品必备的临床信息"在一段时期是受到保护的。即使该数据资料已经出版发行和公开，甚至即使该研究一部分是由公共基金资助的，制药公司仍然要求限制数据的使用。当然，简单地重复已经完成的研究是无效的；但更糟的是，药物试验需要一小部分人接受使用无效对照剂或者替代药物。但人们也会争论说，用一种明知比市场上的药物效果差的药剂对一些病人进行测试是不道德的。（各国可以改变法令规定，让任何在美国得到批准的药物自动获得该国的批准，那么人们需要做的只是证明非专利药品与专利药品实际上是相同的。美国就是这么做的。然而有人会怀疑，如果照此改变法规会让美国政府背负巨大的压力，这正是美国制药业想要的结果——延迟生产非专利药物。）

引进，这种延误将会使许多患者无力支付那些能够挽救其生命的药品。一些非政府组织指出，在贸易协定中限制非专利药品使用能够使专利的有效保护期从目前的 20 年提高到接近 30 年的水平，并且使得在摩洛哥得到非专利药品的可能性比美国还小。① 尽管这一贸易协定是否会导致许多人命归西天，其具体的死亡数字又是多少，这些问题都一时难以讲清楚。② 然而有一点是肯定的，美国政府如此不遗余力地促成这一协定，将极大地延长专利的有效期限，从而提高医药公司的利润，而人们获取救命药品的可能性更小了。

贸易协定饱受争议但却签订下来，这种事情已经不是第一次在摩洛哥发生了，第一次是在 1994 年 4 月 15 日，贸易部长们在马拉喀什最终签订了乌拉圭回合协定，其中有一项是《与贸易有关的知识产权协定》(TRIPs)，这项协定是美国和其他发达国家为了迫使其他国家承认其专利权和著作权而争取了多年的目标。③ 专利权使发明家对其创新拥有垄断的权利。专利权意味着高价格，而高价格被认为能够刺激创新——是否真能刺激创新，这还是个问题，在本章的稍后章节中，我们还会回到这个问题上。而 TRIPs 的目的就是为了维持高昂的药品价格。不幸的是，除了那些有钱人，没有谁支付得起这样的高价药品。当 TRIPs 签订时，贸易部长们为最终达成此项协定而兴高采烈、忘乎所以，全然没意识到他们亲手签署了世界上最贫困国家千百万民众的死亡裁决书。

对全球化持批评态度的人认为，关于知识产权的纷争实际上是一场关于基本价值观的纷争。TRIPs 宣告美国和欧洲的公司利益战胜了发展中国家数十亿人的利益；TRIPs 也再次证明发达国家看重的是公司利润而不是基本的价值取向，如环境或生命本身。另外，TRIPs 也成了发达国家在基本价值取向方面，对内对外采取双重标准的象征。在国内，国民通常要求他们选举的代言人不能只关注利润，还要关心社会和环境等

---

① 参见 Khabir Ahmad, "USA-Morocco Deal May Extend Drug Patents to 30 Years," *Lancet*, vol. 362 (December 6, 2003), p. 1904。

② 这些协议复杂且难以解释，因此结果如何尚难预料。这些模棱两可的协议也许是有意而为之，发展中国家会宣称它们赢得了“灵活性”，例如在知识产权保护方面，如果有充分证据说明是出于健康的需要的话，可以允许发展中国家生产非专利药品；同时美国贸易代表办公室也可以向它们的客户——制药产业表功，报告它们在延长专利有效期方面让对手让了一大步。当发展中国家想要运用它们以为已经在协议中谈妥的“灵活性”时，美国就会动用其强大的经济势力去阻止它们，就像巴西和南非，它们签订了《与贸易有关的知识产权协定》，即通常所说的“TRIPs”，但在它们试图生产艾滋病仿制药物时，就遇到了来自美国的阻力。

③ 在 TRIPs 框架下，所有 WTO 成员都必须强制性地建立“高标准”的知识产权制度，这些标准基本上是由发达工业国家制定。每个国家仍然有责任经营自己的专利与版权部门。

方面的问题。于是人们看到克林顿政府一方面正在为增强美国国民的卫生保健水平而努力奋斗，一方面却支持签订 TRIPs，削减全世界的贫困人群获得药品、改善健康的机会。

我认为对 TRIPs 的批评是中肯的[①]但他们对知识产权制度的批评更为深刻：该制度甚至不符合发达工业化国家的广泛利益。我在第一章中已经指出，全球化受到质疑的一点在于它一直在将一种特殊的市场经济形式强加于包括发展中国家在内的世界各国，而这种市场经济形式并不适合这些国家的需要、基本价值取向和社会环境。TRIPs 是最突出的一个例子，它的基本观点是：强化知识产权会使经济运行得更好。美国和欧洲的特殊利益集团，以这种观点为依据，试图通过贸易协定的方式强迫发展中国家接受符合它们口味的知识产权法。

创新是重要的，它改变了世上每个人的生活，知识产权法能够并且应该在激发创新上发挥作用。但是，"强化知识产权的法权会使经济运行得更好"这一论点总体来看并不正确，只不过是因为特殊利益集团能够通过强化知识产权的法权获得利益，于是避重就轻地用简化的思想观念来达到自己的目标，这是它们惯用手段的又一个例证。本章所要说明的是，如果知识产权制度设计有问题，不仅会降低人们获得药品的可能，同时也会产生经济的无效率现象，甚至还会延缓创新的速度。这种负面的影响在发展中国家会反映得更加明显和突出。

发明者有保护其发明创造的愿望，这种保护有其产生的动机；而公众自有公众的需要，公众希望能够获得更多的知识，从而发明速度得以提高，并且获得竞争带来的低价商品。发明者和公众之间需要进行平衡。在本章中，我将解释一个平衡的知识产权制度是什么样的，它不仅关注公司的利益，同时也关注学术界和消费者的利益。制药公司声称，没有强有力的知识产权保护，它们就会没有研发的动力；而没有研发，发展中国家的制药公司也就没有了可仿制的药品。然而，发达国家制药公司的这种诡辩术只是断章取义地大做文章。知识产权制度的抨击者总体上讲并不主张废除知识产权制度，他们只是指出需要一个很好地平衡了利益关系的知识产权制度。

① 另一项对 TRIPs 的批评，是它在两个方面对发展中国家不公平：其一，TRIPs 为发达工业化国家提供了它们想要的保护，但却没有给发展中国家的传统知识提供保护（见后面的讨论）。其二，TRIPs 减少了发展中国家获得知识的通道，同时强迫它们支付数十亿的专利税，这意味着 TRIPs 是第三章所介绍的"大谈判"的一部分，即作为回馈，发达工业化国家应该向发展中国家开放更多的农产品市场，并减少其农业补贴，但发达国家却没有遵守它们这方面的协议。

创新包括了救命药品的研发，这些药品能够用于战胜困扰发展中国家的病魔。激励创新是一项重要的工作。我将介绍另外一种方案，它比现存制度更为有效、成本更低。我所建议的改革能够使经济全球化更为有效——我相信这种有效性不仅是针对发展中国家而言，同时对发达国家也同样适用。

知识产权的优越性和局限性

知识产权的法权给予了产权所有者一种排他独占的使用权，它创造出的是一种垄断的权利。当然产权的所有者也可以允许其他人运用其专利技术，但通常需要为此支付使用费。保护知识产权的目的是为了确保发明者、著作人以及在创新活动中投入了时间和金钱的人能够获取投资回报。法律针对不同形式的知识产权有着不同的司法解释。例如专利权给予发明者在一定的期限内销售其创新产品的专有权利，目前专利期限为 20 年，在专利期内，未经专利人的允许，他人不得在市场上销售这类产品，即便有第二个人独立发明了此类产品，这个人也不例外。为了获得专利权，专利申请人必须充分披露其发明过程的详细资料。再如版权，它给予著作人和歌曲创作者在一定期限内销售其作品的专有权，并且其有效期比专利权更长，在美国版权的期限为作者在世并延及逝世后的 70 年。

不过知识产权与其他产权有着本质的不同。如果你拥有一块土地，你可以随心所欲地利用这块土地，只要你遵守如下法律：不违背区域规划要求、不建妓院，还有对我们的分析来说最为重要的一点，不与类似的土地所有者串通，形成垄断，如果这种垄断不加抑制，便会降低经济效率、威胁公共福利。财产权确实能让你看管好自己所拥有的财产，并且做到物尽其用。但这种权力并不是不受约束的，如果这种权利的运用降低了经济效率（例如形成了垄断）或侵害了其他人的福利（例如把市中心的土地当做有害废弃物的垃圾场）的话，那么这样的权力运用也会被禁止。[①]

---

① 这些例子说明了一个普遍的道理：所有的财产权都是受到约束的。出于同样的原因，2005 年 6 月，美国最高法院再次确认了政府的支配权：如果国家做出了其他决策，任何个人不得随意处置其财产（包括将该财产出售给他人）。显然，为防止滥用这些巨大权力，有必要制定重要的限制措施。

而知识产权的情况却截然不同，实际上它制造出了一种垄断①，垄断的权力会产生垄断租金（超额利润），人们认为正是这种利润为从事研发提供了激励。在知识的运用方面，垄断权力所导致的非效率现象尤为严重，因为知识是经济学家所说的"公共物品"：每个人都有可能从中受益，对公共物品的使用是无成本的。② 第三任美国总统托马斯·杰斐逊将知识比喻成蜡烛的说法最具有诗意——蜡烛是不会因为点燃别的蜡烛而使其光芒失色的。经济效率意味着获取知识应该是无偿的，而知识产权制度的建立旨在限制知识的使用，并且寄希望于垄断权力所产生的低效率能被更多的创新所补偿，这样的话经济增长的速度也会变得更快。

在知识产权和普通产权之间还有一个差别，在普通产权的情况中，比如说对于一块土地而言，界定个人的归属通常没有什么困难，这在房地产契约中有精准的说明，契约中也可以详细约定其他人使用这片土地的权利，如特定的保证条款（即限制使用）或通行权。但是，界定知识产权的法律范围则要困难得多，实际上，即使是确定哪些发明有资格获取专利都很困难。有一个标准是新颖，即创新必须是"新的"，一个众人皆知却都懒得去注册的构想是不能申请专利的，如果非要去申请，其结果也只是给专利律师们增加了生财之道，而不可能对创新有任何刺激作用。③ 然而究竟何谓原创思想？应该说几乎每一种构思都是建立在前人的思想基础上的，在人们熟知的思想上闪现一点萤火之光就应该获得专利吗？或者说在原有的思想上迸发出较大的火花，但却让人一目了

---

① 当然，知识产权通常不会引起真正的垄断，因为只有一家公司生产产品不会形成有效的竞争；但是它会改变竞争的强度和性质，而且其结果有时比真正的垄断更恶劣。试想一下制药业的例子，其基础研究是公共提供的，制药公司扮演的角色是将研究成果投向市场；但在现有的制度安排下，它更多地通过市场营销和产品差异化来竞争。如果一家公司发现了一种新药，其他公司就会尽量把这个发现稍作变化（仿制药），使它不在原始专利的保护范围内，但是这对消费者来说用处不大，在这种无效竞争中至少部分利润是流失了。

② 保罗·萨缪尔森在其半个世纪前的一篇经典论文中正式提出了这个概念，参见 Paul A. Samuelson, "The Pure Theory of Public Expenditures," *Review of Economics and Statistics*, vol. 36, no. 4 (November 1954), pp. 387－389。公共物品与普通货物的主要区别，是所谓的"非竞争性消费"：如果我吃了一碗饭，你就不能吃它；而如果我知道了一些事，你知道它并不能减损我对它的了解程度（但是对于我可以从这种知识中所获得的租金显然是有影响的）。

③ 一项专利要想得到准许，必须满足之前提到的许多条件（例如新颖）；显然，不能与已有的专利从根本上是相同的想法。很多专利申请会被拒绝，有时一项已获批的专利在经过诉讼后（往往花费巨大）也不再存在。在欧洲的专利系统中，专利获批准前可以让别人对这项专利申请予以反驳。而在美国，只有在专利获准后才能听到不同意见。

然，这样的创新也应该获得专利吗？在 20 世纪即将到来之际，乔治·鲍德温·塞尔登（George Baldwin Selden）申请了四轮自驱动汽车的专利，并获得了专利权①，如果我们环顾世界，在同时期中似乎有许多人已经形成了同样的想法，因此塞尔登的发明也许就是那种人们一看便知的构想，这样的判断当然是有道理的。在德国，四轮自驱动汽车发明的荣耀大多给了戈特利布·戴姆勒（Gottlieb Daimler）。所以塞尔登是否应该获得这项专利？如果是的话，那么他的专利应该包括"任何"的动力驱动车辆呢，还是特指他自己设计的某种车型？

对于这个问题并没有一个明确的答案，但是在任何一个国家，其知识产权法都必须给出一个答案，而且这些答案都会产生举足轻重的影响。知识产权所涵盖的范围越大（能够申请专利的事物越多，或者专利的内容越宽泛），专利获取者的收益就越大，而垄断所控制的范围也就越大，由此带来的成本也越高。专利范围尽量宽泛，这是专利申请者所想得到的结果，但却极有可能造成将本属于公共领域的东西私有化的风险，因为，专利所保护的一部分（也许是很大一部分）知识并不是真正意义上的"新"理念，至少有一部分被登记为专利的知识，因而也就被私有化了的知识，其实是之前就存在的，是基本常识，或者说至少是这个领域的专家所共知的常识的一部分。可是，一旦获得了专利，那么专利的所有者就可以向其他运用这类常识的人收取费用。②

一些批评家对新近的强化知识产权的做法与早在中世纪晚期英格兰和苏格兰发生的圈地运动进行了比较。圈地运动中封建领主将公有（公共）土地私有化，并据为己有。但与眼前发生的事情相比有一个重要的区别是，尽管农民被剥夺了土地，承受了巨大的痛苦，但土地的使用效率却得到了某种程度的提高，因为贵族在经营土地方面更加用心，而不是像以往的农夫那样过度放牧。经济学家将这种现象描述为典型的公平

---

① 塞尔登首先在 1879 年 5 月 8 日提交了一项包括发动机和四轮汽车的专利申请，他又继续提交了许多对该申请的增补文件，为此他花费了 16 年时间，直到 1895 年 11 月 5 日这项专利（#549，160）才终于获得批准。

② 这些担心的问题在把传统知识专利化方面表现得尤其清晰，全球化社会层面世界委员会（World Commission on the Social Dimension of Globalization）在其报告《公平的全球化：为所有人创造机会》（*A Fair Globalization：Creating Opportunities for All*，引文如前所注）中提出的问题之一，就是"知识产权国际规则的负面影响，为共有的土著知识私有化开了便利之门"。

和效率之间的权衡取舍。但是，在公共知识领域所进行的“圈地”行为导致的却是效率的损失。①

实际上，静态地看，垄断导致了无效率，动态地看，它还降低了创新的动力。假如一项专利将所有四轮自驱动车辆都纳入其保护范围，这等于赋予了塞尔登在汽车领域的垄断权利，也就没有给亨利·福特（Henry Ford）留下空间去创新价格低廉的汽车。而且，由于垄断者感受不到激烈的市场竞争压力，也就失去了创新的动力，更糟糕的是，垄断者还会运用权力来打压对手，降低他们进行研发的热情。美国软件巨头微软公司就曾用其知识产权所赋予的垄断权力击垮了网景公司（Netscape）和瑞尔公司（RealNetworks）这样的网络浏览产品的创新者。② 一些无知的或者无畏的创新者认为，如果他们运气不错，终于搞出了伟大的创造发明，他们就能够跟微软一决高低；一些人指望将来能被收购就心满意足了；而更多的人深知一旦创新的价值引起了微软的注意，危险是显而易见的，因此对创新心灰意冷。即使联邦法院勒令微软停止了反竞争行为，要想恢复竞争性的市场也是非常困难的，更何况专利权的强大力量仍然存在。这样，知识产权实际导致了一个“双输”的局面：短期来说，经济将遭受损失，因为垄断高价造成了福利下降；而长期来看，经济损失也不可避免，因为创新活动被减缓了。

研究知识产权的学者对于垄断在历史上的演绎过程是非常熟悉的，

---

① 例如可以参见 Paul A. David，“A Tragedy of the Public Knowledge ‘Commons’?” 详见 www. cepr. stanford. edu/papers. html。法学教授詹姆斯·鲍伊（James Boyel）从法律角度发表了大量著述，例如 James Boyel，“The Second Enclosure Movement and the Construction of the Public Domain”，*Law and Contemporary Problems*，vol. 66（Winter/Spring，2003），pp. 33－74。也可参见 Richard Poynder，“ Enclosing the Digital Commons”，*Information Today*，vol. 20，no. 5（May 2003），pp. 37－38；以及 Lawrence Lessig，*The Future of Ideas*：*The Fate of the Commons in a Connected World*（New York：Random House，2001）。

② 例如在与美国在线的谈判中，微软要求美国在线放弃瑞尔公司的 RealPlayer，因为该软件与微软的 Windows 媒体播放器有直接竞争。瑞尔公司在针对微软的反托拉斯诉讼中引用了一位微软执行官的话，即微软的目标是让瑞尔公司“踪迹全无”。参见 John Markoff，“RealNetworks Accuses Microsoft of Restricting Competition，” *New York Times*，December 19，2003，p. C5。关于微软攻击网景以及随后的法律诉讼，详见 Paul Abrahams and Richard Waters，“You've Got Competition，” *Financial Times*，January 24，2002，p. 16。在我担任经济顾问委员会成员和主席时，我们开始关注微软的支配地位对经济的影响；后来在美国、欧洲和亚洲的几起针对微软的反竞争行为诉讼案中，我担任了专家证人；在仔细查阅证据的基础上，美国和其他地方的法庭一次又一次地发现微软滥用其垄断地位，这并不让人意外。

所以他们明白垄断带来的风险和成本。例如，前面我提到过，在上世纪初，乔治·鲍德温·塞尔登获得的专利范围覆盖了所有四轮自驱动的车辆，根据这项专利，一帮汽车生产商组成了卡特尔集团，他们自称为“持照汽车制造商协会”（Association of Licensed Automobile Manufacturers，ALAM）。作为专利的拥有者，这个协会控制着汽车生产的生杀予夺大权，只有那些愿意勾结在一起维持高价的人才被允许生产汽车。要不是亨利·福特的横空出世，他们可能还会继续控制汽车的生产，现代汽车工业的发展也将会呈现出一幅完全不同的景象。ALAM 的如意算盘是通过卡特尔来维持高价，福特则反其道而行之，提出了“大众的汽车”这一概念，即普通大众能够消费的汽车，售价比当时盛行的价格低得多。幸运的是，福特以其经济实力成功挑战了塞尔登的专利权。①

由于专利阻碍了知识的传播和使用，因此，更为普遍的情况是，专利会使后续的、建立在其他创新基础上的研究和创新进程放缓，而几乎所有的创新都要以前人的创新为基础，所以技术的总体进步也会因此而放缓。

如果一项创新需要若干个构想来支持，但这些构想受到多个专利的保护时，专利制度本身可能成为创新的更大障碍，这就是所谓的“专利丛林”问题。例如，在 20 世纪早期，由于在解决莱特（Wright）兄弟和格林·H·柯蒂斯（Glenn H. Curtiss）的专利上的困难阻碍了飞机发展的进程。如果不能获得两项专利权的认可，飞机制造技术的任何进步都会面临侵犯专利的风险。随着第一次世界大战的爆发，飞机的运用将对战争的结果起决定性的作用，因此飞机制造技术发展缓慢的代价是难以承受的。为此政府强制推行了“专利联盟”作为解决方案，任何使用专利构想的人都必须向“专利联盟”支付费用，“专利联盟”的管理者再将所得到的收入分配给相关的专利拥有者，分配的依据是对终端产品中所使用的各种设计思想元素的相对重要性的判断。②

最后，专利制度也会诱使公司转而将大量的资本开支用于提高垄断权力，或用于避开其他人的专利障碍，降低了在提高生产力方面的创新

---

① 对历史上这一幕的详尽讨论，参见 William Greenleaf，*Monopoly on Wheels*：*Henry Ford and the Selden Automobile Patent*，Detroit：Wayne State University Press，1961。

② 关于这个故事的讨论，可以参见 Tom D. Crouch，*The Bishop's Boys*：*A Life of Wilbur and Orville Wright*，New York：W. W. Norton，1989。专利联盟于 1917 年 7 月成立。乔尔·克莱因（Joel Klein）在担任美国司法部反托拉斯部首席检察长执行助理时，在 1997 年 5 月 2 日的演讲中提到了专利联盟；详见 www. usdoj. gov/atr/public/speeches/1118. htm。

活动。例如微软公司就有理由利用各种手段降低系统的互联性，因为这种互联性可以让其他用户利用微软的操作系统来编写诸如办公套件、浏览器及多媒体播放器等运用软件，与微软的同类产品形成竞争。再如，制药公司斥巨资研制出与现有药品类似的新药，区别只在于不受现有专利的限制，尽管这些新药的疗效并不见得好于现有药品，但却可以带来可观的利润。① 这倒是可以用以解释为什么大的制药公司显得效率低下，这些公司尽管开销巨大，但是所研制出的新药与以往药品相比并没有太大的进步。②

尽管我们认为过度强大的知识产权减缓了创新的速度，但是主张强化知识产权的人的观点却正好相反，他们认为这样做会促进研发。当他们认识到研发活动减少的危险时（如在微软的案例中），他们的反应是将这归于滥用权力的个别案例，只要加以限制即可，就像美国政府在对付当时美国电话行业的垄断者——美国电报电话公司（AT&T）时那样，强迫它允许他人使用它的全部专利。但是通常情况下这些人的观点会非常离谱，他们认为，没有知识产权的保护，就不可能有任何的研发活动。这种观点显然是错误的：没有知识产权的国家，例如 1907 年之前的瑞士和 1912 年前的荷兰，也曾有较高的创新水平。③ 知识产权仅

---

① 在某些情况下，通过更好的市场策略，仿制药有时和原药一样成功或者会更好，例如善胃得（Zantac）是一种治疗溃疡“类新药”，它是仿制开创性的药物——泰胃美（Tagamet，该药物是基于一项获得诺贝尔奖的研究）；尽管一些研究指出，善胃得通常情况下没有泰胃美疗效好，但是由于善胃得良好的市场策略，其销售供不应求。善胃得的成功也可能是与它的副作用更小有关。

② 研发的总体投入是巨大的，2001 年仅美国最大的 7 家制药公司的研发总投入就高达 170 亿美元。参见“Industry Dominates R&D Spending in US,” *Chemical and Engineering News*, October 28, 2002, pp. 50 - 52。研发费用急剧增加，但没有多少转化成成果。2000—2004 年，提交 FDA 的新药申请（NDA）年均 107 项，自 1970 年开始收集数据以来，该平均值或多或少都有所下降。更明显的是，在 2005 年上半年的 46 种新药申请中，只有 7 种是新分子实体，2004 年的 113 种新药申请也只有三分之一是新分子实体，剩下其他的大部分要么是一种新处方，要么就是新的制造商生产的产品。参见 U. S. Food and Drug Administration Center for Drug Evaluation and Research, “CDER Drug and Biologic Approval Report”，详见 www. fda. gov/cder/rdmt/default/htm。

③ 参见 Ha-joon Chang, *Kicking Away the Ladder: Development Strategy in Historical Perspective* (London: Anthem Press, 2002); Eric Schiff, *Industrialization without National Patents: The Netherlands*, 1869 - 1912; *Switzerland*, 1850 - 1907 (Princeton: Princeton University Press, 1971)。即使在今天，许多国家虽然没有像美国那样提供强大的知识产权保护，但仍然保持创新的动力（例如日本的版权保护比较弱。）。参见 H. Stephen Harris Jr. , “Competition Law and Protection in Japan: A Half-Century of Progress, a New Millennium of Challenges,” *Columbia Journal of Asian Law*, vol. 16 (Fall 2002), pp. 71 - 140。

仅是一国“创新体系”的组成部分，而不是唯一的组成部分。

今天的创新世界与一个世纪以前的情况已经完全不同了，尽管坊间也流传着惠普创始人休利特（Hewlett）和帕卡德（Packard）“车库创业”的故事，但这一故事毕竟只是传说，那种单枪匹马闭门搞创新的日子已经一去不复返了。简单地讲，无论是科技上的重大突破，例如对生命遗传结构或激光的认知，还是一些影响较小的进步，例如在数学、表面物理学和基础化学方面的进展，其基本思想主要出自大学的科研和政府资助的实验室。有些时候这些成果是由大学的研究人员将其转化为特殊的商品和创新产品，然而通常情况下科技转化是在公司层面完成的。从传统意义上讲，知识产权对于促进基础科学的发展所起的所用是微乎其微的。学术界崇尚的是“开放式的构架”，其含义是研究成果的内容应该公开，以鼓励大家去创新。对于伟大的科学家而言，科研的动力来自对世界本质探究的内在冲动，他们最关心的外在回报则是得到同行的认可。

不使用知识产权，才是最有利于基础研究的发展，原因之一是基础研究的成本是显而易见的，而能否获得收益却难有定论。① 大学的蓬勃发展得益于信息的自由流动，每个研究者都可以在他人成果的基础上迅速开展工作，甚至在他人的成果发表之前就可以利用。如果一个研究人员每有一个构想都要跑专利机构的话，那么他大量的时间都会消耗在专利机构或与其代理律师的交流上，而不是用于实验室工作。有趣的是，即使对于软件业而言，这种开放的协作体系也是有效的。今天我们所用的 Linux 电脑操作系统，就是一种以“开放设计”原理为基础的操作系统，每一个使用者都必须认识到这个系统是开放源代码的，它的动态程序会使该系统因用户的使用而持续不断地升级。这样一个自由的、自我升级的操作系统正在迅速地打开市场，特别是在发展中国家，它有望成为微软的替代产品。Linux 的一个分支系统，谋智火狐浏览器（Mozilla Firefox）的增长速度更快，它不仅仅是自由的、开放的，而且微软的网络浏览器所遭受的安全性侵扰问题②，火狐浏览器也解决得更好。然

---

① 当然，之所以能够提供基础研究，只是因为找到了资助的资金来源，如政府或基金会。一个献身科学的科学家也需要一个实验室，而实验室通常很昂贵。知识产权带来的垄断利润提供了另一个资金来源，但它的社会成本巨大，因此必须同它带来的收益进行权衡。

② 火狐浏览器被认为是 Mozilla 项目的一部分，该项目得到 Mozilla 基金的资助，生产开放源代码的软件，Mozilla 基金得到 AOL 的 Netscape 部门的支持。（更多的信息请点击 www. Mozilla. org.）截至 2006 年 5 月，Mozilla 的火狐浏览器推出后 18 个月，它已经拥有 10%的市场份额。参见 Antony Savvas，“Firefox Reaches One in Ten，” ComputerWeekly. com，详见 www. computerweekly. com/2006/04/05/215224/Firefoxreachesoneinten. htm。

而令人担忧的是，在数以百千万计的专利世界中，Linux 系统难免会在无意中冒犯其中某个专利，而专利的所有者就会借机对整个 Linux 系统进行发难。即使最终证明所涉及的专利并非有效，Linux 系统仍要承担巨大的经济成本，黑莓手机的生产商 Research In Motion 就是一个例子，它们被迫支付 6 亿多美元，但并不是给技术的发明人，而是给了一家用很便宜的价格获得了专利的商家，而这项专利在德国和英国早已失效。

设计平衡的知识产权制度

设计知识产权制度时，必须要正面回答几个很难回答的问题：什么东西可以获得专利？专利期限应该有多长？专利权覆盖的范围有多大？[①] 这些问题的答案关系到经济活动中的竞争程度和创新水平。将版权的有效期定得长一点是合理的，原因有二，其一；专利垄断只是针对特定著作，例如一本特定的小说，其二，读者可以选择的小说浩如烟海。版权保护的仅仅是一种特殊的表达方式，其他的作者也可以用其他方式来表达同一个观点，哪怕只有细微差别，这并不侵犯版权。著作的目录也是不受版权保护的，尽管教科书的内容编排也许最能体现其重要的知识贡献。通常情况下，适用于著作、艺术品、音乐和电影的版权并不会滋生出巨大的垄断权力，因此在这个领域中强化知识产权是适当的，可以发挥激励作用，而且不会产生明显的负面垄断影响。

我们注意到，在基础科学和数学领域的许多重大的思想，例如某个数学定理，是无法获得专利的，我认为这理所当然，因为从阻碍后续创新的角度看，专利的成本巨大，而收益却很小。

近些年来，一些人一直在试图扩大知识产权的范畴，允许有更多的事物获得专利，并使专利权的覆盖范围更广。也正是这些问题引起了激烈的论战。在印度，某些瑜伽招式近来也获得了专利，这激起了公愤。用一个 Q 字符号来表示退出某个程序，这个想法是否够资格说成是知识突破，并获得版权或专利权？在亚马逊网上商店只需轻点鼠标就可以下订单，亚马逊是否也能为这样的商业模式申请专利呢？在我看来，这些都不属于应该获得专利的重大的知识突破，况且成本高昂，因为它们

---

① 杰弗逊总统在担任美国国务卿时是 1793 年《专利法案》（Patent Act）的最初起草人之一，他设想只有自然科学、有用的发明才能被授予专利。但当 1952 年法案通过时，一份国会报告说："阳光下任何一项人类的成果"都是专利，从那时起，可以申请专利的范围有了极大的扩展；1980 年，美国最高法院对戴蒙德诉查克拉巴蒂案（*Diamond v. Chakrabarty*）作出裁决，规定可以授予转基因微生物专利权。自此，专利扩展到了商业诉讼程序中。

限制了商业规范的形成和发展，而这些商业规范能够提高效率和促进竞争。

再来看一个例子，是关于基因专利的争论：生命的每个有机体都听从内在的指令生成蛋白质，安排例如哪种蛋白质决定生命体的生长状况以及影响生命体对疾病的易感性等。因此对基因密码的认识在发现治愈方法和疫苗接种方面会有巨大的帮助，这就是为什么解密完整的基因排列会被置于如此重要地位的原因之一，而这一重大课题已在 2003 年由公众投资的国际性的“人类基因组计划”（HGP）最终完成。尽管系统的解码工作还在进行当中，然而若干个私人企业已经在这个领域中展开了竞争，其中包括“人类基因组科学公司（HGS）”，以及“塞莱拉基因组公司（Celera Genomics）”（这家公司由曾经供职于美国国立卫生研究院的克莱格·文特尔（Craig Venter）领导）。由于急于获得专利，已有127 000项关于人类基因或者部分的人类基因序列的申请交到了世界各地的专利局手中，这本来就是一项无法完成的任务，因此这些专利机构面临着堆积如山的申报材料。HGS 提交了 7 500 项申请，“塞雷拉”提交了 6 500 项，而一家法国公司——基塞公司（Genset）就有 36 000 项申请。[①] 最终，美国专利和商标局不得不规定，对基因技术可以授予专利，但是这种专利只授予完整的基因序列，只授予能够展现出其价值的基因技术。

许多人认为授予基因技术专利的整个想法令人反感。研究基因毕竟不是创造基因，他们只不过是识别了业已存在的东西。而且，由于公共基金资助的 HGP 已经在解码人类整体基因组上获得了成功，因此，仓促加快解密部分基因组的进程所能添加的价值微乎其微，即使加快解密全部基因组的进程也是如此。利用专利将知识牢牢控制起来，可能会阻碍后续的研究，甚至妨碍知识的运用。这些担心有的看来已经变成了现实：麦利亚德基因科技（Myriad Genetics）拥有两项能够影响乳腺癌易感性的人类基因突变技术的专利，但是这家公司要求，即便是非营利的实验室，在检测这种变异基因时也要支付许可证费用，因而阻碍了这项检测技术的应用。[②] 麦利亚德公司的专利以及其强化专利索取权的愿

① 参见 James Meek, “The Race to Buy Life,” *Guardian*, November 15, 2000，详见 www.guardian.co.uk/genes/article/0，2763，397827，00.html；以及 the Center for the Study of Technology and Society, “Genome Patents,” 详见 www.tecsoc.org/biotech/focuspatents.htm。

② 该公司位于美国犹他州盐湖城，1980 年诺贝尔化学奖获得者沃尔特·吉尔伯特（Walter Gilbert）是其创建者之一，他由于对 DNA 测序技术发展的贡献而获得诺贝尔奖。

望，也阻碍了对更好的检测技术的研究，因为任何发现了新的检测方法的人都不知道麦利亚德公司会为此向他索要多少费用。①

什么应该获得专利保护？专利保护的范围应该多宽？保护的期限应该多长？这些问题的答案不是一目了然的，而且对于一个国家、一个部门、一定时期内是正确的答案，我们没有理由认为随着地点、场合、时间变化之后仍然还是正确的。最近，软件行业已经开始反思它们以前所倡导的知识产权，业内人士都看到，当一组人员冒险侵犯了另外一组的知识产权时，这个行业却得到了很大的发展。任何一个软件程序的开发者都可能在无意中侵犯其他一些人的思路，但这并不是剽窃技术，而是他们在开发过程中再次发掘了该技术。每年有超过120 000项专利申请，要让每一个研发人员都知道已经获得或正在申请的专利，基本上是不可能的事情。② 而且由于专利的界定本身是模糊的，例如对专利覆盖范围的界定（像我们前面所谈到过的例子，塞尔登的专利是否应该包括所有的轿车），这使得这项工作难上加难，就连因发明万维网而享誉全球的蒂姆·伯纳斯-李（Tim Berners-Lec）都得出这样的结论，认为至少在他自己的领域中，专利窒息了创新。他这样说道：

> 当开发者听到在他们研发的领域，一些别的公司可能拥有相关技术的专利时，即便这一消息仅仅只是传言而已，他们也会暂缓他们的研发努力，这是万维网发展的一个巨大的绊脚石。③

在过去的一百年中，相关的法律发生了巨大的变化，各国法律之间的差异性也在进一步显现。这种变化和差异性反映的是经济的变化和差异，其中也包括在垄断与创新之间权衡取舍的准则变化和差异。一个设计合理的知识产权制度是可以在垄断的成本和创新的利益之间实现平衡的，手段包括诸如对专利期限进行限制、要求公布专利细节以便他人能

---

① 参见 Claude Henry, *Patent Fever in Developed Countries and Its Fallout on the Developing World*, Prisme N°6 (Paris: Centre Cournot for Economic Studies, May 2005); Andrew Pollack, "Patent on Test for Cancer Is Revoked by Europe," *New York Times*, May 19, 2004, p. C3。麦利亚德最终开发了荧屏扫描技术，做一次彻底的扫描检查要 3 000 美元，并且不允许其他公司使用这种扫描技术。安大略省根本不睬这些，允许市民免费扫描检测。

② 全球专利申请数量快速攀升，仅仅在 3 年时间里就增加了 14%。知识产权统计数据库可以参见 www. wipo. int/ipstatsdb/en/stats. jsp。

③ Tim Berners-Lee, *Weaving the Web: The Original Design and Ultimate Destiny of the World Wide Web* (New York: Harper Collins, 2000).

在此基础上进一步发展、限制利用专利保护“滥用”垄断权力等。[①] 早些年，美国政府对AT&T一案的处理方式为我们树立了成功的例子。随着时代的变迁，平衡垄断和创新的方式已经发生了变化，在发展中国家和发达国家之间也存在着差异。当专利制度在处理什么样的技术应该给予专利保护、保护覆盖的范围应该多宽的问题上出现了差错，那么竞争的程度就会降低，创新活动也会受到阻碍，如果专利保护的范围过宽，那么在现有创新基础上的研发的动力便会衰退。

近些年来，知识产权制度的变化不仅反映了经济层面的变化，也反映出公司利益的政治影响力层面的变化。大公司喜欢垄断，因为靠垄断来维持利润比靠持续地提高效率容易得多，对它们而言，垄断意味着纯粹的利益而不附带一丝社会成本。在知识产权法方面，人们期望立法机构和法院能够在每一项法律条文中都能够谨慎地在利益和成本间进行平衡，实际上，知识产权法处于非常漫无目的和计划的发展状态。但是，一个大的趋势非常明显：那些密切关注知识产权的公司利益集团已经越来越多地获得了它们想要得到的东西。在美国，包括我在内的许多人都认为这种做法太离谱了。[②]

《与贸易有关的知识产权协议》

公司的利益相关者到底有什么样的影响力？有一个很好的例证可以说明，就是在WTO的框架中通过了《与贸易有关的知识产权协议》(TRIPs)。1993年在日内瓦开始协商TRIPs协议时，白宫的经济顾问委员会和科学与技术政策办公室就一直在试图让美国的谈判代表理解我们对此协议所持的强烈的保留态度。美国当时所提出的要求是什么，我想不是为了美国自身的利益，也不是为了促进科学发展的利益，当然更不是为了发展中国家的利益，但是美国和欧洲的谈判代表所站的立场代表了医药和娱乐行业以及其他行业的意愿，只要求最强的知识产权保护。(美国的一个政府监督组织公信调查中心（the Center of Public Integrity）的一项研究表明，医药行业是对美国贸易代表办公室最具影响

① 美国在最近的双边贸易协定中一直坚持的数据专有条款，旨在限制信息的使用，这完全违背了这一传统规定的精神。

② 那些自由市场的最坚决拥护者在知识产权问题上有一种怪异的矛盾态度，他们支持的普遍意义上的自由化或私有化要求尽可能减少政府的作用，但这一新的改革举措又要求政府的积极干预，要求对知识的运用设立新的限制性法规。

力的利益团体。)[①] 例如，美国和欧洲的代表坚持延长专利的期限，根本不考虑垄断的延长所造成的成本会超过其收益。[②]

基于谈判桌前的各代表所拥有的讨价还价能力，最终形成的协议与美国特殊利益集团的要求非常接近，这一结局毫不奇怪。所有发展中国家赢得的只是时间——在知识产权条款付诸实施之前的若干年时间，以及在危机状态下的一些灵活度，例如在遇到诸如艾滋病之类的疾病时允许实行药品强制许可制度。(在强制许可制度下，仿制药生产商在没有得到专利拥有者允许的情况下也能够生产一些急需的药品，当然通常情况下需要支付标准的专利使用费。显然这会侵蚀垄断的权力，这也是为什么专利拥有者拒绝随意授予许可的理由。)

知识产权其实并不属于贸易协定的范畴，贸易协定旨在促进商品和服务的跨国界自由流动，而 TRIPs 考虑的是完全不同的问题，从某种意义上说，它考虑的是如何限制知识的跨国界流动。为了把知识产权硬塞进贸易协定，贸易谈判代表加上了两个词：“贸易”、“有关的”。TRIPs 代表“与贸易有关的知识产权”，但这样的称谓容易混淆视听，因为在贸易谈判代表看来，知识产权基本上没有什么内容是与贸易无关的。

实际上，在知识产权领域的国际协调可以追溯到 100 多年之前的 1893 年[③]，而处理知识产权事务的国际组织也已经存在——“世界知识产权组织”(WIPO)，它是联合国的一个专门机构，它目前的这种组织形式建立于 1970 年。然而 WIPO 有个致命的缺陷：它缺乏强制执行机制，美国或是欧洲对于不尊重知识产权的国家都无可奈何。而在 TRIPs 的框架下，发达工业化国家最终可以合理合法地运用贸易制裁手段来强制实施知识产权保护，制药和媒体行业为此欣喜若狂。

当然，其他一些国际组织在达成国际协议后，由于缺乏贸易制裁手段，也存在着难以执行的情况。例如，国际劳工组织在基本的劳动标准

---

① 他们对游说的投资已经产生了高回报。参见 Stephanie Saul, “Drug Lobby Got a Victory in the Trade Pact Vote,” *New York Times*, July 2, 2005, p. C1。

② 1994 年国会修改了专利权的期限以符合关贸总协定的标准，从最早的申请日开始专利有效期为 20 年，这样自授予日起一般可以持续 17 年。如果批准过程有所拖延，20 年的有效期还可以延长。

③ 世界知识产权组织（WIPO）的前身是成立于 1893 年的保护知识产权联合国际局，主要为了管理《保护文学和艺术作品伯尔尼公约》(Berne Convention for the Protection of Literary and Artistic Works)，这是第一个版权保护的国际协议。

上达成了全球性协议，比如禁止使用童工和囚犯，那么一个国家是否遵守了这些劳动标准自然会影响贸易活动。我们当然可以建立与贸易有关的劳动标准协议，但是对于发达国家那些主要的跨国公司而言，它们的经济利益更多地倚重于知识产权而不是劳动标准，因此与知识产权的情况恰恰相反，国际贸易协定在其他的一些领域没有管束最符合美国跨国公司的经济利益。①

TRIPs 是将欧美盛行的知识产权制度强加于整个世界，今天发生的情况就是如此。我相信知识产权制度的这种演进路径对欧洲和美国并不十分有利，而更为重要的是，我相信它不符合发展中国家的利益。

让全球化造福全球

促进创新和社会公正

知识产权保护本身并不是目标，而是实现目标的手段，知识产权应该是通过促进创新来提高社会福利的手段。但是，我们能否在获得更多创新的同时也使得社会更加公平？我们能否使发展中国家用更低的成本获得创新技术？我相信我们能够做到。然而，我们首先必须更加明确我们所追求的目标是什么。2004 年 10 月在日内瓦召开了 WIPO 全体代表大会，会议接受了由阿根廷和巴西提出的一项决议，内容是关于以发展为导向的知识产权制度，这也就是国际社会在三年前就已采纳的以发展为导向的贸易制度原则。② 大家都一致同意对创新进行激励是至关重要的，此外其他一些问题也必须予以关注。

当今世界所面临的最重大的问题之一是第三世界的贫困问题，发展中国家需要更多的资源（即更多的援助）和更多的机会（即创造更为公平的贸易制度，这是上一章的重点）。然而，正如我在第二章所指出的那样，发达国家和发展中国家之间的差距不仅仅体现在资源

---

① 将一个公共政策的问题（劳动标准或知识产权）与贸易（和贸易制裁）联系起来，自然而然这被称为“联动”。当所涉及的问题关系到地球上每个人的福利时，这种联动就变得最为必要。第六章中，我认为有必要将贸易协定与全球环境协定的执行相联系，例如关于全球变暖问题的《京都议定书》。

② 2004 年 10 月下旬，在韩国首尔的 WIPO 最不发达国家部长级会议上，我阐述了这种知识产权制度的前景。参见“Towards a Pro-Development and Balanced Intellectual Property Regime,”详见 www. gsb. columbia. edu/faculty/jstiglitz/download/2004 _ TOWARDS _ A _ PRO_ DEVELOPMENT. htm。

上，同时还有知识上的差距。知识产权制度在缩小这种知识差距方面所起的作用，既可以是正面的，也可以是负面的。发展中国家所要求的知识产权制度应该是能够让它们更容易得到知识的制度。我们进一步以药品为例，发展中国家在医疗方面预算非常有限，1 美元花在了药品上就不能再用于教育和经济发展，因此，医疗成本是一个极为重要的问题，因此，能否在支付能力的范围内获得那些救命药品成为一件非常重要的事情。

毫无疑问，新的药品和疫苗能极大地增进发展中国家人民的福祉，但是现行的制度在这方面至今一事无成，因为对于在发展中国家肆虐的流行病，并没有在攻克疾病的药品研制上进行投入，所以也就没有什么新药品面市。为此，我们需要改革全球的创新制度，鼓励研发能够医治和预防这类疾病的药品。

最后，TRIPs 也没有对传统的知识提供足够的保护。

在下面的方案中，我详细说明了如何看待这些关系到发展中国家利益的问题。

调整知识产权制度以适应发展中国家的需要

现在全世界终于认识到，通用的发展战略是不可行的，知识产权制度也同样如此，实行标准化有利也有弊。在美国，许多领域的法律裁定权是留给各州的，人们认为制定全国统一的刑事法典的弊大于利。TRIPs 试图将单一的知识产权法标准在全世界推行，在我看来，如此的标准化其弊端远远大于收益。知识产权法律是在知识创新的收益和垄断所产生的成本之间进行平衡的结果，由于发达国家和发展中国家经济环境存在着差异，如何在这种平衡中进行取舍也必然会存在差异。例如，市场越小，越容易被数量有限的企业所控制，所以对于小的发展中国家而言，垄断的危害要比大的发达国家更大，知识产权制度的成本会很大而收益却较小。我们应该区分最不发达的国家、中等收入的国家和发达国家的情况来制定不同的知识产权制度。正如我在上一章中指出的，应该给予发展中国家更大的选择余地来决定适宜的产业政策，给予它们更多的机会去建立新产业，那么在知识产权领域同样也应该给予发展中国家选择权和机会。

实行标准化的成本之一，是选择错误标准的风险。每个人自行进行选择时，可以将各人的权限范围当做测试各种想法的实验室，其中最为有效的方式会被大家效仿。但是，如果只有一个单一的标准，或者说是一个要求最低的标准，要在全世界推行的话，必须对它进行适当的调整，使它能够更多地反映发展中国家的利益和疾苦。发展中国家一直要求对 TRIPs 进行修改，修改成“低版本的 TRIPs”协议，它们的要求是正当的。①

获得救命药品的权利

在发展中国家，很少有人能够买得起西方国家医药公司垄断定价的药品，这种价格通常比其生产成本高出若干倍。对于一个经济学家而言，这种价格与生产成本之间的悬殊，只是一种经济的非效率；但对于一个艾滋病人或患有其他致命疾病的病人而言，这是一个生死攸关的大事。实际上有三项改革措施可以增加获取现有救命药品的机会，其中之一是发达的工业化国家直接向发展中国家提供药品，或者至少是用补贴的方法向发展中国家提供药品，这实际上是用价格和边际成本之间的差额部分支付“税款”，接下来我会更加详细地介绍这种方法。

以成本价向发展中国家提供药品

发达国家帮助发展中国家最为简单的方法之一是“免除”税款，即允许它们利用知识产权去服务它们的国民，这样它们的国民就能按成本价购买到药品。对此持批评态度的人会质疑：这岂不是让发展中国家免费搭乘发达工业国的便车？对此我们的回答是：没错，发展中国家理应获得“搭便车”的权利，这并没有给发达国家增加额外的成本②，而发展中国家却能因此获得巨大的利益，健康水平的提高不仅本身就是价值的体现，同时它也能促进劳动生产率的提高。

在药品价格方面我们已经有了一个良好的开端，一些从事相关研究的大学的学者一直在呼吁，大学作为与药品生产商签订专利使用权转让协议的一方，应该坚持以较大的折扣价向发展中国家提供药品。

强制许可证

在特殊情况下，当政府认为有紧急情况需要放宽技术和药品使用权时，政府可以签发强制许可证，世界上几乎每个国家的政府都认可这种权利。在 2001 年炭疽热恐慌期中，美国政府就胁迫拜耳（Bayer）制药公司允许其他厂家生产环丙沙星（Cipro），这是当时最有效的对付炭疽

---

① 遗憾的是，美国最近签署的双边贸易协定中，要求增强知识产权保护，即“与贸易有关的知识产权问题”附加协议，该协议引发了在摩洛哥的抗议活动。类似的抗议活动在其他地方的双边贸易谈判都曾上演过，例如泰国。

② 这就是知识作为公共产品的含义。

热的抗生素药品。[①] 一旦其他厂商获得了强制许可证，它们生产出的药品会以略高于成本的价格竞相销售。由于许多发展中国家的仿制药生产商的生产效率很高，因此，强制许可使人们只需花费原来售价的零头就可以获得药品，例如，据巴西国营制药公司 Farmanguinhos 估算，它们生产治疗艾滋病的药品——洛匹那韦/利托那韦（Kaletra）的成本，只相当于雅培在美国售价的一小部分。当时巴西有超过 60 万 HIV 呈阳性的病人，因此，即使以雅培公司当时给巴西的最高的折扣价格计算，生产洛匹那韦/利托那韦仿制药估计能为巴西节约 5 500万美元。

然而大型药品公司希望 TRIPs 能够给仿制药的生产制造更多的麻烦。[②] 上个世纪 90 年代末，当巴西和南非提出要给艾滋病药品签发强制许可证的想法时，美国的制药公司便暴跳如雷，声称 TRIPs 是不允许这类事情发生的，即便对艾滋病药品也是如此，并向世贸组织提出了诉讼。[③] 虽然在公众舆论的压力下它们做出了让步，但是就像洛匹那韦/利托那韦事例所揭示的那样，它们给予的折扣价仍然远远高于仿制药的生产价格。巴西以要挟签发强制许可证作为讨价还价的筹码，为自己争取到了更好的交易条件，但是其他一些发展中国家却因为在讨价还价的过程中不够老练，并且自身也不具备生产仿制药的能力，不得不为获取这类药品支付非常昂贵的价格。

另外，大型制药公司还坚持认为 TRIPs 不允许在强制许可证下生产出来的仿制药用于贸易目的，这就使得强制许可证条款对于那些自身不具备生产能力的发展中国家变得毫无意义，像博茨瓦纳这样的小国，其超过三分之一的人口遭受艾滋病毒——艾滋病的折磨，他们没

① 参见 Donald G. McNeil Jr.，“A Nation Challenged：The Drug；A Rush for Cipro，and the Global Ripples，” *New York Times*，October 17，2001，p. A1。

② 一个明显的疑惑是，为什么制药公司会如此介意发展中国家的非专利药物？毕竟它们从发展中国家得到的利润本来就很少，因此从非专利药物中的利润损失也很小，而且它们还可能从许可费上赚到更多的钱。制药公司的回答往往是，它们担心这些廉价的药物会出口到美国和欧洲，这就会极大地影响到它们的利润。然而这个结论不是很有说服力，巨大的价格差异早已存在，所引起的反噬非常有限，很大程度上是因为制药业是一个受到高度监管的产业，国家严格控制进口，并且大多数购买者都是由第三方付款。我猜测真正的理由是，它们害怕如果美国人（或者欧洲人）发现了制药企业的定价与能够买到的药物的价格之间巨大的差距，将会面对削减价格的巨大压力。

③ 制药企业起诉南非政府，质疑南非政府利用世贸组织准入规定的权利，即通过强制许可来使 HIV/AIDS 药物能在本土生产。这一诉讼于 2001 年 4 月撤销。

有生产能力，因此希望能够从邻国南非购买艾滋病的仿制药品，但大制药公司连这样的要求都不允许。因此，公众再次团结起来，支持那些处于困境国家，特别是那些正在与肆虐的艾滋病作斗争的非洲国家。① 尽管全世界都认识到了这样的限制政策是不得人心的，布什政府仍然坚持维护制药公司的利益，直到 2003 年 8 月，布什政府才做了一点让步。然而即便如此，美国仍然坚持执行烦琐的行政手续，招致了众多批评。

实际上，美国的胃口要大得多，它们想将强制许可证仅仅限制在流行病或类似的灾难范围内。如果一个人面临死亡威胁的原因，是因为他无法得到在其支付能力范围内的、按成本价出售的救命药物，那么他就知道他的死是无所谓的，而不会在乎究竟有 1 万人还是有 60 万人与他同样挣扎在死亡线上。我们应该将用于救命的药品与化妆品及保健类药品进行明确的区分，后者没有不得已的理由需要给予它们强制许可证。但是美国的制药行业只盯着利润，这意味着他们将不惜一切代价在尽可能长的时期内限制尽可能多的仿制药品流入市场。②

美国制药公司在为其立场辩护时声称，如果允许仿制药的国际贸易，例如允许南非向博茨瓦纳出口仿制药，意味着仿制药最终也会流入美国而扰乱美国市场。其实，药品价格的巨大差异早就存在，美国和欧洲之间的价差就很大，而就目前的情况看，所构成的问题并不是很严重。美国的制药行业是世界上监管最严的行业之一，而且药品费用的绝大部分是由保险公司和政府承担，因此，让美国人按照欧洲价格购买药品的动力不大，具体操作也很烦琐，而让美国人（或欧洲人）从南非和博茨瓦纳采购药品的可能性更小。③

如果发达国家不能按成本价向发展中国家提供救命药品，那么就必

---

① 见多哈回合《关于与贸易有关的知识产权协定与公共健康的宣言》（Declaration on the TRIPS Agreement and Public Health），“我们认识到那些制药业生产能力不足或者根本不具有能力的 WTO 成员方，在有效利用 TRIPs 协议中的强制许可时会面临一些困难。”尽管该问题迫在眉睫，尽管有数以千万计的人死于艾滋病，但在制药企业的压力下，布什政府拒绝赞同其他国家早已达成一致的协议。最后，2003 年 8 月，美国政府改变初衷达成了一项协议，即允许最不发达国家从发展中国家那些没有取得专利的制药商那里进口低价的非专利药品。但事已至此，该问题已经损害了世贸组织在发展中国家的威信。

② 事实上，救命药物是一种必需品，制药公司推高这类药品的价格以增加利润的力量，要远远高于化妆品和保健药品。

③ 新技术可以更容易地追踪药品的原产地，使得从别国绕道进口（有时称为“平行进口”）变得更难。

须允许发展中国家利用强制许可证进行救命药品的生产和贸易。

研 究

高价格应该可以激发对救命药品的研究，但是尽管这类知识产权激励作用的言论非常动听，但这种激励并没有转化成实际行动，在事实面前，药品的垄断高价能够带来更多创新的论调不攻自破：大多数制药公司在广告上的投入远远大于在研究上的投资，在保健药品（如生发药品和男性性功能药品）上的研发远远大于疾病治疗药品的研发，而且在治疗最贫困国家的流行疾病方面，如痢疾和血吸虫病，几乎没有哪家公司在进行研究。①

现行的研究资助制度既不公平也无效率。在现存的制度下，基础研究由政府资助，而私人部门则将药品推向市场，而一旦药品进入市场，制药公司便能获得高额的利润。药品价格和微不足道的生产成本之间的差额可以视为对购买者征收的税费。政府征税时会按照纳税人的支付能力，而药品的征税对发展中国家的穷人和发达国家的富翁一视同仁，因此，它具有很强的累退税的性质。在前面我们已经了解到知识是一种公共产品，对知识运用的限制会导致无效率现象的出现，即导致创新速度的减缓，但在医药行业，这样的无效率要付出更高昂的代价——生命本身。在现行制度下，付出如此高的代价却不能让人们受益，我们不禁要问，对于那些救命药品，我们是否应该改革一下它的生产方式和研究的资助方式呢？

---

① 《柳叶刀》(*Lancet*) 杂志上的一项研究指出，“在 1975—1999 年间上市的 1 393 种化学体，其中只有 16 种是针对热带病和肺结核的。”参见 P. Trouiller et al.，“Drug Development for Neglected Diseases：A Deficient Market and a Public-Health Policy Failure,” *Lancet*，vol. 359 (June 22，2002)，pp. 2188 - 94。另外，2000 年间推出的 137 种针对传染性疾病的药品，其中只有一种药品提及昏睡症的迹象，只有一种药品提及疟疾，没有针对肺结核或利什曼病的新型药物。药品研究所目前的“新药品研发”清单上显示有 8 种针对阳痿和勃起功能障碍的药物，7 种针对肥胖的药物，以及 4 种针对睡眠失常的药物。参见 Médecins Sans Frontières Access to Essential Medicines Campaign and the Drugs for Neglected Diseases Working Group，“Fatal Imbalance The Crisis in Research and Development for Drugs for Neglected Diseases,” Médecins Sans Frontières，September 2001，p. 12。2001 年，一篇由美国家庭基金会撰写的题为《打破旧记录：制药公司的工资、利润及支出》(Off the Charts：Pay，Profits and Spending by Drug Companies) 的论文指出，在 2000 年，美国九家最大医药公司中有八家花费在市场营销上的费用是研发费用的两倍，剩下的一家公司在市场营销上的费用是研发费用的 1.5 倍；而最近的一份论文则指出，低药价不会导致低研发。参见 Donald Light and Joel Lexchin，“Will Lower Prices Jeopardize Drug Research? A Policy Fact Sheet,” *American Journal of Bioethics*，vol. 4，no. 1 (January 2004)，pp. W1 - W4。

制药公司费尽心机地宣称，用较低廉的价格向发展中国家提供救命药品，长期来看实际上会损害发展中国家自己的利益。它们扬言，如果制药公司的投资得不到回报的话，那么它们就会减少研发，最终每个人都会得不偿失。但是，向发展中国家提供救命药品，如果说这会影响到制药公司在治疗贫穷国家的流行疾病方面的投资，这种影响也是微乎其微的，因为这些公司在发展中国家几乎得不到什么收入，因为这些国家的居民穷得买不起贵重药品，非洲的药品销售额占这些药品公司总收入的比重不足2%。正如我们所见，在对发展中国家影响最大的疾病方面，这些制药公司几乎没有什么投入。

在对付困扰发展中国家的疾病方面，无疑应该加强治疗药品的研究，然而其中最佳的、成本最低的方法，并不是实行更为严格的知识产权保护，很显然市场自身的激励机制并没有发挥作用，也不太可能起到什么作用。药品的研究经费主要应该来源于发达国家特别是北方国家的政府及各种基金。问题是如何最有效地提供资金并组织这类研究，我认为至少有以下两种方法可以给予这方面的支持。①

以市场为基础的激励方法：保障基金

第一种方法是发达国家的政府作出采购保证。例如，政府或者基金提供担保，承诺如果发明了抗艾滋病的疫苗，它们购买这种药品的支出不少于20亿美元；如果有比现在更有效的抗疟疾药品问世的话，它们购买药物的支出不少于30亿美元。

但这个办法存在一个重大缺陷——垄断问题依然没有得到解决，即制药公司为了自身收益的最大化而不是社会利益的最大化，仍然有提高价格和减少生产的冲动。同时，由于没有人愿意购买疗效差一些的药品，即使价格便宜一些，因此只要某个公司的药品有一点小小的改进，便能获得全部的市场和回报，这是一种赢者通吃的制度。

创新基金

另一种方法更为有效，即直接建立一项激励基金，用于鼓励为发展中国家的利益而创新。如果一个奖励制度能够使研究人员因为他们的创新成果而获得真正的奖赏，就能使激励机制走上正轨。那些真正取得重大发现的人将获得巨大的奖赏，例如那些研究迄今为止无药可治的疾病的人，还有那些研究流行疾病、研究带来巨额社会成本的疾病，如肺结

---

① 第三种选择就是通过如美国国家健康协会（National Institutes of Health）和其他国家的类似研究组织来对研究给予直接支持。

核和疟疾等疾病的人；而那些只是照方生产的制药公司，不过是在已有的药方上作了小小的改进，不应该获得奖励。① 在这样一种奖励体制下，药品能够通过仿制药厂家生产，按成本价提供给那些受疾病折磨的病人。这不仅能使发展中国家从中得到实惠，发达国家也能从中受益，因为发达国家的国民能够从知识的提高中获得好处。② 这种方式还有一个好处是，发达国家向发展中国家提供援助时无须担心发展中国家是否会很好地运用援助经费。③

停止生物剽窃　保护传统知识

整个知识产权体系对发展中国家是不公平的，最为赤裸裸的表现是在对待从植物中萃取化学成分的传统医药方法。我第一次了解到有关生物剽窃的问题是在厄瓜多尔安第斯高地的一个偏远山村，在那里，村长向我们讲述了 TRIPs 是如何影响到了他们的生活。对于美国人和欧洲人而言，TRIPs 也许是一个晦涩难懂的专业领域，它主要与国际贸易专家和公司法律事务人员相关。而对于发展中国家而言，TRIPs 却是一个更为现实的问题，它们看到外国公司在不给予任何补偿的情况下就拿走了它们传统的学术知识和特有的植物，这是一种强盗行径，“生物剽窃”一词由此而来。当美国指责中国不尊重它们的知识产权从而违反了 TRIPs 的同时，发展中国家同样指出，TRIPs 对于发展中国家的知识产权非但没有提供任何保护，相反却给美英的利益集团颁发了盗窃它们的知识产权的许可证，然后再用这些知识产权向发展中国家收取费用。

长期以来，世界各地都在运用传统医学治疗各种不同的疑难杂症。尽管现代科学最初对这些民间医术不屑一顾，然而人们越来越清楚地意识到，这些医术能够流传至今是因为它们的确行之有效，尽管接收这些疗法的人或运用这些医术的民间医生对其原理也不甚了解。现代医学研

---

① 当然，还有其他改革措施可以降低“类新药物”的生产积极性。例如，政府可以发布关于药物的相对有效性和安全性的信息，可以要求保险公司只有在疗效显著且更加安全的条件下才准许使用更加昂贵的药物。像这样的改革措施可以鼓励产品质量与价格上的竞争。

② 知识是全球性的公共产品，是每个人都可以从中受益的产品。私人市场本身常常不能提供充足的公共产品。这里我没有谈到最佳研究场所到底是在公共部门、私人机构，还是非政府部门。其实许多最重要的创新都产生于政府的研究实验室和大学，显然，它们有能力去进行一流的研究。詹姆斯·洛夫（James Love）和技术消费项目组提倡奖励基金的概念，国会议员伯纳德·桑德斯（Bernard Sanders）提出 HR417——《2005 年医疗创新奖法案》（the Medical Innovation Prize Act of 2005），以此来实现这个想法。

③ 当然，为发展中国家的流行疾病设立的基金使这些国家的人民受惠最大，这些花费被视为外国援助的重要形式。

究的一个方面就是从这些传统的药方中分离出有用的成分，然后将其投入市场销售，他们认识到世界的植物群中，特别是热带国家的植物群中蕴藏着丰富的药用资源。制药公司意识到潜在的巨大利润，于是对那些早已被传统文化所认知的物种进行所谓的“再开发”，在某些情况下它们所做的事情无非是给这些物种重新命名而已。发展中国家认为制药公司从它们富饶的生物多元化的环境中攫取利润，理应给予它们应有的补偿，以维护它们的森林环境等。然而制药公司虽然强调激励对于它们自己的重要性，却不考虑他人的激励需求。1992 年 6 月，在里约热内卢召开的联合国环境与发展论坛上签订了《生物多样性公约》，在该协议中补偿权得到了承认。但是，在制药公司的施压下，美国没有批准这一协议。① 这并不奇怪，近些年在美国政府授予的 4 000 种植物专利中，近一半与发展中国家的传统学科知识有关。②

最为人所不齿的生物盗窃案是试图将医用姜黄授予专利，姜黄是南亚的一种食用香料，它的医用价值早已被其产地的人们所掌握。尽管如此，美国仍然在 1993 年 12 月签发了医用姜黄的专利证③，虽然这项专利最终被废止，但南亚却支付了高昂的诉讼费用。

受生物盗窃影响的不仅仅是药材。印度人食用巴斯马蒂米（Basmati rice）已有几百年甚至是上千年的历史，然而在 1997 年美国的一家公司——稻米技术有限公司（RiceTec，Inc.）居然获得了巴斯马蒂米的专利。这当然激怒了印度，好在印度还是有反击的本钱并最终获得了胜利④，而一些更小、更贫穷的国家却没有对付这种行径的资源，因此无法抗争。

---

① 老布什总统拒绝签署这项国际生物多样性公约；1993 年 6 月 4 日，克林顿总统签署了这一公约，然而，国会拒绝批准该协议。

② 参见 Rush Brand，“The Basmati Patent，” in *Limits to Privatization*：*How to Avoid Too Much of a Good Thing*，ed. Ernst Ulrich von Weizäcker，Oran R. Yong，and Matthias Finger (London and Sterling，VA：Earthscan，2005)。参见 Devinder Sharma，“Basmati Patent：Let Us Accept It，India Has Lost the Battle，” June 22，2005，详见 www.eftafairtrade.org/Document/asp? DcoId=150&tod=2112。

③ 有趣的是，所涉及的科学家都是南亚人。

④ 美国最终取消了五个专利申请，并且不允许稻米技术有限公司将它的大米作为巴斯马蒂大米来销售。当然，稻米技术有限公司或许改进了传统品种；但是，批评家们指出，它们的专利试图同时将大量传统知识私有化。详见 Rush Brand，“The Basmati Patent，” in *Limits to Privatization*：*How to Avoid Too Much of a God Thing*，ed. Ernst Ulrich von Weizäcker，Oran R. Yong，and Matthias Finger (London and Sterling，VA：Earthscan，2005)；以及 John Madeley，“US Rice Group Wins Basmati Patents”，*Financial Times*，August 24，2001，Commodities & Agriculture Section，p. 24。

那些为这类盗窃并授予专利行为进行辩护的人声称，问题的关键在于发展中国家从未公布它们的发现，如果它们公布的话，法庭是会尊重前人的知识的。然而，在授予这类专利时所用的判定新事物的标准，并不是以当地人，例如安第斯人是否都已经了解了某种植物的特性为标准，而是以美国人是否已普遍了解了这种植物的特性为标准。所以即使当地人用自己的文字公布了他们的发现（如果有人愿意多此一举地公布大家早已熟知的东西的话），仍有可能将专利授予其他人。为什么总要强迫发展中国家去遵从发达工业化国家的惯例呢？在这些问题上，美国的立场比欧洲更极端。例如，我们来看看从印度楝树中提取油脂的专利，这种植物在美容、医用及病虫害防治等领域的用途早已被人们所知晓。然而，在 20 世纪 90 年代，欧洲和美国都给楝树油提取技术授予了专利，截至 2000 年，仅欧洲就授予了 90 多项专利；最后，在 2000 年 5 月，欧洲的一些相关专利被撤销，这倒并不是因为它们承认了楝树油的特性早已是传统知识的一个组成部分，而是因为一位印度企业家能够出示他们在 25 年前就从楝树中提取油脂生产杀虫剂的证据。尽管这样，截至 2003 年，仍有 20 多项相关专利依然有效。虽然欧洲撤销了一些相关的专利，但美国却认为这些认知之前从来没有公之于世，也没有获得专利①，因此拒绝撤销。

我们需要做更多的工作，对发展中国家在这个领域的“比较优势”进行保护。它们拥有亟待开发的知识宝库，例如植物药用知识；它们的生态雨林所拥有的植物群长期以来一直是西方制药公司提取关键药品原料的财富源泉。但是 TRIPs 却没有为发展中国家保护其生态雨林资源提供任何帮助。

从发展中国家利益的角度考虑，有两项改革任重而道远：

- 必须达成国际协定，承认传统知识，严禁生物剽窃。
- 包括美国在内的所有国家都必须签署生物多样化协议，如果不能签署这样的协议，那么这项协议中有关生物多样性的产权保证的具体内容也应该在有关知识产权的国际协议中有所体现，特别应该体现在 TRIPs 中。

值得庆幸的是，一些企业已经采取了更为负责任的行动，更加尊重发展中国家的权利。例如，近来抗痢疾的最有效的药品是从中国黄花蒿中提取的原料，这种植物在中国的药用历史已有两千多年了。在痢疾病

---

① 详见 Vandana Shiva and Ruth Brand, “The Fight Against Patents on the Neem Tree,” in *Limits to Privatization*，引文如前所注。

菌对常规药品产生抗药性的情况下，黄花蒿的重要性更为突出。在这个事件中，瑞士的诺华制药公司（Novartis）不仅从传统知识中寻找到了灵感，同时也知道药品的可获得性对发展中国家来说是非常重要的，因此向发展中国家免费提供药品，或仅收取成本费①，体现了它们的社会责任感。

治理问题

在整本书中我都在强调一件事，国际领域的决策方式——全球治理有两大缺陷：其一是倾听发展中国家的声音太少，其二是特殊利益集团的意见听得太多。

在当今世界，贸易本身的重要性已经远远超过了各国贸易部长独立决策的能力范围，同样，知识产权的重要性也是如此。目前看来 TRIPs 是一个错误，这一点已经确凿无疑。因此必须改变知识产权问题的决策程序以及决策机构，这是改革的关键。WTO 应该交出知识产权全球标准的决策权，还给经过改革的世界知识产权组织（WIPO）。在改革后的 WIPO 中，既要能够听到学术界的观点，也要能够听到商界的观点；既要聆听消费者的意见，也要聆听生产者的意见；既要有发展中国家的声音，也要有发达国家的声音。要做到这一点，仅仅只有机构的改组是不够的。全世界坚信的价值观与法制和公平相关，法律体系制定的是游戏规则，而律师存在的作用是保证游戏能够公平地进行。发展中国家在国际司法系统中行使自己的权力时处于不利地位，我们必须对此有所警觉。西方的民主政治中政府都还能为穷人提供法律援助，如果一个穷人雇不起法律代理人，法庭又不能给他指派律师，他很可能得不到公正对待。在国际领域中这样的情况更容易发生。②

支持也罢，反对也罢，知识产权仍然是全球贸易体系的一个组成部分。贫穷国家在争取自身权利时所处的不利地位是显而易见的，大多数发展中国家完全无法同欧美的公司及其政府所雇用的训练有素、阵容豪华的律师团队相抗衡。那么，法律的公平就要求发达工业化国家能向发

① 它的活性成分叫做青蒿素（artemisinin）。中国已经向 WHO 申请了多年，却被瑞士抢了先，与此同时，诺华公司与北京的军事医学科学院微生物流行病研究所分享了专利权。详见 Howard W. French, "Malaria Remedy Proves a Tonic For Remote China," *International Herald Tribune*, August 12, 2005, p. 1; Howard W. French, "A Feverish Response: Treating Malaria," *Economist*, November 20, 2004。

② 对专利程序还需要进行其他的改进。例子详见第 97 页脚注③。

展中国家提供法律援助，以帮助它们争取应得的权益，对抗诸如生物盗窃一类的专利申请，确保它们在条件允许的情况下能够获得救命药品的强制生产许可等。①

贸易与价值观

知识产权法所存在的问题最为生动地上演了国际贸易协定与基本价值观之间的冲突。除此之外，还存在着许多其他方面的冲突，其中一些冲突我们在前一章讨论非关税壁垒时提到过。例如，欧洲人对转基因食品非常反感，哪怕这类食品影响人体健康的风险非常之小，他们也不愿意这类食品在本国市场上出现。然而，在 WTO 规则中，禁止转基因食品不大可能，因为杜绝某种食品必须建立在科学基础上，而科学“断言”转基因食品是没有明显风险的。据此，美国认为不接纳转基因食品是一种不正当的保护主义行为，而欧洲人则反唇相讥的指出，如果大多数人认为有风险而不值得尝试的东西，为什么还要用国际贸易协定来强迫人们接受呢？

如果欧洲无法将转基因食品拒之门外，那些反对转基因食品的人则希望通过贴标签的方式来充分揭示这些食品的转基因成分，以便于消费者来选择购买。然而，美国这个通常情况下的自由贸易和消费者选择权的信奉者，在这个问题上却采取了截然相反的立场，即认为详细标明转基因成分的要求也是一种贸易壁垒。因为美国出口的农产品中大部分含有转基因成分，鉴于欧洲消费者对转基因食品的警惕，他们会拒绝购买美国生产的许多食品。因此美国实际一直将它的出口权置于欧洲消费者的知情权——知道他们吃的东西为何物——之上。

另外，经济利益也常常超越文化属性而被置于优先地位。大多数人都会认为自身的历史遗产、语言以及他们的文化属性具有极高的价值。在许多情况下，电影的重要性在于它承载并传递了这种文化属性，然而，相对于电影的原创制作成本而言，多复制一个拷贝的成本是微不足道的，因此复制电影拷贝具有“规模收益”。这给美国和印度的电影带来了巨大的优势，因为这两个国家有着很大的影迷基础。在世界范围内，许多国家的政府都认识到对诸如歌剧、戏剧这样的艺术事业进行补贴，是必要和值得的，像包括法国和摩洛哥等国在内的一些政府对其电

① 当然，这一点涉及更加普遍的问题：它们也需要法律援助，比方说对付第三章中所描述的许多非关税壁垒。

影产业也进行了补贴。但是，美国的娱乐业却将这种补贴视为不公平的竞争，并在乌拉圭回合的谈判中试图（但没有成功）施压取消这种补贴。[①] 在我看来，这就是将经济置于其他价值之上的活生生的例子。充斥着色情与暴力的好莱坞电影似乎有着某种普遍的吸引力，而各国政府弘扬自身的艺术传统也是正当要求，那么支持本国电影事业的发展作为其中一种手段也是合理的。在这一事例中，我发现了从社会角度进行成本—收益分析的重要性。从经济上讲，无论法语电影是否得到补贴，它都不可能对好莱坞的利润产生重大的影响。而法国政府将钱用于电影补贴是否为一个好的办法，这个问题则应该由法国国民来回答。如果法国政府在此领域的投入运用得法，那么受益的就不仅仅是法国的电影人，同时也包括全世界的影迷们。

说到价值观问题，我就不得不提及环境问题。我在第二章中强调了超越 GDP 的发展观是非常重要的。对一些人来说，善待环境是一个基本价值观的问题；而对于另外一些人而言，环境是一个对后世子孙是否公平的问题：如果我们对环境掠夺无度、对资源浪费成性，这必然会殃及后人。若要使得发展成为可持续的，必须建立健全的环境政策。对其他一些人而言，环境问题已经迫在眉睫：饮水和空气的污染已经使今天的生活水准大打折扣。无论从上述哪个角度看，都有充足的理由引发对设计不当的国际贸易协定的担忧，因为这可能会损害各国的环境保护能力。例如，在墨西哥中北部地区圣路易斯波托西的一个小村庄，美国的一家废品处理公司建立的一个废品处理站对当地的水源造成了污染，虽然迫于当地村民的压力该公司关闭了这个有毒的废品处理站，但是根据《北美自由贸易协定》（NAFTA）第 11 章的有关规定，墨西哥政府被迫赔付这家废品处理公司 1 670 万美元的补偿。这是因为环保主义的反对者们在《北美自由贸易协定》的第 11 章中成功地塞进了一项精心设计的条款，对包括保护环境和公共健康在内的法规设置障碍，该条款强制性地要求对由于相关法规造成的损失按照市场价值实施补偿，从而使法规的执行成本格外高昂。具有讽刺意味的是，克林顿政府费尽心机阻止国会通过具有上述效力的立法议案，并且获得了成功，他们所阻止的正是他们在 NAFTA 中所敦促通过的条款的一部分，这一点克林顿本人和

---

① 娱乐产业与其他任何产业一样，本地公司往往力图采取保护主义措施，并常常采用发扬文化的借口来为这些措施辩解。这里我想说清楚一点：我不支持保护主义，但我捍卫政府支持文化发展的权利。

当时的美国贸易代表米基·坎特（Mickey Kantor）也许都心知肚明，既然如此，他们就没有必要在公共场合谈论这一话题，也没必要在白宫的 NAFTA 会议上进行私下讨论了。①

公司利益

在本章中大家已经看到，公司的利益集团是如何想方设法来塑造全球化的，这些方法损害到更多的基本价值观。目前的现实状况是，只有一个领域——知识产权，与贸易捆到了一起，而其他的一些全球治理的重要问题，如劳工标准，无人关注，这个事实充分揭露了全球化治理的真相。西方贸易谈判代表的任务是为他们国家的产业争取更好的贸易条件，例如，在不放弃农业补贴和非关税壁垒的情况下，进入更多的市场，并获得更强的知识产权保护。在这些贸易谈判代表的词典中找不到公平一词，他们不考虑美、欧的纳税者能够从消除农业补贴的政策中获得很大的利益；他们不顾及美、欧的消费者能够从低价商品中得到的实惠；他们不在乎温室气体的减排能给全球环境带来的巨大改善；他们更不会去关心如何帮助穷人获得救命良药。

相反，这些贸易谈判代表尽力在帮助生产商，其工作是尽其所能地多攫取而尽量少付出。他们对于环境、健康乃至科技的整体进步没有丝毫关注的动力，在他们看来，环境问题是环境部长们的事，能否获得救命药品是卫生部长的工作，而创新的总体进程是教育、研究和科技部长们所关心的问题。尽管贸易协定会对所有这些领域产生影响，但是所有关注这些问题的人却没有参与谈判。

贸易部长们倾向于在私下进行协商。因为贸易协定的签订是一个复杂而漫长的过程，国会的游说集团总是不择手段地将他们谋取私利的条文塞进贸易协定中，而又不希望被人识破。但是，这里我们探讨的一些基本问题，例如在制药公司的利润和人类生存权之间的权衡取舍问题，都是一些非常浅显易懂的问题。如果对获取艾滋病药品的问题进行投票表决的话，无论是在发达国家还是在发展中国家，压倒性的多数意见绝不会支持制药公司的立场，也不会支持布什政府的立场。

在基本价值观方面的冲突是民主问题争论的核心。全球化的批评者指责目前的全球化已被某种管理方式所操纵，这种方式将单个国家中公

---

① 关于这些条款还没有在白宫内部公开讨论过，我本应参加所有与环境问题相关的重大会议。后来，我询问当时的美国贸易代表米基·坎特是否知道这些条款，他辩解道这项协议已经在老布什总统时期协商过，他们只是全盘接受了原来的协议，只是关注了对劳动者和环保组织予以安抚的一些附属条款。他们看上去都没有意识到这些问题的存在和潜在的重要性。

众舆论范畴的一些最为重大的问题，转移到了一个封闭的国际论坛中，而这个论坛远没有通常意义上的民主可言。一方面，公司利益集团的叫嚣声肆无忌惮，另一方面又缺乏民主程序的制衡机制，那么最终的结果有违民意，并且与更加民主化的程序所产生的结果南辕北辙，也就不足为奇了。全球化改革最为艰巨的任务是使其更为民主，而检验其成败与否的试金石是看全球化在确保这些广泛的价值取向上能够在多大程度上战胜单纯的公司利益。

5 解除资源诅咒

19 世纪与 20 世纪之交，沙皇统治的阿塞拜疆是世界上最大的石油输出国，而位于里海海岸的最大城市巴库在当时就好像是拓荒之前的美国西部旷野，各个地区的人带着从石油中淘金的梦想来到这片土地；犹太人、土库曼人、哈萨克人以及形形色色的欧洲人加入石油争夺中；房地产价格随着大批新涌入者对土地的争夺而飙升；石油钻机和炼油厂星罗棋布。阿尔弗雷德·诺贝尔（Alfred Nobel）也曾在此工作过，他所修建的公园至今仍然伫立于此。一个世纪以来，阿塞拜疆的石油造就了很多富豪，但是大部分地区贫穷依旧。今天，巴库，里海岸边的“白色之城”有石油大亨建造的豪宅和木板铺成的走道，而在郊外脏乱的工业区，到处有废弃的锈迹斑斑的旧厂房和设备，被称为“黑色城镇”。[①]

在前苏联统治的几十年中，阿塞拜疆的石油产量出现了下降；20世纪90年代人们在里海水域发现了石油和天然气；现在，随着21世纪初新管线的修建，阿塞拜疆再一次迎来了石油繁荣，亿万美元将涌进该国。阿塞拜疆所面临的挑战是，它能否在石油枯竭之前——估计在2030年，充分利用这笔意外之财。如果运用得当，该国的人均收入（2004年约940美元）将会每十年翻一番，这可以使阿塞拜疆在25年之后赶上那些刚刚加入欧盟的东欧富国。尽管如此，阿塞拜疆所面临的危险在于，它也会向所谓充裕的悖论缴械投降，成为这样一类国家，与自然资源贫乏的国家相比，它的确拥有资源优势，但是它的增长率更低而贫困率却更高。[②]

我们再来看看尼日利亚的情况。这个非洲西部国家盛产石油，大多数时间由军政府统治，它虽然在30年中创造了将近2 500亿美元的石油收入，但与此同时，它的经济却日益衰退，主要商业城市拉各斯变成了一个肮脏、危险的地区，街道上交通拥堵、失业率居高不下、高犯罪率使人们在夜晚不敢出门。尽管石油带来了巨额收入，但是在1975—2000年间，人均收入下降了15%，每天生活费用不到1美元的人口数量却从1 900万发展到8 400万，增长了近四倍。[③]沙特阿拉伯以及委内瑞拉也属于这种国家，它们的石油收入并没有得到广泛的分配。委内瑞拉在拉丁美洲拥有比其他国家更多的石油储备，但是却有许多的人口依旧生活在贫困中。[④]因此，极具领袖魅力的乌戈·查韦斯（Hugo Chavez）以消除贫困为竞选纲领，轻松赢得了1998年的大选，也就不足为奇了。

一些发展中国家拥有丰富的资源但经济状况却极其糟糕，这种现象

---

① 关于阿塞拜疆石油的历史，参见 Natig Aliyev, “The History of Oil in Azerbaijan,” *Azerbaijan International*, vol 2, no. 2, (Summer 1994), pp. 22-23。

② 参见 Terry Lynn Karl, *The Paradox of Plenty*: *Oil Booms and Petro-States*, Studies in International Political Economy (Berkley: University of California Press, 1997)。

③ Xavier Sala-i-Martin and Arvind Subramanian, “Addressing Resource Curse: An Illustration from Nigeria,” Columbia University, Department of Economics, Discussion Paper Series 0203-15, May 2003. 详见 www.columbia.edu/cu/economics/discpapr/DP0203-15pdf。

④ 即使采用世界银行的每天2美元的更苛刻的标准，这个国家的三分之一人口仍处于贫困之中。

有时被称为“自然资源诅咒”①，弄清楚原因是相当重要的。首先，许多发展中国家的经济依赖于自然资源，非洲超过1/3的出口收入来自自然资源；中东的大部分地区、俄罗斯、哈萨克斯坦、土库曼斯坦和印度尼西亚的部分地区，以及包括委内瑞拉、墨西哥、玻利维亚、秘鲁和厄瓜多尔在内的拉丁美洲的大片地区，其收入严重依赖于各自的自然资源；巴布亚新几内亚则是依赖于它丰富的金矿资源以及大面积的阔叶森林。其次，资源丰富的国家往往是国家富裕而人民贫穷，这一悖论也让人们认识到全球化的失败之处范围更广，并为可能的补救措施指点迷津。更为重要的是，这些资源丰富国家的改革以及发达工业化国家对待它们的方式的改变，与改变全球化体系的其他方面相比，也许能够更快、更容易地减少贫困。这些国家并不需要更多的国外援助，而是需要更多的帮助，让它们得到资源的全部价值，并确保很好地使用资源换来的资金。

其实问题很简单，如果一间屋子中间放着一堆钻石，肯定每个人都想伸手，其中最威猛的人得到的可能性最大，也肯定不会愿意与别人分享这些宝物，除非遇到了万不得已的情况——比如说来了一个更强壮、更厉害的家伙想要夺走这些物品，那么最初的那些强者为了维持他们的势力，需要花费金钱来换取政治和军事方面的支持。因此，资源既是冲突的目标，也是冲突能够持续进行的财力来源。可惜的是，在大家为了尽可能多地获得钻石而你争我夺的时候，钻石本身的数量也会减少，因为财富在争夺中一点点地被毁掉，非洲的一些地区表现得最为突出，典型代表是20世纪90年代的塞拉利昂，政府和反政府武装之间为争夺钻石而进行的战争令人发指，其中7.5万人丧命，2万人致残，近200万人流离失所，大量的儿童被强迫参加到战斗中，心理上受到了严重摧残。

暴力一旦产生就很难停止，国家将陷入螺旋式下滑的境地，刚果和安哥拉就是例证。刚果自从独立后冲突就几乎没有停止过；一般来说，冲突各方都会自称代表了人民的愿望和利益，但塞拉利昂却是一个例外，冲突中几乎没有更高深的动机，只有贪婪。

正如有产者和无产者之间会存在冲突一样，在拥有资源和缺乏资源的地区之间也会存在冲突，这种情况在那些由殖民势力划定边界的发展

---

① “资源诅咒”这个词最初是理查德·M·奥蒂发明的，参见 Richard M. Auty, *Sustaining Development in Mineral Economies: The Resource Curse Thesis* (London and New York: Routledge, 1993)。

中国家，以及那些缺乏国家认同感的发展中国家尤为典型。资源丰富的地区显然有摆脱控制的动机，如尼日利亚的石油中心奥戈尼兰德（Ogoniland）、伊拉克南部什叶派及库尔德人控制的北部地区，他们会想凭什么要与他人分享自己的财富？而这些国家的其余地区也会同样紧紧抓住这些资源不放。刚果的加丹加省有着丰富的钴、铜、锡、镭、铀和钻石资源，在1960年6月宣布独立，经历了残酷的战争后又在1963年的1月被刚果再次合并；尼日利亚的比夫拉盛产石油，1967年5月30日宣布独立，1970年1月15日又被重新合并；巴布亚新几内亚海岸边一个名为布干维尔的小岛，拥有金、银、铜等资源，自1989年以来一直为独立而战斗。诚然，独立运动为它们披上了正义的外衣，而资源又为冲突提供了资金，这样战争是否仅仅为了争夺资源，这一点就并不总是显得很清晰。

暴力冲突让这些资源丰富的国家深受磨难，这是资源诅咒的一个极端情况；更为常见的情况是政治不稳定、腐败以及掠夺国家财富的残忍独裁者。尽管资源丰富国家的独裁者们没有搞资源垄断，但他们所得到的要比应得的更多，从刚果的蒙博托·塞塞·塞科（Mobutu Sese Seko）、到伊拉克的萨达姆·侯赛因（Saddam Hussein）、再到乍得总统伊德里斯·代比（Idriss Déby）无一例外。即使资源丰富国家没有独裁者，它们对权力的分享还是有着明显的抵触情绪，中东地区的石油国家没有哪一个是愿意走向民主的。

许许多多的资源丰富国家还远远谈不上民主，这不是偶然现象。富裕滋生恶政，那些通过掠夺资源和使用武力来夺得政权的政府与那些建立在人民意愿基础之上的政府相比，在对待国民和自己资源的态度上有着截然不同的责任感。在民主国家，领导人通过增进全体国民的福祉来巩固地位；民主对国民负有责任。而在非民主的资源丰富国家，独裁者利用权势和武力来巩固地位，购买武器的资金来源于对石油以及其他商品收入的控制。这是一个恶性循环：许多资源丰富的国家由于缺乏民主而丧失了责任感，因此国民对于侵吞公共资金、滥用公众信任缺乏有效的检查；他们甚至根本就不清楚政府到底从自然资源中获得，或应该获得多少收入；他们甚至可能并不认为这些收入是属于他们自己的，而如果他们为辛辛苦苦挣来的收入支付税赋来支持政府的话，他们就会知道这些财富是自己的。

资源丰富国家的政治形态通常会导致高度的不公平。不论是在发达国家还是在欠发达国家，那些控制自然资源财富的人利用这些财富来巩固他们经济和政治上的地位，这其中包括将国家资源的很大一部分私分给他们自己。从20世纪70年代开始，中东的权贵们在伦敦和世界其他地区的做法令人侧目，他们购置豪宅、住奢华酒店、购物时挥金如土。到了20世纪90年代，俄罗斯富豪取而代之，现在，轮到他们在全世界范围抢购房地产和奢侈品了。

这一结果与标准的经济理论所阐述的截然不同。对建立一个更为平等的社会持反对意见的理由之一是，累进税制会削弱人们的积极性。如果对富人征收更高的税，人们就没有动力努力工作，或努力积蓄。但是，如果一个国家的财富不是来自努力工作或储蓄，而是完全依靠幸运地拥有石油或其他矿产资源储备，那么这个国家的公平程度就应该高得多；政府能够更为公平地分配这些财富，而不用担心这种分配会挫伤人们努力工作和储蓄的积极性。像这样的国家就会同时拥有更高水平的公平与效率。

然而，尽管资源丰富国家可以（我认为是应该）比其他似乎不那么幸运的国家更加公平，实际情况却并非如此。财富的分配并不是在公平与效率之间进行仔细权衡的结果，也不是由相关的社会公正原则来决定；相反，它是赤裸裸的权力的产物。财富滋生了权力，而这种权力又让统治阶级能够保有这些财富。

同时，在那些勤劳和创业致富的人与那些不择手段侵占国家自然资源而发财的人之间，也存在着天壤之别，后者尤其会削减国家的凝聚力，与此同时，特别是当人们怀疑财富是通过与当前或前任政府的暗箱操作，以“不合法”的手段获得的时候，它也会损害对市场经济的信任，因此，这些国家平静的表象之下不满情绪暗潮涌动也就不足为奇了。

公共财富的私分

任何一个资源丰富国家都要面临的首要挑战是，确保人民尽可能多地得到其蕴藏资源的利益，要做到这一点其困难远远超出人们的认识，即使是在稳定成熟的民主国家，还是会有石油、天然气、矿业等公司为了自己能尽可能多地拥有财富而进行无休止的争夺，只不过这种争夺战大多是在法制的范围内，通过政治献金的方式进行；那些心怀感激的候选人一旦入主政府，就会颁布一些法规让赞助者尽可能以最低的价格获得资源，并通过特殊的税收优惠让它们的利润不断增加，而且让它们对环境造成的损害尽可能支付最小的代价。

在美国，矿产资源从根本上说是让渡给矿业公司的；克林顿总统试图通过拍卖将资源卖给出价最高的买主，却最终被矿业公司的游说团体劝服了。尽管那些石油、天然气和矿业公司已经享受了税收优惠政策，并且居高的石油价格也给公司带来了滚滚的现金收入，布什总统仍然为这些公司推出了补贴多多的能源法案，与总统同属一个政党的约翰·麦凯恩（John McCain）参议员称这一法案“没有遗忘任何游说团体”。能源和自然资源部门为布什总统 2004 年竞选捐赠了近 500 万美元，为其 2000 年竞选贡献了近 300 万美元，不管用何种方法估算，它们的投资都获得了相当大的回报。

而在这些财团向海外发展中国家进军的时候，直截了当的行贿发挥了作用。因为在国际石油业这个高度竞争的世界里，如果一个石油公司想获得高额利润，通过贿赂政府官员来降低所要支付的成本，显然比按市场价格支付全价但通过提高效率胜过竞争者要容易得多；而且石油公司的一笔小贿赂对于所涉及的官员来说却已是极大的诱惑，毕竟那些领薪水的国家公务员通常每年只有几千美元的收入而已。贿赂会腐蚀民主进程，也会动摇市场根基；但是，尽管行贿是一种恶劣行径，但真正的问题并不在于行贿本身，而是这种行为的后果，石油公司盈利越多，当地国家利益受损的程度就越大。

1977 年制定的《反海外腐败法》（Foreign Corrupt Practices Act）将美国人向外国政府行贿的行为定性为犯罪。尽管一些公司依然在设法绕开这项法案，但多数公司还是努力去遵守，不过它们也在抱怨这项法案的实施让它们与世界其他地区的公司相比时处于竞争劣势。这些不满促使美国政府试图说服其他国家也制定类似的法案。1996 年经济合作与发展组织（Organization of Economic Cooperation and Development，OECD）在巴黎举行的部长级会议上（本人时任美国代表），尽管面对一些将行贿视为一种做生意的手段的国家的巨大阻力，我们仍然在达成共识方面取得了巨大进展。在当时的很多国家（法国、瑞士、卢森堡、奥地利、比利时、日本以及荷兰），贿赂不仅是合法的，而且还可以抵税，因此实际上成了政府支付了相当部分的贿款。看到政府挺身为原有的行贿制度辩护（而且态度极尽迂回），我大为震惊。现在虽然 OECD 有了反贿赂条约，但是这一条约的执行也不彻底。美国尽管颁布了实施该条约的国家法律，但截止到 2005 年 12 月，美国境外只有一桩贿赂起诉得以执行。①

当然，公司并不一定需要自己来行贿，它们只需要雇用一个“掮客”，给这个掮客足够的钱去搞定这笔交易。至于这个人做了什么，怎么做的，它们一概不知，也不想知道。不过它们当然知道付了几百万美元给掮客绝不可能只是顾问费，其实它们真正购买的是一种可以矢口否认的权利，这样它们就可以声称自己并不知道这些钱是用在行贿途径上，最近最轰动的案件之一就是詹姆斯·吉夫恩（James Giffen）案件，这个人在 20 世纪 90 年代作为美孚石油公司的代表在哈萨克斯坦工作，并声称向当地政府总计行贿了 7 800 万美元，帮助该公司得到田吉兹湖油田 25％的股份。②

然而，OECD 国家以外的跨国公司不受 OECD 条约的约束，于是马来西亚、俄罗斯、印度、中国的石油公司与其他公司一样，在全球演出贿赂的戏码，它们不必遵循 OECD 对行贿的禁令，只要有公司进行贿赂，其他公司就会想方设法竞争，结果整个市场的风气都被带坏了。

其实无论签署了什么样的协议，企业都难挡欺诈的诱惑，即比要求支付的少付一些，因为这样做所得到的收入太可观了。20 世纪 80 年代，我处理过阿拉斯加州一家大石油公司涉嫌欺诈的案子，这个盛产石油的州政府在租约中规定，扣除从北极圈内普拉德霍湾那些偏远油田的

---

① 在那次会议上我帮助拟定的协议最终形成了《经济合作与发展组织反国际商业交易中贿赂外国公务员公约》（OECD Convention on Combating Bribery of Foreign Public Officials in International Business Transactions），这项公约于 1997 年 12 月 17 日签署，并于 1999 年 2 月 15 日起生效。签约国包括所有 30 个 OECD 成员国和六个非 OECD 成员国（阿根廷、巴西、保加利亚、智利、爱沙尼亚和斯洛文尼亚）。会议结束五年后，OECD 注意到政府的反应实在太慢，法国仅仅取消了在 OECD 公约签署之前的协议中，贿赂享受税收减免的条款，而新西兰还没有完全遵循公约。参见 Trade Compliance Center：OECD Antibribery Report 2001，“Laws Prohibiting Tax Deduction of Bribes，”详见 www. mac. doc. gov/tcc/anti/ _ b/oecd2001/html/ch04. html。

② 参见埃克森美孚石油公司在哈萨克斯坦的例子，“Kazakhstan President Nazarbayev Accepted Bribes，U. D. Alleges，” Bloomberg. com，April 16，2004，详见 http://quote. bloomberg. com/apps/news? pid＝10000087&sid＝a _ 8QW26uoX _ L&refer＝top _ world _ news；Daniel Fisher，“ExxonMobil's Kazakstan Quagmire，” *Forbes*，April 23，2003，详见 www. forbes. com/2003/04/23/cz _ df _ 0423xom. html；Seymour M. Hersh，“The Price of Oil，” *The New Yorker*，July 9，2001，pp. 48－65；以及 Thomas Catan and Joshua Chaffin，“Bribery Has Long Been Used to Land International Contracts. New Laws Will Make That Tougher，” *Financial Times*，May 8，2003，p. 19。《金融时报》（*Financial Times*）的文章披露说：“当局已经起诉吉夫恩（Giffen）从美孚和其他西方石油公司收取共计超过 7 800 万美元的佣金和酬金，并已非法送给了哈萨克的高级官员。”审判仍在继续中。

石油运送成本后，它至少要收取石油公司收入总额的 12.5%，所以石油公司只要把每加仑石油的成本高估几便士，这几便士乘以几亿加仑的产量后，所增加的利润是惊人的，这种诱惑是令人难以抵挡的。①

矿业和石油公司对发展中国家的剥削往往是完全合法的，因为大部分发展中国家都不擅长应付复杂的谈判，而这正是跨国公司惯用的伎俩。发展中国家可能并不了解合约中每一项条款的所有含义，它们被告知某些条款是标准化的，而实际情况可能是：石油公司会站在同一阵线上提出有利于它们自己的条款，而损害那些产油国的利益。比如说，政府重新制定资产的出售方式，例如通过拍卖出售（手机、电视和电台）无线广播频谱，从而大幅增加政府收入；但是在自然资源领域，类似的改革在行业中却迟迟不能推行，发展中国家尤为如此。哥伦比亚大学的一名兼职教授詹尼克·雷登（Jenik Radon）律师曾回忆说，当他代表格鲁吉亚与英国石油公司主导的石油财团进行谈判时，它们所提出的种种要求让他目瞪口呆，其中一项是，如果由于法律监管滞后造成损失，格鲁吉亚有责任赔偿几十亿美元；同时它们还提出环境破坏的风险由国家来承担，而不是他们自己。凡是涉及天然气的谈判，他们甚至要求签订照付不议的合同，旨在把市场通常的商业风险——天然气需求量变动，从企业转嫁给政府，也就是说，不管对天然气的需求是否存在，发展中国家政府都必须支付固定数量的天然气费用。

行贿、欺诈以及不对等的谈判都在侵占发展中国家应得的利益，这些国家应得的利益减少了，那些公司却有超额获利；而一个竞争的市场本来意味着石油和矿业公司只能得到正常的资本回报，超额回报应该属于资源拥有国 。经济学家将超过提炼成本的资源价值称为自然资源的“租金”。在一个竞争市场中，石油公司应该获得的是针对提炼费用和营销服务的补偿，除此之外不应有其他收入；所有的自然资源租金应该属于资源拥有国。这就意味着如果石油价格上涨，那么，由于提炼费用并不受此影响，因此多出来的收入应该由石油国所得；尤其是在石油价格升高三倍甚至四倍时，这一点显得尤其重要，就像 20 世纪 70 年代以及 2004 年和 2005 年所发生的那样。就在 20 世纪 70 年代石油价格飙升之后，美国对石油公司征收了一次性暴利税。如果说标准化的合约中竟然允许石油公司坐拥这种意外之财，那么就意味着这些合约的设计过程存

---

① 最终达成了庭外和解，石油公司付给阿拉斯加州 10 亿多美元。阿拉斯加州并不是唯一遇到问题的州，还有亚拉巴马州，也从石油公司那里成功地获得了大量的资金支付。

在某些问题。①

这些石油、天然气、矿业公司的策略就是要让发展中国家政府获得的收益越少越好，同时还要帮当地政府找到说词，解释为何政府拿那么少是有利的，甚至是必要的。它们也许会说，发展地区经济具有很大的社会效益，所以应该鼓励发展；它们声称，让渡资源就可以发展经济。事实上，让渡资源只意味着政府会更没有钱投在公共设施、学校以及促进经济发展的其他关键设施上。开矿成本可能很高，但这只是意味着政府在竞争投标下拿到的钱要比开矿成本较低时少一点而已。更常见的情况是，一个国家从矿产中得到的唯一好处只是创造了几个工作机会，而矿业对环境的破坏却可能同时危及其他地方的就业机会（例如渔业，由于水污染而导致水产减少），而且有朝一日，政府还可能被迫花大笔预算去整治污染。

让国家得到其资源的全部价值的努力，在把政府所拥有的自然资源卖给私营部门时表现得最为明显。只要政府没有得到资源的全部价值，那就表示国家被人欺骗了；这也就是把全体人民的财富“折价”转让给了那些获得资源的人②，有时候，国家资产是进了本国人的腰包，而不是被跨国公司拿走；但不管怎样，这些本应属于全体人民的财富是流失了。

在私有化之前，油田（或其他资源）还在政府手中时，这时政府官员能窃取的金额仍受限于当时的油价；然而随着私有化的实施，资源的未来价值变得唾手可得，于是所牵涉的利益也大幅提高。如果政府官员能把整个公司以低于公平市价的价格卖出，并从给买方的这份大礼中取得回扣，实际上是从所有的未来销售额中分得一杯羹，而不用把贪污的机会留给继任的官员。的确，在全世界不少地方，私有化都被重新贴上了“贿赂化”的标签。政府非常擅长用公平的私有化为幌子，通过公开竞标出售资产，但它们会事先确定合格的投标人，而那些有可能破坏按折扣价出卖资产给政府亲信的计划的人，都被定为是不合格的竞标者；

---

① 当然，政府可以选择将风险转嫁给其他人，它们可以在期货市场卖出石油，从而现在就可以获得一个确定的价格，而不用等到两三年之后可能出现的不确定价格。在石油公司与政府之间的交易也会涉及一些风险转移，如果政府坚持要在石油价格猛增时在获得的暴利中占有较大的份额，那么可以想象石油公司就会支付较少的预付金。然而，几乎找不到证据证明它们会遵循这样的原则，至少没有达到任何显著的程度。

② 从理论上看，资产的价值是其预期未来所产生利润的折现值（自然资源租金）。私有企业获得的巨额利润意味着它们没有支付这些资产的全部价值就获得了这些资产。

它们会说，那些不受欢迎的投标者申请得太晚，或没有提供足够的财力证明等等。

就算没有这些赤裸裸的贪污腐败，IMF 要求迅速进行私有化的压力也会严重影响政府收入。（发展中国家急于取悦 IMF，因为一旦冒犯了它，不仅 IMF 可能会终止其贷款，甚至其他贷款机构也可能把资金撤回。）这样如果每个投标者都认为竞标不会很激烈的话，他们就不会很积极地出价，最后政府接受的投标价格就可能低得可怜。而更糟的是，在投标者数量非常有限（一家、两家或者三家）的情况下，可能出现或明或暗的勾结行为。①

赞成私有化的人认为，私人部门比公共部门效率高。这个观点更多地是受意识形态的影响，而不是基于严谨的分析，其实效率很高的国营石油及矿业公司比比皆是（私营公司缺乏效率的例子也不少）。有些国营公司没有效率是因为 IMF 坚持把国营公司贷款视为另一种政府贷款，结果这些公司投资不足；一般私营公司都会贷款进行投资，可是发展中国家的国营公司却被禁止这样做。②

不管怎样，效率并不代表一切，即便私营部门效率真的很高，但社会究竟能从资源中获益多少也是同等重要的事。一般来说，当私营企业接手经营后，国家可以收到一笔头款以及日后开采和销售资源时的资源特许使用费。如果私有化执行不当，那么就会导致政府不仅头款收的太少，特许使用费从头到尾也入账无几。马来西亚的国营石油公司马来西亚石油公司已经成为全球石油业的重要角色，该国前首相马哈蒂尔·宾·穆罕默德（Mahathir bin Mohamad）博士说，他们国家从石油中得到的收益比其他石油私有化国家要多得多，也比马来西亚将石油私有化所得到的收益多得多。③ 智利大约有半数的铜矿都已私营化，但国营铜矿的效率并不输给私营矿业，而且私营矿业大部分的利润都汇到了国

---

① 在里根总统时期，美国忙于快速出租石油带，批评家称之为低价大甩卖，它致使政府在每个石油带中所收到的平均租金大幅减少。参见 Jeffrey J Lertzinger and Joseph E. Stiglitz, "Information Externalities in Oil and Gas Leasing," *Contemporary Economic Policy*, vol. 1, no. 5, pp. 44 - 57。

② 政府的公司的借款都用政府自身的借款处理，这意味着像巴西这样政府债务已经达到一定水平的国家，如果还想在政府公司上进行更多的投资，而不管这些投入会获得多高的回报，那就一定要缩减政府的其他支出，比如说教育和医疗投资。

③ 马哈蒂尔于 2005 年 9 月 7 日在吉隆坡全球领导人论坛上进行的讲话，题为《过去、现在与未来——在全球竞争环境下马来西亚面临的挑战》（The Past, Present and Future—Malaysia's Challenges in a Competitive Global Landscape），并与作者私人会晤。

外，国营铜矿对它们国家收入的贡献更大。①

俄罗斯的私有化却是一场动荡狂乱的闹剧。由于共产主义的瓦解以及执政当局的腐朽，曾经是世界第二超级大国的俄罗斯竟变得逐渐依赖自然资源了，据统计，近年来该国大约70%的GDP都来自自然资源。俄罗斯前总统鲍里斯·叶利钦（Boris Yeltsin）在1996年竞选连任时需要资助，一小群寡头政治团体拥有组织上以及财务上的力量来帮助他，但交换条件是他们得以控制极其可观的国家自然资源，这些重大事件发生在1995—1996年，时任《金融时报》（*Financial Times*）编辑的克里斯蒂娅·弗里兰（Chrystia Freeland）称此为“世纪大甩卖”。② 当时也进行了招标，可竞标环节都是被操纵的，结果，那些寡头财团以极少的费用就取得了国家庞大的自然资源。有些高级政府官员认为寡头们窃取的金额超过了一兆美元。

后来，弗拉基米尔·普京（Vladimir Putin）在叶利钦之后继任总统，他从过往的教训中明白了这种财富的集中对他本人和俄罗斯民主都是一大威胁。由于公私转换的最初几年，那些寡头财团基本上都没有缴税，因此普京不难想出如何利用国家权力在游戏规则内把大量的国家资产夺回来。在俄罗斯最大的石油公司尤科斯（Yukos）的诉讼案中，普京就成功达成了这个目的，纵然掌控尤科斯的米哈伊尔·霍多尔科夫斯基（Mikhail Khodorkovsky）动用他庞大的财富发起了一个全球公关活动（包括布什政府在内的很多西方国家都参加了），以此来抗议俄罗斯政府对他的选择性指控。虽然很难断定霍多尔科夫斯基的政敌在这个诉讼案中扮演了什么角色，不过他的支持者们似乎认为，利用法律窃取国家财产是合理的，而依法追回合法所得则是不应该的。

俄罗斯的私有化凸显了全球普遍存在的一个问题。在俄罗斯的例子中，是俄罗斯人自己窃取了国家的财产；而在其他大部分情况中，攫取资源的是外国人，因此形势就变得更加紧张，一些国家的政府因此而倒台，如玻利维亚；人们在义愤填膺的情绪下会支持那些承诺改善交易条件的人，如委内瑞拉的查韦斯。过去委内瑞拉的老百姓眼睁睁地看着有

---

① IMF经常将智利作为华盛顿共识方案的成功典范，但是前总统里卡多·拉戈斯（Ricardo Lagos）向我指出，智利的政策与华盛顿共识在一些方面是不同的，包括它拒绝完全私有化，例如，智利没有将资本市场完全私有化；最重要的是，智利在教育和对抗贫困方面施加了很大的力度，而这些都不是华盛顿共识关注的问题。

② 参见Chrystia Freeland，*Sales of the Century*：*The Inside Story of the Second Russian Revolution*，（New York：Crown，2000）。

钱人和外国公司从国家的财富中大捞大赚，却一点都没有涓滴到普通人的口袋；在查韦斯把旧合同拿出来重新谈判，并为自己的国家争取到更好的条款后，人们更加确信，过去委内瑞拉人一直备受欺诈。博茨瓦纳也有个让人津津乐道的例子，该国成功地与钻石卡特尔戴比尔斯（De Beers）重新进行了谈判，使自己能得到资源的全部价值，或者至少能多得到一些利益；其结果是，该国在这家公司的股份从15%提高到了50%。如果没有重新谈判，博茨瓦纳很可能就无法享有独立后如此辉煌的经济增长。

因此通常的结果是，发展中国家往往遭受两次损失，第一次是由于不公平的合约或私有化，第二次则是试图修正错误而引起的政治动荡和国际投资界的负面评价。

合理地使用财富

摆在发展中国家面前的首要任务是，让国家公平地获得其自然资源价值的分配，接下来的挑战便是合理地运用这些财富。对于新到手的财富，20世纪70年代沙特阿拉伯人在伦敦抢购豪宅、挥金如土的狂举，正好为我们提供了一个什么是不应该做的鲜明例子。另外，自从1988年以来，沙特的军事开支只有三年低于该国GDP的10%，（美国的国防开支相当于世界其他国家的总和，但也仅仅只占本国GDP的3%—4%）。如果沙特阿拉伯将石油收入更多地用于国家发展，少一些用于伦敦的房地产或军事上的话，沙特人民毫无疑问是本可以获益的。当石油国家进行投资时，它们通常都不怎么成功，投资回报往往惨不忍睹，而如果委内瑞拉和沙特阿拉伯把资金投资在纽约或伦敦的股市上，它们本可以获得不错的回报。

资源丰富国家的政府存在着挥霍浪费的倾向，资金来得容易花得也容易。当然，所有政府都存在能否确保资金用得合理的问题。议员为选民所争取到的地方建设经费支出（“猪肉桶”工程）纯粹是为了讨好选民，其实没有什么价值，成为了绝大多数或者至少是很多民主的一种装饰。政治力量在发展中国家的表现与发达国家是一样的，只是发展中国家没有能力承受资金的浪费。

除了合理地使用资金外，收入的不可预知性也是一个难题。资源价格的波动性很大，以石油价格为例，2001年底每桶石油价格为18美元，而2006年超过了70美元；2003—2005年，铜价上涨了98%，锡价上涨了55%。这造成了经济上的繁荣与萧条的交替循环：在资源价格走高时，国家恣意消费，不去考虑价格可能会一路下跌；而一旦价格真的下落，就像过去周而复始的那样，就出现了破产和经济滑坡。通常，经济的繁荣会伴随着房地产行业的走俏，因为银行很容易放款，对所要求的房地产抵押品的高价格满怀信心。当资源价格的下滑伴随着房产价格的走低时，银行体系开始飘摇，被迫紧缩贷款，于是经济被推向了更深的衰退状态。即使是一般的发达国家也会觉得在市场经济中保持稳定的走势很难，资本主义从一出现就打上了周期性衰退和萧条的记号。管理拥有丰富资源的经济体是困难的，因为它的出口收入波动巨大。但是，管理脆弱的资源丰富的发展中国家，这才是真正地令人生畏的事。

与发达国家一样，发展中国家没有能力承受出口收入的剧烈波动。而且，它们没有内在的稳定器来调节，比如没有在经济低迷时可以给经济投入更多资金的累进所得税制度、失业保险以及福利体系。个人也没有可以依赖的储蓄，而银行业通常也没有有效地实行资本化和监管，所以更容易垮掉。

雪上加霜的是，国际银行家总是愿意在资源价格很高的时候向资源丰富国家提供贷款，而且统治精英们发现很难拒绝这种要求。于是就解释了这样一种奇怪现象：像印度尼西亚和尼日利亚这样的石油丰富国家往往债台高筑，并很难承担起这些债务责任。即使这些银行所支持的项目其实不能带来什么好处，但热火朝天的建筑工地还是让市民，尤其是那些建筑承包商感觉甚好；还款问题留给日后解决。①当资源价格下降时，银行家自然想收回资金，而这也恰恰是国家最需要钱的时候。这种繁荣出借、萧条抽回资金的贷款行为加剧了价格水平周期性运行引起的经济波动。

在一些情况下，当发展中国家已经领悟到如何做才能稳定经济时，甚至拥有解决问题的资源时，IMF 却给它们施压，要求其采取政策措施，而这些政策实际上加剧了经济的衰退。20 世纪 90 年代后期厄瓜多尔和玻利维亚的经济发生衰退和萧条时就出现了这种情况，我曾经亲眼目睹了这一活生生的例子。75 年以来，应对经济衰退的标准药方是扩张性的财政政策，即将资金投入到教育上，特别是应该投资于任何经济增长都需要的基础设施建设上。通常情况下发展中国家很难筹集到刺激

① 例如，尼日利亚所欠巴黎俱乐部债务（即政府债务）超过了 30 亿美元，2005 年 10 月获得减免。

政策所需要的资金，但厄瓜多尔和玻利维亚却是幸运的，因为它们拥有大量的石油和天然气资源，这些资源很快就可供使用并可以用作贷款抵押。玻利维亚和厄瓜多尔的人民认为，经济衰退时投资所得到的回报，要远远高于全球经济条件回到正常水平时，以及他们国家的经济近乎充分就业时的投资收益。我认为这个观点是正确的。除了直接收益外，还可能会产生乘数效应，因为消费会刺激整个经济，改变产能闲置状况，并推动经济朝着充分就业的方向发展。有了自然资源作为贷款的后盾，促进消费是符合经济逻辑的。但 IMF 总是担心政府开支过大，于是迫使厄瓜多尔和玻利维亚走其他的路子。IMF 非但不想让这些国家通过增加支出来刺激经济，还要求这些国家削减支出，以弥补由于经济萧条所导致的税收减少。这些安第斯国家别无他选，只能被迫接受 IMF 的政策，结果这些政策使经济衰退更加严重。

IMF 甚至给世界上经济管理得最好的国家之一——智利带来了麻烦，20 世纪 90 年代后期，智利和其他拉美国家一起出现了经济下滑。智利政府牢记有效管理自然资源的原则，在 1985 年创建了铜平准基金(Stabilization fund)。当年头好的时候，铜价很高，智利就将钱存入平准基金中，以备不时之需。然而，当智利决定使用这笔基金时，IMF 却告诉它们不能动用该款项。[①]智利之所以未雨绸缪，就是要应对不时之需，如今行情已经不好了，但 IMF 却坚持把平准基金的使用等同于其他任何形式的赤字开销。于是智利恰如其分地提出了一个问题：既然需要稳定经济的时候无法动用平准基金，那么这项基金创建的意义何在？但这个问题石沉大海。而智利也不敢不理睬 IMF 的要求，虽然智利没有从 IMF 借款，但它担心 IMF 的指责会使金融市场提高其借款利率。如果智利得到 IMF 的鼓励使用平准基金，那么它就完全有能力实行更为扩张性的政策，但是现在智利不得不采取不那么积极的政策，致使智利经济发展速度比原本可以达到的速度大为减缓。

荷兰病

资源丰富国家面对的两个最大的挑战，一是有效地运用资金，二是在合适的时机运用资金。另外还有第三个问题，首次发生于 20 世纪 70 年代及 80 年代初期，荷兰发现北海石油后。当荷兰享用这笔富饶的资

---

① 在 IMF 第 01/73 号（2001 年 7 月 27 日）公共信息公告的尾部，题为《IMF 与智利订立了 2001 年第四条协商条款》(IMF Concludes 2001 Article Ⅳ Consultation with Chile) 的部分，IMF 注明由于对铜平准基金的收入（以及私有化的资本利得）的处理方法不同，IMF 估算的智利政府财政结余与智利自己的估算不一致（即比智利自己估算的差）。

源时，渐渐发现本国其他经济领域发展变缓。一个健康而又发达的经济体突然要面对大量失业问题，原因是荷兰的公司没有竞争力。这一问题出现的缘由是北海石油及天然气的支付款——美元大量流入荷兰，从而导致汇率攀升。在高汇率的情况下，荷兰出口商不能将其商品卖到国外，而国内的公司也无力与进口商品竞争。

为了纪念分析首次出现这个问题的国家，便将这个问题称作荷兰病，世界上许多资源丰富国家在出售其自然资源并将美元兑换成本国货币时，都被这一疾病所困扰。当资源丰富国家货币升值时，其他产品的出口就会变得困难，非资源产业的发展也会变缓。因为资源产业一般雇用人数相对要少，于是失业率升高。尼日利亚在三四十年前石油尚未繁荣的时候是农产品出口大国，如今却是进口大户。委内瑞拉在成为石油出口大国之前，曾是高档巧克力的出口大户（目前委内瑞拉仍生产少量巧克力）。就像荷兰的例子一样，这两个国家的例子也说明，主要自然资源会对经济体中其他部分造成负面影响。

完全避免荷兰病的发生也许是不可能的，但人们可以减弱荷兰病的危害程度。我们已经发现该问题的根源是由于国外货币兑换成本国货币时抬高了本国货币的价值，减少货币兑换量会减少本国货币升值的幅度；也就是说，一个国家必须将部分自然资源的收益用于进口，并将部分放在国外。

因此，荷兰病为支持平准基金提供了另一个论据。平准基金认为，一个国家在经济快速发展、资源价格居高时，可以将资金储存起来；而当经济不景气的时候又可以将这些资金花掉。自 2001 年开始，阿塞拜疆便将资金注入到这类基金中；截止 2003 年年底，超过 8 亿美元的石油收入投入到了该基金。① 这一国外投资为阿塞拜疆的经济带来了两个好处，除了直接收益外，还降低了货币升值幅度，从而带来经济发展，创造了更多的工作机会。

不过，尽管这些政策来源于正确的经济学理论，但在贫穷的民主国家却很难实现。发展中国家的穷人不能理解为什么政府要在国内亟须用钱时把有限的资源收益投资到国外；他们无法理解荷兰病：出售石油得来的钱明明可以通过例如在本地修建一所学校而带来工作机会，为什么其他行业却会由于本币升值而失去更多的工作机会？道理很简单：一个国家要想为国内的支出买单——比如教师和修路工人，那就需要提高国

① 参见阿塞拜疆共和国国家石油基金（SOFAZ）网站 www.oilfund.az。

内的收入，比如通过征税，或者把石油收益购买必要的进口产品，或者把钱留着以后使用。这样做肯定意味着政府需要征收更多的税来支持国内面临的支出。问题是没有一个国家喜欢提高税率，并且在失业率高的国家促使石油收益一次性投入在国内面临的政治压力很大。

让全球化造福全球：资源诅咒并不是不解的宿命

自然资源的诅咒并不是宿命，而是选择。自然资源的开发是当今经济全球化中的重要组成部分，因此从某种意义上来说，资源丰富的发展中国家经济的失败意味着经济全球化的失败。西方发达国家严重依赖发展中国家的资源，而其目光短浅、自私自利的动机，特别是资源开采业的利益，并不总是与发展中国家的民生相一致。如果经济全球化要实现长远发展，发展中国家以及发展中国家的人民必须得到更好的补偿。幸运的是，我们已经有了成功的例子让我们有理由相信经济全球化可以更有效地运转。

在发达国家里，挪威可谓一个优秀的典范。该国石油资源几乎占了其 GDP 的 20%，占出口的 45%。挪威的国有石油企业（最近部分进行了私有化）效率很高；更重要的是，挪威已经认识到其资源是有限的，该国的石油天然气预计将在 70 年后枯竭，因此拿出石油收入的一大部分，设立了 1 500 亿美元的平准基金，这一数字相当于目前该国 GDP 的 50%。①

博茨瓦纳虽然近年来被受艾滋病肆虐，但它仍不愧是发展中国家为数不多的成功案例之一，尤其是该国处理钻石财富的方法。在过去的 30 年里，博茨瓦纳的经济发展速度平均达 9%，与东亚新兴国家的发展速度不相上下。这得益于一个民主的政府，该政府致力于让广大民众对成功发展所需的政策达成共识，这些政策包括通过利用平准基金应对钻石价格波动所带来的影响。马来西亚也是一个利用其雄厚自然资源加入到新兴工业化国家之列的国家。

最大限度地实现资源的价值，并将该收益加以合理利用，这一责任主要由发展中国家自身承担。第一要务是要建立制度，降低腐败产生的

① 参见挪威中央银行投资管理公司网站 www.norgesbank.no/english/petroleum_fund/。

机会，保证石油和其他自然资源产生的收益能用来投资，并且能很好地投资。对于这部分投资来说，人们最好能够制定一些硬性规定，如一定比例的投资用于医疗保健支出，一定比例投资到教育上，一定比例投资到基础设施建设。但是必须设立流程来独立评估这些投资所能得到的回报。平准基金是必不可少的，但必须允许政府在适当的情况下使用该基金，尤其是在为了稳定经济的时候。最重要的是，发展中国家必须将本国自然资源视作委托资产，而现任政府以及现在的一代人只是这些资产的托管人，为后代托管资产。

但是我相信，国际社会应该能够做得更多，而不仅仅是传教似地授课，告诉发展中国家能做什么、需要做什么，以实现自然资源更高的收益以及更好地利用资源。更有效的方法是发达国家的政府以身作则，为发展中国家提供建议和帮助来改变诱发腐败的动机和机会，还要致力于制约发达国家中引致腐败的巨大力量。

腐败与冲突

在发展中国家，政治权利带来了屡禁不绝的腐败现象，那些地位牢固的精英阶层，利用自然资源大发横财，单单指出他们这样做会带来恶果，或者指责他们道德沦丧是不能解决问题的。这些人虽然听过西方的高谈阔论，但他们也看到西方石油公司每个月都提供资金支持压制民意的政权，如苏丹和乍得等国，并且西方政府还为维持镇压局势提供武器。人们自然而然地会对西方国家优先选择的东西是什么提出质疑，是用钱来维护统治吗？表面上对民主的承诺都不要了吗？当然这一点也被违背基本人权的关塔那摩监狱和阿布格莱布监狱的事件所证实。假如我们问一个没有实现完全民主的发展中国家的总理，从“9·11”事件中学习到了什么，他的第一反应会是未经审讯而将人关押这一权利的重要性。

西方国家不单单是在这些罕见的但已经广为人知的丑闻中带了一个坏头，美国的自然资源政策，即将矿产权让渡给特殊利益集团并由它们掌控，其实也是一个反面典型。布什政府秘密制定其能源政策，甚至拒绝披露参与的工业代表的姓名，这种做法更是一个恶劣的样板。布什宣扬行政特权的主张得到了那些试图掩盖其牟利行径的人的欢迎，他们或者为自己，或者为亲戚朋友，或者为帮自己把持政权的更广的利益圈牟利。

透明化一直以来都被认为是对付腐败的最有效的方式，正应了那句老话，“阳光是最强的杀菌剂。”如果公民要制止腐败的发生，那么他们必须了解事情的真相。有关公民知情权的法律（例如美国的《信息自由法案》Freedom of Information Act）是促进真正民主和社会责任心所必需的。为了加强人们理解政治对发展的影响，我在哥伦比亚大学创立了政策对话活动，其主要宗旨之一就是帮助发展中国家通过这类法案。这一举措获得了巨大成功，并在一次由墨西哥政府协办的全球大会上达到顶峰，因为墨西哥在近期通过了法案，同时墨西哥大部分省份也通过了类似的法案。泰国赋予其人民了解其宪法的权利。如果每一个国家能充分披露国家卖出了多少自然资源并换回了什么，那么这个国家的人民就能更好地评判国家是否充分得到了其资源的价值，或者评判他们是不是被欺骗了。

有时政府声称不能公开信息是因为这会侵犯商业秘密，通常情况下，这种理由只不过是一个说辞而已，掩护政府官员和公司继续狼狈为奸。政府是能够制定规则的，并且会有许多诚信的公司愿意遵守透明的规则。公民的知情权应当压倒一切有关商业秘密的主张。

发达工业化国家在对发展中国家的腐败程度指手画脚的时候，并不理解它们的建议，甚至他们强加于发展中国家的政策所起到的作用，有时候会无意识地削弱了创建法制的力量。经济政策能够塑造政治进程，至少可以产生影响。比如说，一个国家在决定是否采用一项法律时，一部分要看人们对这项法律的需求，主要是看政治上的支持度，尤其是社会富裕阶层的拥护程度。但是在俄罗斯，那些通过非法私有化而发家致富的人，对创立一个有利于投资的法规（与有助于掠夺资产的法规针锋相对）是不会有什么兴趣的。①

那些建议俄罗斯迅速私有化并追求速度至上的人对当今的问题负有责任。另外，其他经济政策也削弱了人们对法制的需求。正如我们先前谈到的，随着资本市场的自由化，寡头政治家们会很容易地将他们的财产弄到国外，他们在国内窃取和掠夺本国财产，同时却享受着国外法规带来的好处。同理，IMF 鼓励甚至要求俄罗斯采取高利率，以此作为

① 类似的情况是，成功的市场经济确实需要安全的产权，在民主国家，产权只有被认为是合法时才是安全的。有关这个问题更广泛的讨论，参见 Karla Hoff and Joseph E. Stiglitz, "After the Big Bang: Obstacles to the Emergence of the Rule of Law in Post-Communist Society," *American Economic Review*, vol. 94, no. 3 (July 2004), pp. 753 – 76；以及 Karla Hoff and Joseph E. Stiglitz, "The Creation of the Rule of Law and the Legitimacy of Property Rights: The Political and Economic Consequences of a Corrupted Privatization," NBER Working Paper, 11772, November 2005。

IMF提供援助的条件，这也会在政治上产生一定的后果：在高利率的情况下，新投资无利润可言，而已经控制了俄罗斯财富的人又有了进一步搜刮财产的动机。从政治角度看，寡头们对符合自身利益的法律制度才有兴趣，对有利于为全体俄罗斯人创造财富的法律是不会感冒的，而这些情况的叠加削弱了整个国家对法制的支持。

IMF的所作所为带来的后果比它们讲的要严重，它们忽略了其政策对经济和政治行为的影响，从而延缓政治改革进程。

虽然事实已经证明西方国家的建议有时候是毫无建设性的，但是在某些领域它们的建议还算有所帮助，在提高透明度（正如先前所讲的）和帮助发展中国家通盘考虑如何最好地管理其资源方面，不仅要在短期内维护稳定，更要顾及长期的发展。比如说，需要对普遍使用的会计核算体系进行改革，以此来纠正一些依赖自然资源生存的国家的错误发展观。就像我在第二章强调过的，对产出的衡量需要集中在可持续性上。

我们把地下的石油看做一种资产，一个国家的自然资源是与生俱来的，只不过存在于地下；就像其他资产一样，它们也需要管理。当这些资源被拿走时，这一财产就不存在了，除非将所得的收益用来投资，否则这个国家会变得越来越穷。就像企业账本表明了财产的贬值一样，一个国家的会计框架也应当反映出其稀缺资源的消耗情况。但是计算产出最常用的方法——国内生产总值（GDP）不能反映这一点。GDP只能显示开采的石油越多，收入就会越多，它不管所得收益的使用情况，更不考虑这种只消费不投资的行为是不可持续的。结果是GDP很高的国家也许会变得越来越穷，其表面呈现的繁荣是不可持续的。更为严重的后果是，自然资源的开采会导致自然环境的退化，这实际上变成了一项负债，对所造成的破坏进行补救可能需要花费数十亿美元，巴布亚新几内亚在关闭其奥克泰迪（OK Tedi）金矿后就发现了这一问题。而绿色国民生产净值（即绿色NNP）的核算方法，不仅扣减了资本贬值，还扣除了自然资源的消耗以及环境的退化。该方法只计算国内产生的收入，不包括流到国外的矿产利润；在极端的情况下，环境整治成本等于甚至超过了自然资源开采带来的收益；GDP也许增加了，但绿色NNP却降低了。

核算方法很重要，因为它影响着决策的制定。如果国家更关注绿色NNP，那么就会更多地投入到环境保护上。这种计算方法会保证自然资源的合同对一个国家的人民是有好处的；不论GDP能增加多少，任何合同只要降低了绿色NNP，就应当被拒绝。在我任经济顾问委员会主席时，我在美国推动创立绿色 NNP 作为 GDP 的补充计算方法，但是煤炭行业可能会受到影响，它们对这套方法的思路和做法都很了解，因此，它们对立法机构施压，中断了这一工作的资金支持。

核算赤字的方法也必须改变。所有国家都担心赤字，但是核算体系只看到赤字，只看到了债务，而不看资产负债表的另一边，这样做是极其危险的。一个国家需要创建一个能同时考虑资产和负债的资本账户，并且当出售资产的所得（包括出售自然资源和私有化所得）被用于使账面赤字看起来比原来的情况低时，要将这种容易产生误解的情况特别注明。一个国家可以通过砍伐森林、折价变卖国有资产以及转让自然资源来降低赤字，并可以因此而在 IMF 的核算中获得好评。IMF 的核算之所以重要，是因为不好的评价不仅意味着 IMF 和他捐赠者会减少金融援助，而且资本市场也可能会拒绝延长信贷。但现实情况是，这个国家会因此变得更穷而不是更富有。同理，能够促使更多的自然资源得到更加有效开发的投资，也会因 IMF 的核算而受到阻碍，因为如果这个国家不得不靠借款来资助其投资，即便投资回报很高，也会因赤字消费增加而受到惩罚。为了摆脱 IMF 核算体系的束缚，很多国家在不利的条件下进行了私有化，不仅使自己遭受贫穷的折磨，更是危及未来的发展，而这些风险都是没有必要的。

这些会计核算方法的改革从另一角度看是大有裨益的。应当鼓励发展中国家创建平准基金，在困难的时候可以作为一种缓冲器，也可以让自然资源型国家免受自然资源价格波动的影响。但就像我们之前在智利的例子中所提到的，IMF 的核算体系将平准基金的支出与其他类型的赤字支出划归为一类，阻碍了发展中国家建立该类型的基金。平准基金是帮助发展中国家实现宏观经济稳定的一个重要工具，如果没有该基金，资源丰富的国家普遍遭受的经济动荡会继续下去，市场经济也找不到一个公平的机会来创造它的奇迹。

国际社会的行动方案

发达国家除了可以在提供建议和做出表率方面做得更好之外，还能采取具体的实际行动来帮助资源丰富国家。本书其他部分将介绍这些行动中的三个：第二章和第七章说明了执行反贿赂法案和限制银行保密制度会减少腐败发生的机会；第六章解释了发展中国家如何提供大量的环境服务，如热带雨林能维持生物多样性并降低温室气体浓度，这种服务会让全世界都受益，但是这些发展中国家并没有得到补偿；第七章详述了一系列法律上的改革，旨在防止跨国公司在开采能源时破坏发展中国家环境，或者说如果这些公司破坏了环境，那它们就需要付出代价。在此我要介绍另外七项措施。

1. 采掘业的透明化行动①

之前我已经详述了透明度的增加会减少腐败现象，可以使发展中国家实现其自然资源的最大价值。发达工业化国家只需要简单的申明就可以保证透明化：在支付矿产特许使用费或其他付给国外政府的费用时，必须完全披露支付的项目以及有关的自然资源的开采量，否则这些费用不能享受税收减免。如果没有这种广泛的共识，竞次现象将会继续，那些最愿意从事腐败勾当、最不愿意透明化的公司和政府，将比其他人越来越占有优势。

2. 减少武器销售

比腐败更恶劣的是用石油和矿产资源资助武装冲突。我们再次强调，国际社会是能够采取措施使获得武器更加困难、价格更高的。我们有责任切断武器的供给来源，即从这一肮脏交易中牟利的武器制造商，或者说至少要对武器买卖课以重税，并对购买武器的资金来源进行清查。②

3. 认证制度

2000 年 7 月 5 日，联合国安理会对未带有塞拉利昂政府原产地认证标志的未加工钻石的进口（包括直接进口与间接进口）实施了禁令。未经认证的塞拉利昂钻石现在被称为“冲突钻石”，因为公众认识到钻石资源为冲突提供了资金，并一致要求对此加以限制，这是朝正确方向迈出的一步。国际特赦组织、非洲加拿大伙伴组织、全球目击者以及其他一些非政府组织是执行该禁令的先锋。③

热带硬木资源也应当设立类似的认证机制。这里的问题不在于这种资源会为冲突提供资金（尽管有时候非法采伐也资助了冲突），而是非

---

① 这项全球规模的重大举措被称为采掘业透明化行动（EITI），有时也被称作“花钱买惩罚”，更多讨论详见 www. eitransparency. org/。

② 军备销售由于支持冲突而引发了较为严重的负外部效应，对付这种外部性的标准方法就是征税，几个发达工业化国家的首脑已经开始呼吁对其征税。参见“Action Against Hunger and Poverty: Report of the Technical Group on Innovative Financing Mechanisms,”该报告由巴西利亚创新融资机制技术小组准备，安东尼·阿特金森等人起草，2004 年 9 月在联合国陈述，详见 www. globalpolicy. org/socecon/glotax/general/2004/09innovative. pdf。

③ 迄今为止该禁令看上去是相对无效的，在与纽约钻石零售商的交流中，我发现很少有人知道这个问题，也很少有人关心，而且大部分人只是认为这项禁令是不可能施行的。

法采伐会导致森林退化加剧，而且不会给国家带来任何好处。[①] 巴布亚新几内亚将木材运到发达国家，得到的一般不足其实际价值的5%。而认证木材的方式是在维护环境的可持续性的条件下进行采伐，这样我们这一辈人以及后代都能从森林中获益，而整个世界也将会从森林的加剧退化中得以挽救（我将在下一章详尽剖析这一问题）。在一个成熟的认证系统下，损公肥私的私下木材交易，比如像巴布亚新几内亚某一位酋长与马来西亚某位木材大亨之间进行的，就找不到一个现成的市场。认证木材的价格越来越高，未认证木材的价格由于出口渠道的减少而越来越低，各个国家就会有更大的动机来签署木材认证项目。事实上，印度尼西亚和巴西已经开始实施这种项目，并受到了消费者及一些零售商的热捧，表明了发达国家中尤其是像家得宝（Home Depot）这样社会责任感强的公司都会给予积极的回应。

4. 锁定资金援助目标

为了对未能充分实现其自然资源价值的发展中国家提供更多的激励措施，发达国家政府可以通过世界银行及其自身的援助项目来实施援助方面的限制。对于附加条件（即施加某些条件作为提供援助的前提）的有效性一直存在大量的争议，而对于资源丰富国家来说存在着一个根本性问题：为什么发达国家的纳税人要给一个实际上放弃了自己资源的政府提供资助呢？这一问题的争论在俄罗斯市场经济转型初期尤为尖锐。一些人认为西方应当给俄罗斯更多的钱[②]，而与此同时，大量资金却流出俄罗斯。如果俄罗斯政府能够控制由于腐败的私有化过程而造成的资金外流，那么它基本不需要外部资金。既然俄罗斯政府太腐败无能，不能从变卖自然资源中获取足够的资金来支持其向市场经济的转型，那么人们为什么要相信西方的那几十亿美元就会得到合理利用，甚至带来巨变呢？[③] 一个国家不能购买完美的政策（满足一系列条件后得到的援助并不能实现想要达到的目标），但是选择性地向那些已经证明能够采取合适政策的国家提供援助，确实起到了激励作用，至少这种援助有希望帮助那些国家朝着正确的方向发展。

---

① 尽管从理论上说，木料是像鱼一样可再生的自然资源，不同于石油、天然气和矿产等消耗型资源，但是硬木森林需要很长时间才能生成，因此从本质上讲它们是不可再生资源。

② 例如可以参见 Sachs，*The End of Poverty*，引文如前所注。

③ 事实上，给俄罗斯的许多援助很快就通过各种方式汇入塞浦路斯和其他地方的银行账户。参见 Stiglitz，*Globalization and Its Discontents*，引文如前所注。

5. 设定规范

我们已经认识到的一个关键问题是，发展中国家离实现其自然资源的全部价值相距甚远。一些国际机构，如世界银行，就需要发挥一定的作用，让石油和其他采掘型工业公平地对待发展中国家，建立拍卖程序使发展中国家更有可能实现其自然资源的最大价值，或者是设计合同样本，以保证发展中国家得到公平对待（例如，石油价格猛涨时能更多地分享所带来的好处），以及对发展中国家所得到的那部分自然资源收益进行评估。国际机构还可以通过对每一个发展中国家所得到的自然资源的净价值进行比较，努力创造一个力争上游的环境。①

6. 减少环境破坏

跨国公司需要有更好的理由不去掠夺环境资源，因为除非强迫跨国公司对其行为所造成的环境破坏进行补偿，否则它们的动机永远是朝着相反方向的。目前的国际投资协议都是单边的，即协议是用来保证发展中国家不能没收投资者的财产，而对于一个困扰很多发展中国家的相反的现象却熟视无睹，即跨国公司破坏了环境之后就走人。人们需要有一个国际机构来监控对环境的破坏。就像发展中国家保证不会没收投入的资本一样，石油公司的注册国也要保证任何对环境的破坏都要进行完全补救，并制定明确、严格的补救标准。

7. 执行

我们已经介绍了发达国家可以通过多种有效的措施和方法，帮助发展中国家保证其人民能从本国的自然资源中得到好处，包括提高透明度、打击贿赂和腐败以及保护环境等等。但是这些措施不能仅仅流于良好的意愿，目前涉及利益的资金数量巨大，竞次的动机非常强，因此必须坚决有效地执行这些措施。贸易协定可以用来敦促“良好行为”的产生，贸易制裁能用来惩罚那些卷入不公平贸易的公司及国家，那些未能实施采掘业透明化行动以及其他反贿赂措施的行为，都应该被视为不公

---

① 世界银行试图在制定规范中扮演一个积极的角色，确保其资助的乍得—喀麦隆石油工程所赚取的大部分钱都用在发展上而不是军事上。人们担心石油收入仅仅加强了乍得的军事独裁，于是成立一个复杂的信托机构来接管石油收入；但是石油开采出来后不久，乍得的军事政府要求废除这个信托机构，收入要直接上交，并威胁说否则就切断石油供给。（直到本书付梓出版，仍没有最终的解决方案。）批评这项工程的人所最害怕的事终于发生了，他们曾经质问为什么埃克森美孚国际公司需要世界银行的援助？如果这项工程是个好项目，它不需要世界银行就可以获得资金。之前，在对世界银行的采掘业贷款进行独立审查时，审查员就曾经反对向乍得这样的国家提供银行贷款，因为给这些国家的贷款并不能帮助其减轻贫困。世界银行将审查员的建议留待今后做进一步研究，礼貌地拒绝了他们的建议。

平的贸易行为。

我们能够使全球化发挥作用，或者说至少对资源丰富国家发挥更好的作用。如果全球化对这类国家都不起作用，我们还怎么指望它为生活在贫困得多的发展中国家的人民带来福音？国际社会不仅应该保证资源丰富国家能得到其自然资源的最大价值，还应当帮助它们使其经济朝稳定和增长的方向发展，并保证经济增长的成果得到广泛的分享。

我们能够解除自然资源的诅咒，并让丰富的自然资源恢复到它的本来面目——一种天赐的祝福。

于是出现了一个压倒一切的问题：资源丰富的发展中国家的福利依赖于它们能够从自然资源中获得的利益有多大；而发达工业化国家大公司的福利依赖于它们支付的资源费用能有多小。这一冲突是自然而然又无可避免的，是富足的悖论这一问题的核心。发达国家的人民及其政府的立场又如何呢？是支持发达国家中那些拥有和操控大公司的少数，还是支持那些福利甚至生存都悬于自然资源的发展中国家的数十亿人？

6 拯救我们的地球

当前的世界似乎正在陷入一场浩大的实验，看看当人们向大气层排放越来越多的二氧化碳和其他有害气体后，究竟会出现什么样的结果。科学界早已非常肯定其结果将会非常不妙。有害气体的排放会产生类似于温室的效应，它会吸收大气中太阳的能量，使地球一点点地变暖，这也就是为什么把排放在大气层中的气体称为温室气体的原因。地球变暖，会使冰河和极地的冰川融化、海平面提高、洋流发生改变，尽管目前我们还不清楚从现在起到这些事件的发生还需要多长时间，然而，有迹象显示北极冰川会在 70 年内消失，美国蒙大拿州举世闻名的国家冰河公园——一个拥有上百万英亩的自然保护区也将在北极冰川消失之前化为乌有。

如果我们拥有上千个地球，那么我们用其中的一个来进行这样的实验还算合理，一旦情况不妙，我们也可以移居到另一个星球上去。然而我们没有这样的选择，不存在可供我们移居的另一个星球，我们只能守望着地球。

全球环境问题对发达国家和发展中国家的影响是无差异的，这与全球化的其他问题不同。到目前为止，除个别例子外，全球化的治理还没有足够的措施来应对全球环境问题。在本章中，我将解释两个方面的问题：第一，为什么应对全球环境问题是一项非常困难的事情；第二，我们能够做些什么，即我们如何扭转全球化中的经济力量，使它们从目前的破坏环境变为保护环境。

根本性的问题：公地的悲剧

在第四章中，我谈到了公共用地被圈占的情况，指出了属于所有成员的公共土地被私人侵占的后果。公共产权还存在着另外一方面的问题，有时也被称为“公地的悲剧”。① 当一种公共资源能够被所有的人自由使用时，每个使用者都不会考虑自己的行为是否会伤害其他人，结果每个人都会无视公共利益。

这种称谓第一次出现在中世纪晚期的英格兰和苏格兰，那时的农民在公共牧地上放羊，每个农民都不断增加羊的数量，可供放牧的草地数量越来越少；但是每个农民仍然只看到自己的利益而不顾这种行为给他人带来的代价，这时“公地的悲剧”也就产生了。

今天，这一问题在全球捕鱼业上表现得最为直接明了，各个国家为了捕捞到更多的鱼都具有派遣大型捕鱼船队出海的动机——毕竟海洋中的鱼类对所有具有捕捞能力的人来说都是可以随意捕捞的。然而，随着派出的船队越来越多，鱼类的存量也就会逐步耗尽，对每个国家而言捕鱼的成本也就会不断提高。实际上，由于现代捕鱼业高度发展，捕鱼船队的捕捞速度已远远快于鱼类的繁衍速度，这已是显而易见的事实。

如果一个人，或者一个国家，损害了他人利益又不必为此付出代

---

① 加勒特·哈丁（Garrett Hardin）在其经典文章的标题中使用了这个词并使其流行开来，文章发表在 *Science*，vol. 162（December 13，1968），pp. 1243－48。知识的公共资源与这里讨论的公地有着本质的区别，对于前者，一个人使用了知识资源并不会让其他人得不到这一资源；而圈占代表的是低效率的限制使用，对于牧场和渔场来说，一个人的使用就会使其他人的可用资源减少，用经济学家的行话来说，前者的使用边际成本是零，后者却是正数。

价，此时就会产生负外部性问题①，这些经济学的最基本原理简明易懂。通常情况下，市场机制会产生非常多的行为引起负的外部性，例如市场本身导致了太多的大气和水资源的污染；如果没有政府的干预，公共牧地上总是会有过度放牧的羊群。

公共资源问题是一个容易理解的问题，从某种意义上讲，解决这一问题的方法也不复杂，不管采取什么方式，都必须限制单个主体对公共资源的使用。解决问题有两种途径。第一种途径是十六七世纪苏格兰曾经用过的办法，即将公共资源私有化，苏格兰的封建领主们直接将公共土地占为己有，作为土地所有者，他们每个人都有动力确保土地不被过度放牧。当然，私有化对收入的分配产生了巨大的影响，它能带来效率的提高，但是效率增长的所有好处全部被苏格兰的封建领主们占有，而那些被驱逐出公共领地的农民的境况却大为恶化。

然而，在现实中，私有化的方式并不能沿用到全球渔业捕捞和全球变暖问题，因为通过圈地将牧地进行私有化，实施起来相对简单。但是，即便捕渔业也能在某种程度上实施自由化，即便在自由化过程中所引起的棘手的分配不公的问题也有办法解决，任何私人所有者要在这个领域中行使其产权却几乎不可能。当产权的行使出现问题的时候，国家就不可避免地强势介入来对资源进行管理，剩下的只不过是政府以何种方式介入的问题而已。第二种途径，是让政府来管理公共资源，例如对牧羊或捕鱼的数量进行限制，对于全球的自然资源来说这也许是唯一可行的方式。在历史发展的长河中，这种方法经常被用于公共资源的管理，社会组织运用法律和社会控制手段，来限制类似于过度放牧或捕鱼这类的负外部性问题。

大体上讲，无论是私有化还是社会化控制，这两种方法都能产生效率和公平的结果；社会组织能够计算出“有效率”的牧羊数量，即在不损害公共用地的条件下所允许的放牧数量，私人所有者也同样能够进行计算。另一种做法是，将公共资源拍卖给出价最高的买者，以此来实施私有化，然后将所得到的收入进行平等的分配。然而在现实中，私有化是与严重的不均等现象相伴随的，这也正是圈地运动发生的根本原因之一，因为权贵们看到了对他们有利的财富再分配的机会。

但私有化也并不总是能产生效率，私人所有制本身也经常与环境的外部性纠葛在一起，例如，过度使用化肥会污染整个水域，如果私有化

---

① 见第三章，探讨了外部性的概念以及政府在处理外部性所导致的低效时所扮演的角色。

缺少完全的政治上的合法性，私人所有者不可能长久地控制这些产权，那么他们过度使用资源的内在冲动也会变本加厉，这一点我们在俄罗斯的私有化进程中屡见不鲜。在巴西，森林的私有化导致了森林的迅速退化，因为私人所有者都明白一点，即政府早晚会认识到森林作为国家财富的重要性，并会在将来对采伐进行限制，他们的看法也许是正确的。而从另一个方面看，在采用公共方式管理公共资源时，政府官员可能会让他们的亲朋好友放牧的数量比别人多，而政治家们为了增加选票，如果估计在若干年内不良后果还不会太明显的话，也会对过度放牧的现象听之任之。用历史的眼光来看，无论是私营的方案，还是公共管理的方案，在促进公平和效率时都无法做到二者兼顾。这就是公共产品管理上的最根本的两难问题。

大部分环境资源从本质上讲，并不是全球性的。地下水、湖泊抑或空气的质量只对邻近的居民产生影响，如果洛杉矶或者墨西哥城存在严重的空气污染，那么受伤害的只是当地的居民。当然，有时这种影响也会从一个地区传入下一个地区。例如，一个人烧落叶会使他的邻居受烟熏之苦；加拿大的酸雨源于美国中西部发电厂的污染。尽管有一些双边的和区域性的协议来应对跨境的环境外部性问题（如 1991 年《美加空气质量协议》），但是面对全球环境问题，这些协议却无能为力。

在一国国内，我们管理稀缺资源和降低外部负效应的能力是不完美的，同样，我们管理全球自然资源和降低全球外部负效应的能力更加有限。绝大多数用于国内管理的工具在全球范围内并不适用。在国内，如果一个人伤害了另一个人，被害者可以提出诉讼。从经济效率上讲，强制要求每个人对自己的行为后果承担责任，这是必需的，但是在国际领域却没有这样的追索权，即使一国的行为损害了别国的福利，受害国却束手无策。中国的污染影响到日本，全球气候变暖引起海平面升高，致使马尔代夫和孟加拉国都在劫难逃，而这一灾难的主凶则是美国的污染。日本无法起诉中国，同样，马尔代夫和孟加拉国也不能起诉美国和其他一些排放温室气体、导致了海平面升高的国家。

在一国国内，私有化手段虽然不尽完美，有时也还能用于解决公共资源问题。然而在应对全球公共资源的问题上，没有人会郑重其事地提出私有化的选项，唯一明智和可行的补救措施是采用某种形式对全球自然资源进行公共管理，并制定一整套全球性监管法规对资源的使用以及引发全球外部性的行为进行监管。其实，这也是我们用于解决国内的许多外部负效应问题的方法，例如当一个人的行为伤害了他人时。在美国，你是不能在郊外随意焚烧落叶的，因为下风口的邻居会因此而饱受烟熏之苦；你也不能在自己的土地上随意倾倒垃圾，因为垃圾的恶臭会使你邻居的生活环境恶劣；在美国，对空气、水污染以及有毒废弃物的处理有着很严格的监管措施。

民主政治的发展进程中已经肯定了集体行动的必要性，当然，在集体行动中有人会有所失，也有人会有所得，例如，污染制造者看到自己的利润减少，但同时，那些因污染而遭受癌症威胁的人却得到改善；尽管那些看到自己的利润逐渐消失的人会站出来反对，但是绝大多数的民意会使限制污染的一些监管立法得以顺利通过，因为他们认识到这样做的社会收益远远大于其成本。

那些最大的污染者总是想把大事化小。美国是世界上最大的污染者，每年几乎要向大气层排放60亿吨的二氧化碳，它在减排问题上装聋作哑，拒不相信那些表明有必要减少温室气体排放的证据，这种态度毫不奇怪。如果排放的温室气体滞留在美国上空的话，那么美国将自行处理这些废气，然而不幸的是，二氧化碳分子是不认国界的。[1] 话又说回来，尽管美国的排放对全球的大气层产生了影响，但是美国（也可能是中国或其他什么国家）并不需要为其国界之外的不良后果付出代价。其结果是减排的动力不足，即它们不会减少石油消耗，因此也就在减排上没有任何作为，这样的结果毫不令人感到奇怪。

其他一些发达工业化国家着手实施的减少污染政策已经取得了明显的进步，值得赞许，但是，除非所有的像美国、中国这样的大国都参与其中，否则很难有实质意义上的作为。核心的问题是，如何集所有国家之力，通力合作来解决最为紧迫的全球性难题？这是下一节中我们将涉及的内容，我将阐释我们如何能够运用全球化的经济力量来实现全球更好的环境目标。

全球气候变暖

生活在地球上的每个人都共享同一个大气层，因此没有哪个问题比

① 温室气体不仅仅包括二氧化碳和甲烷（从1750年以来，全球大气成分中甲烷的平均值已经增加了150%），还包括像一氧化二氮（N_2O）等气体。参见 Intergovernmental Panel on Climate Change，*Climate Change 2001*：*The Scientific Basis*（Geneva：United Nations Environment Programme，2001）。

全球变暖更为全球性的了。关于全球变暖的问题存在着七个无可辩驳的事实：（1）世界正在变暖，上个世纪气温上升了华氏 1 度（摄氏 0.6 度）；（2）即便气温小小地发生变化也会产生极大的影响；（3）即使是从百万年的历史视角来看，气候变暖的速度也是史无前例的；（4）上个世纪海平面上升了 4 英寸至 8 英寸（约合 10 厘米至 20 厘米）；（5）即便是海平面微小的变化也会对地球产生巨大的影响，例如，海平面升高 1 米，在世界版图上，从佛罗里达到孟加拉一线的低洼地都将会被淹没；（6）大气层中的温室气体增长量非常大，其程度估计已经达到了两千万年以来的最高水平，在过去的两万年中，温室气体在以最快的速度增长；（7）气候变化的速度很可能还会加快，因为温室气体浓度微小的增加会导致比最近历史时期中更大的气候变化。①

实际上，所有的科学家都一致认为温室气体导致了全球气候变暖和海平面上升，并且认为这种情况很大程度上是人类活动的结果（80％来自矿物质燃料的燃烧，20％来自森林的砍伐）。同样，大多数人还认为，气候还会明显地变暖，到本世纪末气温还会上升华氏 2.5 度至华氏 10.4 度，（约合摄氏 1.4 度至摄氏 5.8 度），海平面也会上升 80 厘米至 1 米。专家认为我们将会面对更多的洪水和干旱、飓风和气旋等灾难，当温暖北美东海岸的湾流——墨西哥湾暖流的流向发生变化的时候，欧洲气候的基本特征将会发生巨变。

在第二章中我讲述了孟加拉国的一些发展计划所取得的伟大成就，而孟加拉的多数国土处于低洼的三角洲上，这是种植稻谷的福地，但是却经不起海平面的哪怕是微小的变化，而且经常受到杀伤力极强的风暴袭击。如果全球气候变暖致使风暴强度增大的话，灾难的死亡人数就会飙升。海平面升高也会使该国三分之一的国土、一半的稻谷良田淹没，1.45 亿孟加拉人将拥挤在比现在更小的国土上，目前仅仅能维持温饱的收入水平也会进一步下降。

孟加拉还不是可能遭受全球气候变暖打击最严重的国家，“热带天堂”马尔代夫——印度洋上一个由 1 200 个岛屿组成的小国，拥有 33

---

① 政府间气候变化专门委员会（IPCC）的定期报告中提供了全球变暖的最全面的科学调查。参见 IPCC，*IPCC Third Assessment*：*Climate Change 2001*（Cambridge，UK：Cambridge University Press，2001）。前两次评价：IPCC，*IPCC First Assessment Report*，*1990*（Cambridge，UK：Cambridge University Press，1990）和 IPCC，*IPCC Second Assessment*：*Climate Change 1995*（Cambridge，UK：Cambridge University Press，1995），详见 www.ipcc.ch/pub/reports.htm。

万人口，根据可靠的预测，在短短的 50 年之内，这个国家将完全被汪洋所淹没。我们就这样失去了这个国家，与太平洋及其他一些海域的低洼小岛一起，成为我们自己制造的 21 世纪的亚特兰蒂斯岛*。

孟加拉和马尔代夫面临的命运远比人类史上最残酷的战争给人带来的劫难更为悲惨，其他人的污染行为并不是有意要伤害它们，但其影响却是全球性的和毁灭性的，这种力量的势能已经超出了它们的控制能力，使它们面对灭绝的威胁。

尽管在全球气候变暖的问题上，从科学的角度已经形成了广泛的共识，但是一些不确定的情况依然存在。的确，事情可能不会像当今的那些占凶者说的那么耸人听闻；但另一方面，这原本也是遥远未来的灾难。这与我们的大部分生活内容没有什么两样，每个人总是在不完全信息的基础上做出决策的。如果从现在起，50 年或 70 年后，北极的冰川融化，纽约和伦敦的部分地区葬身水中，其他的一些岛屿国家整个消失，到那时再想力挽狂澜就为时已晚。即使我们迅速减少我们的排放，大气层中的温室气体的浓度也只会一点一点地降低，这就是为什么我们现在必须开始计划并付诸行动，做最坏的准备总是比坐以待毙、发觉自己没有尽力要好得多。

当我们还在思考世界能不能集合力量和资源来对付全球气候变暖构成的威胁时，我们应该注意到，这种一致的行动其实已经获益良多。出于对鲸鱼濒临灭绝的担忧，1946 年签订了《国际管制捕鲸公约》(International Convention for the Regulation of Whaling)，尽管也有反对的声音，协议还是得以实施，鲸鱼的数量大大地得到了恢复。另一个国际协议涉及氯氟化碳气体（chlorofluorocarbon gases，CFCs），通常用于冰箱和空调的冷冻剂，后来发现，这种气体会破坏臭氧层，使得能够致癌的紫外射线穿过大气层。国际社会对此反应十分迅速，从发现问题到 1987 年签订《蒙特利尔议定书》(Montreal Protocol)，前后用了十年多一点的时间，这项协定是成功的，CFCs 的淘汰速度超出了人们的预想。

这些例证表明，国际社会在以往是有能力对威胁到全球环境的挑战做出应对的。但是，在全球气候变暖的挑战面前，国际社会还能沉着应对吗？

---

* 传说中淹没在大西洋海底的神秘岛屿。——译者注

里约热内卢的地球峰会

20 多年前，当科学家们首次意识到全球的气候正在发生着变化时，世人认为这是个潜在的问题，并决定对其进行研究。1988 年联合国创立了政府间气候变化专门委员会（the Intergovernment Panel on Climate Change，IPCC），并要求世界上的顶尖专家对气候变化的程度及其可能的影响进行评估。① 在 1990—2001 年间，IPCC 公布了三份重要的研究报告，其中每份报告的结论都指出了全球气候变暖危害的证据确实在不断攀升。各国科研机构也发布了多如牛毛的研究报告，又对这些证据进行重温，其中也包括一份美国的报告，是在小布什公然质疑全球气候变暖的严重性之后提出的。这里所讨论的内容反映的是大家对这些基本证据所达成的广泛共识。

科学的证据越来越多，政治家所承担的压力也就随之而来。1992 年，100 多个国家的首脑聚集里约热内卢，决定着手解决这一问题。在《联合国气候变化框架公约》（United Nations Framework Convention on Climate Change）中，他们设立了一个程序来制定限制排放条约，但是在具体的目标上并没有达成一致，而只是承诺："将大气层中的温室气体浓度稳定在某个水平上，这个水平是指能够将危害气候系统的人为干扰控制在一定的期限内，从而让生态系统有足够的时间进行自然调节。"美国和其他 152 个国家签署了这项协定，它成为了国际社会努力与地球最为严重的威胁进行抗争的基石。随后举行了一系列技术性会议，并在全球气候变暖的世界性重大会议——京都会议上达到了高潮。

《京都议定书》

1997 年，来自超过 150 个国家的政府首脑、活动家和各界代表 1 500 多人云集日本历史名城京都，旨在提出一个减少温室气体排放的世界性的协议，他们的任务是要设计出一个减少排放的方法，既要公平又要有效率，既要使减排的经济成本最小，又要使减排的负担在世界所有国家之间公正地分摊。《京都议定书》并没有对发展中国家提出直接的要求，

---

① 政府间气候变化专门委员会（IPCC）是 1988 年由世界气象组织和联合国环境规划署两个联合国机构设立，以对"人类活动引起的气候变化的风险"进行评估。从那时起，一旦有了新的数据和研究报告，它们便进行审查，几乎从不间断。我曾参加第二评估组（*IPCC Second Assessment*：*Climate Change 1995*，引文如前所注）。

而是呼吁每个发达国家到 2012 年将其排放量在 1990 年的基础上减少规定的数量，整个欧洲将减少 8%、美国减少 7%，日本则减少 6%。①

京都会议的参与国都认识到这个协议内容只是构建了一个粗略的司法框架，但这个粗线条的框架总比为所欲为、让世界承受苦难要好。对不同情况也会产生一些敏感性问题，例如，挪威的电力多数来自水力发电，因此几乎没有什么余地来减少污染了，这样的国家实际上还被允许增加 1%的排放量；而另外一些像法国一样已经努力运用核能来取代污染性强的矿物燃料的国家，协议书对它们的减排要求与那些没有努力减排的国家是一样的。

包括印度、中国、巴西在内的发展中国家提出的观点是，大气层中的温室气体水平累积如此之高，主要是由于发达国家以往的过失造成的，它们的工厂、汽车、发电厂在过去的几十年一直在燃烧着矿物燃料，过去 250 年大气层中的温室气体增加了三分之一，发达工业化国家肆意挥霍的消费行为应该对此负主要责任。发展中国家认为，让发展中国家来为发达国家过去的罪行埋单是不公平的，不仅如此，它们现在正在为经济增长、为让国民摆脱贫困而奋斗，就更不应该强迫它们承担减少污染的任何负担。

为了提高总体减排的效率，全球引入了一种交易机制，美国已经成功地运用这种工具，降低了二氧化硫的排放。如果某国降低污染的成本高于另外一个国家，那么高成本的国家可以向低成本国家购买污染减排份额，通过这种“碳交易”，一个国家减排的多余部分可以用于抵消另外一个国家减排不足的部分。尽管一些环境保护主义者不喜欢这种将污染权视同其他商品进行买卖的主张，但经济学家则认为如果要实现有效率的污染减排的话，这种方法是必需的，经济学家的观点最终占了上风。碳交易所能节约的潜在成本是巨大的，例如，就美国而言，可以将实现其减排承诺的成本降低 60%②，目前，这种碳交易机制正在发挥着实质性的作用。

美国和《京都议定书》

美国是世界最大的经济体，成为世界上最大的污染者是不足为奇

---

① 在 1990 年的基础上，到 2012 年平均减少幅度为 5.2%。平均值之所以为 5.2%，是允许像俄罗斯和澳大利亚这样一些国家增加排放，或者至少不要求它们减少。虽然这个数字看上去有点小，但与没有议定书的预计水平相比，这个数字表示排放减低了 29%。(议定书设定的最后日期是 2012 年；预计之后的标准会更加严格。)

② Council of Economic Advisers, “The Kyoto Protocol and the President's Policies to Address Climate Change: Administration Economic Analysis,” July 1998.

的，当经济的产出越多，污染也就越大。但是有一些经济体生产每一美元的 GDP 会产生更多的污染，说明其生产方式对环境的破坏要比其他国家的生产方式产生的破坏大。发展中国家每单位美元 GDP 产生的污染往往都很大，因为它们所用的汽车和机器都是过时的、低效率的。在发达国家中，美国是最差的国家之一，截止到 2003 年，美国的能源使用效率只相当于乌拉圭和马达加斯加；英国、爱尔兰、丹麦和瑞士每单位美元 GDP 的能源消耗只有美国的三分之二，而日本的消耗只有美国的一半。① 美国单位美元 GDP 的能源使用率相对较高，而且技术水平高，兑现《京都议定书》的承诺相对来说是很容易的，只要达到日本的能耗效率，美国的污染排放就会降低一半以上。②

然而，美国却拒绝采取行动。就在美国要签订《京都议定书》之前，美国议会一致通过了《伯德—海格尔决议》（Byrd-Hagel Resolution），声称美国国会认为在发展中国家以及发达国家缔约方不承诺减排目标和时间表的情况下，或“将严重危害美国经济”的情况下，美国不得签署任何议定书。迫于美国议会的强烈反对，克林顿政府没有将《京都议定书》提交国会批准。2001 年 3 月 12 日，小布什入主白宫仅两个月就写信给四位共和党议员，向他们保证他是反对议定书的，并且不会遵守他在竞选中作出的管制二氧化碳排放的承诺。尽管如此，其他国家则继续前进，随着俄罗斯在 2004 年 10 月批准了议定书，该协议终于开始实施。2005 年 2 月 16 日是议定书正式生效的日子，约占温室气体排放总量的 55％的 141 个国家批准了这一议定书。

然而，由于美国的不作为，温室气体减排的进展非常缓慢。美国的排放量接近总排放量的 25％；怀俄明州人口只有 49.57 万，是美国人口最少的州，二氧化碳的排放却超过了人口总量接近 3.97 亿的 74 个发展中国家的排放量；得克萨斯州人口 2 200 万，二氧化碳的排放量也超过了拥有 11 亿多人口的 120 个发展中国家的排放总量。③ 美国拒绝签署《京都议定书》，有些理由是显而易见的，其一，为全球气候变暖所

---

① Energy Information Administration，*International Energy Annual 2003*（Washington，DC：U. S. Department of Energy，2005），Table E. 1 G.

② 同上，Table H. 1GCO2。

③ Energy Information Administration，*International Energy Annual 2003*（Washington，DC：U. S. Depatment of Energy，2005），Table H. 1；另见 National Environmental Trust，*First in Emissions，Behind in Solutions：Global Warming Pollution from U. S. States Compared to* 149 *Developing Countries*（Washington，DC：National Environmental Trust，2003）；详见 www. net. org/reports/globalwarming/emissionsreport. pdf。

做的任何努力，都会增加一些影响极大的工业部门的成本，如汽车、石油和煤炭业；其二，美国因全球气候变暖而受到的冲击也相对较小；其三，一些经济学家和商界人士也已经注意到，美国北部各州的生长季节延长，部分地区还会从气候变暖中获得好处。在 2006 年的达沃斯年会上，那些来自石油业的代表们谈论的话题竟然是全球气候变暖所带来的新机遇，如北极冰川的融化将会使深藏于北冰洋底的石油更容易开采。全球气候变暖尽管会使美国东海岸的水位提高，部分土地也会被海洋淹没，但这与给孟加拉和马尔代夫所带来的灾难性影响是无法相提并论的。然而，卡特里娜飓风无情地揭露出这种自私自利的算计所存在的重大缺陷，由于美国财富巨大，即使是灾难波及面很小，给美国带来的潜在价值损失也将是非常巨大的。

布什政府声称限制排放的成本与收益相比简直是太高了。对于世界上绝大多数国家而言，这种观点完全是荒唐无耻的，世界上最富有的国家居然抱怨自己没有钱来实施有效的环境政策，而与此同时，其他发达国家却在努力减排，并将其污染程度降至只相当于美国污染水平的很小一部分，即使用单位美元来衡量，情况也是如此。日本、德国、法国、瑞典，这些国家的温室气体排放率还不到美国的一半，而这些国家的国民也过着舒心适意的生活，用某些指标来衡量，这些国家居民的生活水准高于美国的居民。①

如果说一些公司不想在减排上花费金钱还是可以理解的话，那么它们破坏控制全球气候变暖的努力则是万万不可接受的。不仅如此，美国的企业还应该好好地向日本的竞争对手学习。② 20 世纪 70 年代受石油价格冲击的影响，石油的价格上涨了四倍多，美国人开始购买日本轿车，因为日本的轿车更省油，而还在生产“油老虎”的底特律的厂商无法与之竞争。底特律的生产企业不但没有让它们的工程师去设计更加节

---

① 参见 Table H. 1GCO2 of Energy Information Administration，*International Energy Annual 2003*，引文如前所注。第二章中，我解释了为什么 GDP 作为一个衡量生活水平的指标是不完善的，并提出了联合国所使用的更加综合的指标——“人类发展指标”。按照这个指标，美国 2005 年在世界的排名是第十位。

② 在第二章和第五章，我解释了为什么 GDP 不是衡量社会福利持续发展的良好指标，这也是为什么工业企业常常争辩说限制污染会有 GDP 成本，这种说法不仅自私自利，而且也不切正题。即使现在测算 GDP 可能会降低，但如果结果是全球变暖得到抑制，未来的损失将会减少，那么仅仅从 GDP 的角度看，眼光放长远一些的话，限制废气排放就是有效的。同样的无稽之谈是减排会造成失业，如果财政部门恪尽职守的话，那么就会在其他地方创造出新的就业机会。

能的汽车，反而让它们的律师和说客们去游说国会，以确保政府不会采取强制性的措施迫使它们生产节能汽车。伊拉克战争的爆发引起汽油价格飙升（2002—2006 年，石油价格上涨了 114%），现在看来底特律厂商无疑是在孤注一掷，并且输了这场赌局，它们的损失如此之惨重，像福特、通用汽车曾经是美国式资本主义的重要堡垒，它们的企业债券跌至垃圾债券等级。它们的应对策略是，企图通过增加“油老虎”的销售来提高利润，对全球气候变暖问题却视而不见。这种经营策略是不道德的，而具有讽刺意味的是，它们仍旧赚不到钱。

作为世界上最富有的国家，即便减排的成本很大，美国也是最有能力来应付的。然而，美国非但没有像欧洲和日本那样承担起减排的成本，反而责难《京都议定书》给发展中国家的豁免条款，并以此当做自己不作为的另一个理由。发展中国家指出，在 20 世纪的发展进程中，美国的温室气体排放超过了世界上所有发展中国家的排放总量的 50%。① 这种观点并不是说发展中国家不应该为减少温室气体的排放而努力，减排符合它们自身的经济利益，许多发展中国家的能源使用非常浪费，如果它们的能源使用效率更高的话，无论对它们的经济还是环境都是有利的。许多发展中国家，包括中国，存在着很高的能源补贴，在当今世界，这样的做法也是不合理的，因为促进工业化发展也还有更好的途径。② 然而，尽管我相信节能减排符合发展中国家的利益，并且我认为每个人都有道德上的义务来保护我们珍贵的、无可替代的大气层，但是我并不认为让世界上最富有的国家和世界上最大的污染者来承担主要的调整成本会有失公允。

美国拒绝承担其应尽的全球道德责任，是因为有许多人，包括布什政府官员在内，他们相信，或者说是期盼，技术的发展可以成为救星，有朝一日，技术创新将会提高能源利用效率，温室气体排放会自动下降；或更理想的是，有人会发现某种更好的能源来替代煤炭、石油和天然气。这种情况有可能出现，但是我们不能把世界的存亡寄希望于我们的幸运上；再者说，更好的技术被开发出来的几率很大程度上取决于对

---

① 参见 World Resource Institute's searchable database of “CO2 cumulative emissions, 1900 - 2002,” 网址 http://earthtrends.wri.org/，这是将美国能源部发布的各种数据汇编而成的。

② 2006 年 3 月中国公布了第十一个五年计划，重点放在了环境问题上，包括提高能源利用效率。“十一五”计划公布后的几周内，政府提高了汽油和其他石油产品的税收，并发布了其他抑制毁林的举措，包括对木制筷子征税。

开发的激励，而《京都议定书》严格限制排放，为技术开发提供了很好的激励。

在第四章中我们看到，在支持严厉的知识产权保护方面，布什政府很强调激励的重要性；但是在全球气候变暖方面，他们似乎忽略了激励的作用，而只是号召人们自愿地去减少能源的使用，似乎人们理应会表现得越来越好的。正常情况下，我们不能依赖人们的自觉自愿作为资源有效利用的基础；例如，当严寒导致柑橙的供给锐减时，我们不能只喊“请各位自觉地减少阁下的柑橙消费量”，我们靠的是价格机制。人们节约使用资源是因为他们有节约的动机，是因为他们要为资源的使用付出代价。清洁的大气层是一种资源，就像其他的资源一样，污染会带来社会成本，人类必须承担这样的成本。

到了2006年，布什政府似乎终于认识到了知识产品是一种公共产品，政府对此的扶植政策也是合情合理的，并提供了一些经费用于研究矿物燃料的替代品。然而，这样的支持是非常有限的，并且公共研究需要私人部门来配合，这就是为什么“制定合理的价格”是如此的重要，这一价格是让家庭和厂商支付排放带来的社会成本。

让全球化造福全球：直面全球气候变暖问题

全球气候变暖是一个全球性问题，然而却没有人愿意为解决这一问题支付费用。每个人都想“搭便车”，让别人去努力。但是，要知道，全世界集体行动起来、共同努力的话，对每个人都会有利。

如果我们在《京都议定书》的框架下，如果这个框架协议是行之有效的话，那么，必须注意下列三个问题。第一，如果想将美国纳入这个协议中来，那么显然发展中国家也必须包括进来，当然我们需要建立一个公平的制度，来为发展中国家设立减排的目标。第二，如果在目标上达成了一致，那么就必须有某种适当的方法来执行，否则，只要减排存在成本，就会有逃避承担义务的动机。第三，如果减排的成本能够有所降低的话，那么让各国遵守协议也就会变得容易得多，因此我们需要找到降低减排成本的方法。

发展中国家的减排目标

尽管在《京都议定书》中发展中国家没有承担减排的义务，但是，如果全世界都将为改变全球气候变暖而有所作为的话，那么显然发展中国家也必须减少排放。“照常营业”方式已经走到了尽头，如果每个国家都按美国目前的污染率进行排放，而且如果人们无所作为的话，这样的污染还要持续 20 年，人类无疑亲手为自己撰写了世界末日的剧本。2005 年，发展中国家的温室气体排放估计已经占到全球总量的 40%，根据目前的估计，到 2025 年左右，发展中国家的温室气体排放将超过发达国家。① 尽管发展中国家的人均排放量还非常之低，但是收入和人口在未来都会增长，因此，它们的总体排放量也还会增加。②

在《京都议定书》中，每个发达国家都有一定数量的减排义务，因此，大家必须在每个国家的减排目标上达成一致。目前的协议框架所要求的减排是以 1990 年为基础的，某个国家在 1990 年比别人污染得多，那么它们就有权在未来也比别人污染得多；美国的排污量比别人大，根据这个协议，它就有权继续比别人排放得多。

以 1990 年的水平为基础来制定减排目标，这是《京都议定书》的基本原则，然而这个原则对发展中国家而言是不合情理的。根据这一逻辑，1990 年污染很少的贫穷国家，它们在未来的排污权也就很小。这些国家不禁要问：“发达国家凭什么获得比我们更多的排污权，难道就凭它们以前污染得更多吗?”这些国家的观点正好与此相反，正因为美国以前污染得太多了，因此理应让美国在未来排放得更少，最起码它们也应该获得和美国一样的人均排放权。然而，目前美国的人均排放是中

① Energy Information Administration，*International Energy Outlook 2004*（Washington，DC：U. S. Department of Energy，2004），Table 72. 这里发展中国家和发达国家的比较忽略了东欧/前苏联，这些国家预计占整个时期总排放的 12%。

② 有多种复杂的因素造成了排放。农产品虽然不像工业产品那样产生那么多的排放物，但也会增加温室气体，比如说，家畜就会产生大量的CH_4（甲烷）。砍伐森林是主要问题，后面会展开全面的讨论。发展中国家是非常低效率的，当然这基本上是欠发达的特征，意味着每单位产量会产生更多的排放。一方面，这意味着伴随发展中国家的工业化进程，排放也会迅速增加；但同时也意味着伴随着它们会变得更有效率，减排的空间也是巨大的。在像中国一类的发展中国家，能源的低价格导致了这种低效率。如果发展中国家以欧洲国家而不是美国为榜样，对石油课以重税，就可以限制排放的增长。中国没有这些征税，但已经显示出可以将快速增长——每年 7%至 9%的增长，与有限的排放增长相结合。对排放预测的讨论参见 Mustafa H. Babiker，John M. Reilly，Monika Mayer，Richard S. Eckaus，Ian Sue Wing，and Robert C. Hyman，“The MIT Emissions Prediction and Policy Analysis (EPPA) Model：Revisions，Sensitivities，and Comparisons of Results，” MIT Joint Program on the Science and Policy of Global Change Report 71，February 2001。能源信息管理局（Energy Information Administration）的《2004 年国际能源展望》（*International Energy Outlook 2004*）（引文如前所注）公布了更多近期的预测，预测发展中国家的排放将在 2030 年超过发达国家，而不是 2025 年。

国的 7 倍，是总体发展中国家的 12 倍，如果按照这种协议，那么至少还需要几十年的时间才能对发展中国家的排放实行真正的约束。① 即便美国将其人均排污控制在 1990 年的水平（美国至今还没能做到这一点），中国按目前的增长率发展，也还需要 200 多年的时间才能达到目前美国的人均排放水平。②

为什么美国就应该比其他国家有更大的排污权？对此，美国一直没有能给出合乎逻辑的辩解理由。实际上，在《京都议定书》的框架下，没有人能够对这一前提提供合理的辩解。美国可以采取的立场是排污应该和生产挂钩，因为美国生产得多，因此就应该允许它污染得多。如果《京都议定书》要发挥作用的话，那么必须在人均排放目标和单位美元 GDP 的排放目标之间找到一种折中方案。如果排放标准哪怕只是部分地以人均排放为基础的话，美国也必须将其能源使用效率提高到远远高于目前的水平。然而，到目前为止，没有任何迹象表明美国会自觉自愿地这样去做，因此我相信，在制定减排目标的问题上注定很快会陷入僵局。美国仍然拒不妥协，而发展中国家也看不到任何好的理由要牺牲自己的收入和经济增长去帮助美国。我们正处于进退维谷的境地，而与此同时，世界被污染得更快、更严重。

“胡萝卜”加“大棒”：提高协议的执行力

无论设立什么样的目标，激励手段——“胡萝卜”加“大棒”都是需要的，首先确保各国加入签署议定书的行列，而后确保各国遵循议定书。美国能够置《京都议定书》于不顾，说明我们需要有强制各国参与的某种手段。当晓之以理行不通（也从来没有行通过），而我们又找不到足够多的“胡萝卜”来吸引大家时，那么，一些“大棒”的作用就会体现出来，只要这些“大棒”实实在在地存在，也不一定非得使用。实际上这样的手段早已存在，就是国际贸易制裁。在《蒙特利尔议定书》（Montreal Protocol）限制臭氧层消耗气体时，就采用了贸易制裁的威胁，尽管这种制裁从来也没有用到过。不幸的是，贸易制裁至今还没有成为《京都议定书》的组成部分。

在世界贸易组织中，我们也有先例运用了我们所需要的“大棒”政

---

① 与人口增长相关的难题还有很多，这里没有足够的篇幅讨论。

② 作者使用联合国人均排放数据（联合国千禧年指标数据系列的《二氧化碳排放量（CO_2），人均 CO_2 公吨数（CDIAC）》的数据）所做的计算，在 http://unstats.un.org/unsd/mi/mi_series_list.asp 可以找到数据。

策。那时候，泰国人习惯使用的捕虾网会伤害到一种濒临灭绝的海龟，美国为了迫使泰国改用不伤及海龟的捕虾网，便威胁使用传统的渔网捕捞的虾将禁止进入美国市场。WTO支持美国的这一立场，这就定下了这样一个原则：尽管WTO确保其成员之间正常的贸易往来，然而维护全球环境也同样是非常重要的，一旦某国的出口行业危害了全球的环境，那么这一行业正常的市场准入也可以被取消。当美国提出这一诉讼时，显然没有考虑它的长远意义，而WTO受理诉讼机构的一些人却意识到了这一判决的深远影响。这一先例同样也可运用于处理美国公司在生产过程中排放大量温室气体制造污染的问题，欧洲、日本以及其他一些拥护《京都议定书》的国家也可以对来自美国的进口商品进行限制或课税，只要生产这种商品的方式对大气层产生了不必要的污染。保护濒临灭绝的海龟是有意义的，但是保护我们地球大气层绝对是更重要的事情。如果美国认为在保护海龟一案中采取贸易手段是公正合理的，那么在保护大气层的过程中运用这样的手段也更应该是公正合理的。

我们还可以从另一个方面来看待美国在能源消耗上肆意挥霍的现象，美国企业如果不对它们所造成的环境破坏支付费用的话，它们实际上是获得了某种补贴。WTO的主要目的之一在于建立一个公平竞争的场所，而补贴造成了竞争市场的扭曲，这也就是允许各国通过征收反补贴税来抵消补贴的原因，不对造成环境破坏的企业强制罚款，这实际上就是一种隐藏的补贴手段，其作用与公开的补贴别无二致。

对付补贴可以有许多方法。美国厂商使用了资源密集型技术，它们在造成全球环境退化时并没有支付任何成本，实际获得了隐藏的补贴，欧洲以及其他地区的国家可以征收反补贴税来抵消这种补贴。例如，美国生产的钢铁每吨售价假定为500美元，在生产过程中，生产每吨钢会产生两吨的碳排放，而一吨碳排放气体的价格假定为30美元（这个价格是2006年上半年欧洲碳交易系统的报价）。因为美国没有加入《京都议定书》，美国企业也就不承担减少碳排放的义务，因此这些企业实际上生产每吨钢就获得了60美元的补贴，这样，欧洲和其他国家可以向美国生产的钢铁征收每吨60美元的关税（也只不过是略高于10%的税率）。像铝制品这样的能源密集型行业将面临更高的关税。这类关税会促使美国签署《京都议定书》并减少排放；即使只是就征收这类关税的可能性进行广泛的探讨，也会促使美国采取减排行动。①

许多发达国家承诺要为缓解全球气候变暖而有所作为，我与这些国家的许多高级官员讨论了对美实行“大棒”政策的想法。尽管几乎每个人都同意我的分析，但是，几乎每个人也都表现出了一定的谨小慎微，在一些人看来，这项建议无异于贸易领域的核战争宣言。但这不是问题的关键。这样做当然会对美国产生重大影响，然而，全球气候变暖会对整个全球产生巨大影响，这样做也仅仅是要求每个国家为其生产活动支付全部的社会成本而已。按照常规惯例，贸易制裁的压力会渐渐增加，几乎可以肯定的是，当美国认识到了这种结果，它的政策也会发生改变，就像它在其他违反 WTO 规则时所发生过的政策改变一样。

有许多事情做起来都是要冒风险的。美国和其他西方国家都表示愿意冒巨大的风险去阻止核扩散，在朝鲜问题上，面临的风险可能是战争。可以肯定地说，全球气候变暖给世界带来的危害要严重得多，完全值得去冒惹恼一个无赖国家的风险，这个国家为了维持自己肆意排放的生活方式而置全世界的福利于危险境地。

热带雨林保护行动：提高效率

提高效率要求的是用最节约成本的方式去降低大气层中温室气体的浓度。绝大部分的注意力一直放在减少排放的方法上，实际上还有另外一种办法也是很有效的，即将二氧化碳从大气层中剥离并储存起来，这就是树木的作用。根据光合作用的原理，植物能从大气中汲取二氧化碳，并将碳元素储存起来而将氧气释放出去。因此，育树造林可以降低温室气体的浓度，而砍伐森林则会破坏环境。毁坏森林将危害大气层，主要有两方面的原因：其一，树木减少会影响到二氧化碳转化为氧气的过程；其二，当树木燃烧时，储存在树木中的碳元素会被释放出来进入大气层。近些年来，大气层中温室气体浓度的增加，大约 20%来自毁坏森林，换句话说，采伐森林的危害程度与世界上最大的污染者——美国对环境的危害相当。

世界上有超过 60 个国家的 27 亿人口在热带雨林地区建立起了自己的家园，然而他们对环境卓有成效的保护却没有得到应有的补偿。热带

① 这是促进竞争环境公平化的几种方法之一。例如，欧洲征收碳税（克林顿政府的确曾经建议过这种税收），这是根据每件商品在生产过程中的排放量来征税的，并根据已经交过的能源税来确定排放额度。当然，欧洲生产商因为已经在石油上支付了高额税赋，能够得到很高的额度。

雨林不仅降低了大气中的碳密度，而且也维护了生物的多样性，正如我们在第四章中谈到的，许多药品就是从这些珍贵的自然资源中提炼而成的。对森林资源保护进行应有的补偿，不仅能够帮助热带雨林地区国家的经济发展，体现公平公正的精神，同时，这种补偿也能激励他们保护森林，这对于整个人类来说，都能获得巨大的环保利益。

如果把每年森林砍伐的比率降低 20%，我们可以大致计算出减少碳排放所带来的收益。假定每吨碳排放价格为 30 美元，则每年避免森林砍伐的价值——即砍伐树木所直接导致的大气中碳排放增加的价值，为 300 亿至 400 亿美元（作为对比，发展中国家收到的外国援助总额也有 600 亿美元左右）。另外，我们已经看到，森林还能“清理”大气中的二氧化碳，热带雨林国家每年“负排放”的价值（用每吨碳排放 30 美元的价格计算）估计也有 1 000 亿美元。①

尽管《京都议定书》认识到了植树造林可发挥的作用——各国因植树而获得奖励的“积分值”，但是对于砍伐森林却没有采取行动，这是一个巨大的失误，因为这使得像巴布亚新几内亚这样的国家能够从砍伐原始硬质树木和重新种植树苗上赚取双份收益，即它们砍伐树木赚钱，重新植树也赚钱，这是不合情理的，这些国家本应该给予的是维护其森林资源的激励。②

原则上讲，在碳交易系统中，激励植树造林相对容易做到。欧洲的能源公司通过给发展中国家支付植树（碳吸收）费用的方式来购买“碳补偿”（即在支付了这笔费用后，允许它们排放量比不支付费用时要多）。2005 年 1 月，在巴布亚新几内亚和哥斯达黎加的带领下，一群自称为雨林国家联盟（Rainforest Coalition）的发展中国家提出了一项富有新意的建议，它们将致力于限制温室气体浓度，但是作为回报，它们要求不仅可以就新种植的森林销售碳补偿，而且可以就保护原始森林销售碳补偿。③ 根据这项建议，这些国家不砍伐树木也将获得补偿。从全

① 雨林国家联盟（Rainforest Coalition）并没有对此要求赔偿，部分原因是这类“清洁”服务很难评估，另外部分原因是类似的服务是由发达工业化国家（包括美国在内）的森林提供，而且这些“负排放”并没有计算在它们的碳排放账目里。

② 在实施避免砍伐森林的计划时还有大量的技术细节问题，比如相关的监测；现代技术使得现在的监测比 20 多年前要简单得多。

③ 2005 年 1 月 15 日，巴布亚新几内亚总理迈克尔·索马雷爵士（Michael Somare）在纽约哥伦比亚大学的演讲中宣布成立雨林国家联盟。现在它已经获得了至少 12 个发展中国家的支持，包括哥斯达黎加、尼日利亚、越南和印度等。详见 www.rainforest coalition .org/eng。

球利益的角度看，采用这项建议将确保资源得到最有效的利用，这些资源是作为森林被维护下来，而不是作为木材被使用了。

不幸的是，如果保护森林得不到某种补偿的话，发展中国家既没有手段也缺乏动力来承诺保护资源。砍伐硬质树木是这些国家贫困潦倒的国民勉强糊口度日的唯一方法，尽管它们所获得的收益只是在纽约之类的市场上木材的最终销售价格的零头。在印度尼西亚、巴布亚新几内亚和其他一些热带雨林国家，大部分的伐木业实际上是非法的，或者是腐败交易的结果。这些国家目前还缺乏制止这种非法砍伐的资源，如果碳补偿交易中获得的费用为它们制止这种现象提供了资金支持和行动的激励，雨林国家联盟承诺它们将会制止非法砍伐行为。

有人建议等到2012年，即修改后的《京都议定书》生效的时候再来处理这一问题。然而，我们还等得起吗？以现在森林减少的速度来看，仅巴西和印度尼西亚两国的森林面积的减少所导致的温室气体浓度的上升，就足以使《京都议定书》中所规定的减排量中80%左右的成就化为乌有（更何况，如果我们不及时行动的话，一些附属的损害将是不可逆转的，如硬木古树的绝种和生物多样性的消亡）。时不我待，我们现在就应该着手解决这一问题，不能允许其他延误行动的理由存在。

这个关于热带雨林的新建议，之所以给人留下深刻的印象，是因为这项建议出自发展中国家，体现了它们的创造力和社会责任感。发展中国家第一次显示出愿意像欧洲、日本和其他发达国家（不包括美国）一样，为避免全球性的灾难而承担某些义务。

另一种可能的方案

《京都议定书》是应对全球气候变暖的很自然的方法。问题：过度排放。解决方案：减少排放。然而，生活向来不是那么简单、那么容易把握的。我们已经看到，《京都议定书》所遇到的主要困难是在各国减排量的问题上很难达成一致。《京都议定书》中有两个基本的原则：要求所有发达国家减少大致相同的排放量；而发展中国家则被区别对待，然而究竟如何区别对待，则留待以后讨论。

除美国以外的世界其他国家都能搁置分歧达成一致，这是国际社会的一个成就，美国的离心离德不免令人遗憾。《京都议定书》背后的驱动力给了我们继续坚持下去的很好理由，但是在《京都议定书》的框架中，我们能否找到美国和发展中国家都能一致接受的协议，对此我心存疑虑。因为在排污使用权利的分配上还没有形成能够普遍接受的原则。

那些以往污染严重的国家在未来应该得到更多的污染权吗？还是应该大幅扣减它们的排放额度，为以往对环境的破坏行为向世界作出补偿？减排配额应该以人均为基础还是以单位美元的 GDP 为基础？减排额度分配上的问题是国际社会未能很好地应对全球气候变暖的核心问题。

为了达到减排的目的，我们可以运用更为直接的市场机制的手段来作为现行方案的替代，也许，这种方案在吸引美国参与上有着更大的可能。任何导致温室气体排放的行为都会产生社会成本，而这些行为主体却不为此支付任何代价，毫无疑问，这就是他们过度排放的原因所在。解决的方案很简单：就是要让这些人为他们的行为支付全部的成本，即要他们为其污染行为埋单。

实施这个方案的手段是，让世界上所有的国家征收共同的碳排放税（也就是对排放的外部性进行征税），或者说，这等同于对石油、煤炭和天然气所征收的税率反映出的是它们在燃烧过程中的排放量。企业和家庭都会对这种税率作出反应，会降低能源的使用，因此也就降低了排放。这种税率的制定要足够高，高到能够实现《京都议定书》所制定的全球共同的减排目标；但各国的减排水平则应根据其环境状况而有所不同，例如，气候非常炎热的国家因使用空调而会比那些气温宜人的国家使用更多的能源。

上述方案的优势何在呢？它避免了为各国设定减排目标。设定国家层面的排放目标之所以困难，是因为每个国家的情况存在差异。美国会宣称它们国内的差异巨大，而 GDP 水平又高，应该允许有更多的污染。法国也会说，它们的人均排污率已经只有美国的三分之一，要求它们进一步地削减排放量是没有道理的。发展中国家也会认为，因为它们还很贫穷，还处在努力追赶发达国家的生活标准的过程中，因此对它们而言，减排是有困难的。

在制定国家排放目标上争议如此之大，其原因在于，给予一个国家高排放量实际上相当于给这个国家送钱，这一现象在碳交易出现后变得越发明显了。正如我之前介绍的，如果一个国家的排污目标比其他国家定得高，那么它可以将它排放量的超额部分（即它没有用完的排污数量）卖给排污量短缺的国家。排污的目标值越高的国家（这说明它们减排的目标值越小）即意味着它们有更多的排污权可以出售，或者在向其他国家购买排污权来补偿短缺时支付更少的费用。

在共同碳税的建议框架下，所有这些问题都迎刃而解了。由于碳税的收入是由各国留存自用的，而不必向其他国家支付货币，其结果使得减少排污的成本变得相对小了。实际上，国家的整体福利会得到改善，各国可以用碳税收入来减少其他的一些税种，如对储蓄、投资和劳动收入的征税，这些赋税的降低可以刺激经济，国家所获得的好处远远大于碳税成本。这与经济学的基本原理是一致的，即对坏的行为（如污染）征税总比对好的行为（如储蓄和劳动）征税的结果要好。①

当然，几乎所有国家的能源行业都不会喜欢这样的做法，所有的公司都更喜欢得到补贴，这相当于允许各国有权肆意妄为地进行污染。我并不想告诉大家能源生产者和消费者的游说势力是很容易战胜的，唯一可以制胜的法宝是前面提到过的诸如贸易制裁的威胁。

前进的道路

从经济学的观点看，无论是共同征收碳税还是确定减排目标，两种方法都能达到必要的减排目标，并且，只要有碳交易制度存在，这两种方法也都能有效地运行。由于全世界在设定减排目标的方法上已经投入巨大，所以人们不愿意放弃这种方法是可以理解的。然而，怎样才能设定美国和发展中国家双方都能接受的减排目标？我们目前还毫无头绪。全球气候变暖对我们的地球所产生的威胁实在太大，我们不能置这种危机于不顾而一味地祈祷解决的方案最终会出现。

这里提出第三种选择方案，是将共同碳税方案在分配上的优势与减排目标方案的力度有机地结合起来。如何确定各国应该减排的数量？这是最棘手的问题，而征收共同关税最大的优势就是能够回避这一难题。每个国家都会赞同用适当的关税激励来减少排放，况且征税所得还能积攒在自己的手中。同时，我们也能够很容易地计算出每个国家在碳排放上可能减少的数量，用这个估计数作为依据，我们也就能为每个国家制定适当的减排目标。一个国家可以选择用税收激励的方法实现减排目标，它也可以选择用其他方法实现这一目标，如直接的技术控制方法，要求汽车有更高的里程油耗标准等。

任何一种制度，无论是减排目标的设定，还是征税的方式，抑或是

① 尽管刚才描述的方法对不同国家造成了不同的成本，这个差别也是很小的。从技术上讲，低效率的税收成本叫做哈伯格三角形，它与供求的弹性相关。这些成本与 GDP 相比往往是很小的，对收入征税变成对污染征税，其间的变换成本就是与污染税相关的哈伯格三角形以及与所得税相关的哈伯格三角形之间的差异，而这种差异可能是非常小的。最后，对分配的影响与这一差异的区别有关，当然数字也可能非常小。

二者的结合，都需要定期进行修正。也许有一天技术进步能让我们更快速、更低成本地降低排放，成效也许会远远超出今天的想象。如果有这么一天，我们就应该提出更严格的目标。对排放共同征税所产生的减排效果也可能大于或小于我们的预期，这时我们也可以适当地调低或调高税率。[①] 尽管对于多数国家而言——除了石油和天然气的生产国，这种调整所需承担的费用是有限的，但是仍然会出现一些国家所受的影响比其他国家要严重的情况。定期的复查可以识别出不同国家的情况，可以给予某些国家较长的调整时间（就像我在第三章中所提到的那样，有些发展中国家需要更长的调整时间来实现贸易的开放）。

同时，任何一种制度，无论是设定减排目标还是共同征税，都需要具有强制执行力——其中包括对拒绝合作的国家采取行动。全球气候变暖关系人类生死存亡，不能让如此重大的全球性问题的解决命系任何一国的好恶取舍。如果美国继续拒绝减排的话，那么就应该对它进行贸易制裁。我确信美国是会对贸易制裁的经济刺激做出反应的（我希望这不是一个经济学家的偏见）。

如果我们不解决全球环境问题，那么经济全球化发挥其作用也是毫无意义的。大气层和海洋都是全球性的资源，全球化以及所谓的经济进步都只是增强了我们用更残酷的方式去开发这些资源的能力，而且开发的速度更快，远远超过了我们资源管理能力提高的速度。

贾里德·戴蒙德（Jared Diamond），在他的畅销书《大崩溃》（*Collapse*）中最为彻底地表达了这种观点，在描述了不胜枚举的各类文明因忽视环境而不得不面对毁灭之后，他继续写道：

> 人类社会目前正行进在不可持续的发展道路上……由于我们沿着这条不可持续之路前行得太快，因此，世界环境问题必然要以这种或那种方式，在现在的孩子和青壮年一代的生命周期之内得到解决。唯一的问题在于，解决的方式究竟是我们自己选择的喜闻乐见的方式呢，还是我们不愿意选择的痛苦的方式，如战争、种族灭绝、疾病肆虐以及社会的崩溃等等？尽管所有这些残酷的现象在整

① 如果我们继续减少排放，那么就有理由相信对石油、天然气和煤的征税税率也会随着时间的推移而提高，因为如果我们成功地降低了能源消耗，那么这些资源的市场需求就会减少，税前市场价格也会下降，但随着价格的下降，减少排放的积极性就会下降。

个人类历史发展的长河中早已成为见怪不怪的社会顽疾，然而随着环境退化、人口增长压力以及随之而来的贫困和政治动荡，这些灾祸出现的频率更高了。①

在本章中，我提出了三方面的要求。对于发展中国家而言，控制全球气候变暖符合它们自身的利益，实际上，受全球气候变暖伤害最大的国家就是发展中国家的成员，控制能源的使用有利于它们的环境，同时也给它们的经济带来了好处。

对美国而言，与其他国家一起共同治理全球温室气体，这从道义上讲是必需的。如果美国敢冒天下之大不韪，给其他国家带来灾难，则无异于向这些国家发动战争。也许美国并不想伤害其他人，就像它的棉花补贴并不想伤害其他人一样，但是，美国的这种行为是有代价的，美国有责任承担这些代价。作为世界的领导者，如果它都要逃避责任，那么也就不能指望其他国家来承担各自的责任了；如果所有的人都不负责，那么所有人都会遭殃，其中自然也包括美国在内。如果美国开始大力整治全球气候变暖问题，美国内部的一些利益集团会因此而有所损失，但是我相信美国的整体利益能够切切实实地得到改善。即使在此过程中美国会付出一些代价，那也在它可承受的范围内，现在付出小笔支出，可以减少未来巨大支出的风险，这是非常值得的。

最后，尽管我对欧洲和日本的所作所为倍加赞赏，它们主动承担起了减排的义务，并为实现减排的承诺而努力（尽管它们还将必须作更进一步的努力），但是我认为，如果它们不带动其他国家共同努力的话，它们自行承担的这些义务在很大程度上只能算一种姿态。这意味着给予发展中国家实质性的援助，也意味着对美国的态度必须强硬起来。② 我已经反复强调，这就是一个公平贸易的问题，我们不能容忍一个国家对其企业进行实际的排放补贴。全球化意味着世界上国与国之间的相互依存度提高，通过贸易制裁的方式来扣留全球化的红利，可以成为强制那些肆意掠夺全球环境资源的国家承担起它们应尽义务的有效手段。我们已经创立了国际贸易法，用于确保贸易的公平，尽管有些 WTO 的批评

---

① Jared Diamond, *Collapse: How Societies Choose to Fail or Succeed* (New York: Viking, 2005), p. 498.

② 就像我曾经指出的，制裁是确保各国遵守全球公约的正当合理的方式，同样，对遵守全球公约（包括减少每单位 GDP 温室气体排放量和防止核武扩散全球公约）的国家给予有条件的援助也是有意义的方式。我认为这种有条件的援助不仅是有效的，而且是能够执行的。

者担心，WTO会将商业利益置于环境保护之上，但是事实上WTO已经显示出了它在强制实施更好的环境行为方面同样是有效的。当然，WTO不会主动地采取行动，欧洲必须运用已经建立的国际贸易法制基础，来强制那些拒不依法行事的国家、那些无赖的国家——包括美国，去担负责任。欧洲必须有意识地运用经济全球化的巨大力量去处理目前世界上最重要的全球环境问题。

2004年圣诞海啸*之后，很多讨论都围绕着早期预警系统的重要性，其目的在于呼吁人们行动起来避免下一个灾难的发生。全球气候变暖的预警声已经清晰可闻，然而，迄今为止我们仍然麻木不仁。

---

* 这里指的是2004年12月26日发生于印度尼西亚和斯里兰卡沿海的那场海啸。——译者注

7 跨国公司

左派（以及偏左派）经常会丑化公司的形象，他们在纪录片中往往把公司描绘成唯利是图、贪婪和无情的机构，如《解构公司》（*The Corporation*）和《沃尔玛：低价商品的高代价》（*Wal-Mart : The High Cost of Low Prices*）中所表现的那样。于是，很多有关公司卑劣行径的案例就自然而然地成为臭名昭著的故事素材，例如，雀巢在商业活动中游说第三世界国家的母亲们使用婴儿配方奶粉来代替母乳喂养孩子；柏克德公司（Bechtel）企图将玻利维亚的水资源私有化（记录在影片《渴》（*Thirst*）中）；美国烟草公司半个世纪以来一直阴谋劝说群众吸烟有害健康这一说法其实并没有科学证据，其实它们自己的研究已经证实了烟草的危害（影片《局内人》（*The Insider*）对此作了精彩的演绎)；孟山都公司 (Monsanto) 培育的种子发育成植物后，这些植物的种子却不能再生长为植物，迫使农民每年都购买新的种子；埃克森公司的瓦尔兹油轮出现大量泄漏，公司随后的反应却是企图逃避赔偿。

对于许多人来说，跨国公司已经成为全球化出现问题的一种象征；很多人认为跨国公司就是全球化问题的罪魁祸首，这些公司比绝大多数发展中国家都要富裕。2004 年美国通用汽车公司的收入达到 1 914 亿美元，这一数值超过了至少 148 个国家的 GDP；截至 2005 年底的会计年度，美国的零售商沃尔玛的收入达到 2 852 亿美元，超过了撒哈拉以南非洲国家的 GDP 总额。这些公司不仅在财务上有钱而且在政治上有势，如果政府在税收或管理方式上的决策不合它们的心意，它们就会威胁转移到其他地方，因为总是有这样的国家会欢迎它们带来的税收收入、就业以及境外投资。

商业行为要追求利润，这就意味着挣钱是公司的首要任务。公司生存的法宝就是在法律允许的范围内竭尽一切所能来降低成本，它们会在可能的情况下避税；某些企业会压缩给员工的健康保险；还有很多企业会在清理它们制造的污染上限定经费，因此这笔治污费用经常由它们经营所在国家的政府来埋单。

尽管如此，跨国公司仍然是将全球化的好处带给发展中国家的中坚力量，它们帮助世界上大多数国家提高了生活标准，使发展中国家的商品可以进入发达工业化国家的市场；另外，现代跨国公司拥有让生产商立即了解国际消费者的需求的能力，这对双方而言都能带来巨大的收益。跨国公司已经成为促使发达工业化国家向发展中国家转移技术的代理人，并帮助二者在知识差距之间搭起了桥梁。它们每年流入发展中国家的境外直接投资近 2 000 亿美元，缩小了两者之间的资源差距。①跨国公司为发展中国家带来了就业机会和经济增长，也为发达国家带来了越来越多物美价廉的商品，降低了生活成本，迎来了一个低通胀率和低利率的时代。

由于跨国公司是全球化的核心部分，因此人们既会因为众多弊病而谴责它们，也会对它们的成就作出肯定。就像全球化的争论并不在于它本身究竟是好还是坏，而在于我们如何去重新构建全球化才能让它更好地发挥作用，那么，关于跨国公司的问题就应该在于，我们怎样让它造

---

① 2005 年，流入发展中国家的外国直接投资 (FDI) 是 2 330 亿美元，参见 United Nations Conference on Trade and Development (UNCTAD), *World Investment Report 2005*: *Transnational Corporations and the Internationalization of R&D*，详见 www. unctad. org/en/docs/wir2005 _ en. pdf。

成的损害最小化而让它对社会的净贡献最大化?

在回答这个问题之前，我要澄清一个虽然不是完全，但也是相当不公平的指控。跨国公司往往因发达社会特有的拜物主义而受到指责，其实大多数情况下，跨国公司只是简单地回应人们的需求，举例来说，人们需要从一个地方到另一个地方去，汽车和摩托车可以提供便利；如果汽车和摩托车造得比基本需求更大或更加时尚，那也主要是因为有消费者喜欢更大或更加时尚的汽车和摩托车，于是才会购买。但是也必须承认，跨国公司有时也在创造那些需求上做工作，从而提高利润，而且至少一部分物质上的过度奢侈应该拜这些公司所赐。如果广告不能提高需求，它们也就不会每年花费上亿美元的资金在广告宣传上了。①食品公司让孩子们食用甜麦片，实际上对孩子的牙齿不好；汽车公司的商业促销是反公共交通的，某些情况下甚至要主动取缔公共交通，它们不去考虑这对环境造成的影响。洛杉矶曾经拥有世界上最大的城市轨道交通系统（轨道长度达到 1 100 英里），但通用汽车公司所辖的一个组织将其收购之后，拆除了轨道设施，通用公司的巴士取而代之。②

人们可能不会在意一两次的企业不正当行为，但这些问题显然是系统性的，一旦出现了系统性的问题，经济学家便会去寻找系统性的原因，最基本的一个原因是显而易见的，即企业经商的目的在于赚钱而不是进行慈善活动，其中既体现了企业的优势也是它们的弱点所在。金钱是一种强有力的激励因素，获取金钱的欲望可以给每个人带来巨大收益。如果发展得顺利，跨国公司可以集合起巨大的资源、传播最先进的技术、以几何速度扩展市场。但通常情况是，它们在金钱的刺激下错误行事。所以应该重新为企业设立动机，如果我们想要让全球化发挥作用，就必须做到这一点。

这里再次老话重提，18 世纪杰出的经济学家亚当·斯密经常被误解，他认为个人在追求自己利益的同时也可以增进社会的广泛利益，因为他们想要战胜对手的动机可以降低成本，并生产消费者想要的商品，

---

① 当然，一些广告宣传只是简单地提供信息，就像招聘广告或者是告知消费者可以按何种价格购买何种产品的广告。

② 包括纽约、费城、圣路易斯、盐湖城和塔尔萨在内的 45 个城市的 100 多家电气运输系统面临着相似的命运。（尽管市场力量可能已经将铁路系统带到了它的终点，但是通用汽车和其他汽车工业中的巨头公司认为加快这个进程符合它们的利益。）更多的详尽的讨论参见拉德福·C·斯内尔（Bradford C. Snell）1974 年 2 月 26 日提呈美国参议院司法委员会反垄断与垄断附属委员会的报告，*American Ground Transport: A Proposal for Restructuring the Automobile, Truck, Bus and Rail Industries*，（Washington, DC: United States Government Printing Office, 1974），pp. 16 - 24。

于是消费者以及整个社会可以从以上两方面获益。在斯密的经济理论中，道德不在考虑之列（尽管斯密个人极为关注道德问题，这一点体现在《国富论》之前的著作《道德情操论》（*The Theory of Moral Sentiments*）中）。个人无须去考虑什么是对、什么是错，只需要弄清楚什么是对自己有利的；市场经济的神奇之处就在于此，通过这样的个体行为，整个市场的福利得到改善。在这样的逻辑基础之上，很多经济学家认为企业的首要责任、一些人甚至认为是唯一的责任就是保障股东的利益，企业应该竭尽所能来使股票的市场价值或利润最大化。在这一斯密经济学的延伸理论中，如果想将道德也考虑在内，那么只有在道德因素要求公司做到股东利益高于一切，事实上要求公司只考虑股东的时候，道德才会有一席之地。

有时，市场会按照斯密主张的方式运行，过去两个多世纪以来生活水平的巨大提高从某些程度上证明了斯密的这一洞察力。但是，就连斯密自己也意识到在一个完全自由的市场经济中，个人动机往往不会与社会的成本和收益相一致，这时追求个人利益并不会给整个社会带来福利。现代经济学家将这种错位的情况称为"市场失灵"。只要有外部性产生，市场失灵就会出现。外部性是个人或公司不为自己的行为支付成本或者不能获得收益而出现的一种结果。市场本身会引发很多问题，例如污染，同时却不会促使另一些有益事物的发生，如研究。①

上个世纪的很多公共政策和经济理论都用于识别重大的市场失灵，并对矫正市场失灵最有效而且花费最少的方法进行分析，包括法规、税收以及政府支出等手段。同样地，现代经济学也揭示出如果企业一心只想使自己的利润最大化，那么社会福利不会实现最大化。为了实现经济的有效性，企业必须开始考虑它们的行为对雇员、环境以及它们经营所在社区造成的影响。

环境为我们提供了一个明显的例子，说明了私人成本和社会成本是不同的，后果是严重的。炼油或发电而不造成空气污染，这种方法会花费更高的成本；处理废弃物或开矿而不污染水源，这种方法也会花费更多的金钱。对于社会来说这些是真正的环境成本，但至少在政府建立严格的法规之前，这些还算不上有关公司的成本。如果没有政府法规以及

---

① 正如第二章所提到的，依据亚当·斯密的观点，现代经济研究的一个主线关注的是市场按怎样的原理、在什么样的条件下能够带来效率。我们讨论的目的在于认识到，吸引了这么多注意的话题却没有人真正关心，比如一个明显的例子，当企业制造了污染却不承担相应的责任时，污染的后果由社会承担。

来自公众社会的压力，公司就没有足够的保护环境的动力；事实上，如果破坏环境可以节省开支的话，它们反而会有破坏的动力。

贿赂和腐败代表了社会利益和个人利益相冲突的另一个领域。矿业和石油公司经常通过贿赂政府官员得到折扣，从而降低获取自然资源的成本。相比于用市场价格购买石油或其他自然资源，给政府官员一大笔贿赂要便宜得多。现实情况中，很多产业中的公司都会为了获得各式各样的方便而进行贿赂，例如得到保护从而免受外来竞争，还可以提高价格；或者对违反环境法规和安全条例视而不见。从不含道德评价的现代企业角度来看，如果企业能够逃脱惩罚，而且预期的收益超过了风险与被抓获的成本，那么如果不是非法的，它们实际上有义务去行贿，因为这样做会增加公司的利润，提高对股东的回报。

在复杂的经济体中，如美国，赤裸裸的贿赂很大程度上已经被政治献金所替代，而且回报也不再是一份报价高于市价的公路建设合同，而是一种政策上的改变，这种改变的细枝末节也会让整个社会付出多得多的成本。① 1991—2001 年，41 家公司（包括通用电气、微软和迪士尼）投资了，或者说“捐助了”1.5 亿美元给政党和美国联邦政府候选人的竞选活动，而仅仅在三个税收年度就得到了 550 亿美元的税收减免。② 在 1998—2004 年间，医药公司花费了 7.59 亿美元去影响 1 400 项国会议案；在游说花费方面以及雇用说客的数量上（3 000 人）医药行业都名列前茅。这些公司的成功反映出它们的投资物有所值，正如在第四章中讲到的，美国政府已经把这些公司的利益作为国际贸易谈判中极其重要的内容，并且在新的医疗保险药物福利下，政府不得为了获得更低价格而讨价还价，这一条款本身就值数十亿美元。③ 1989—2001 年间，美国的五大会计师事务所向联邦政府候选人和政党贡献了 2 900 万美元，其中有部分原因是为了防备对自己不利的规章制度，这种手法至少在安达信—安然丑闻之前是奏效的，丑闻正好清楚地证明了这种规章制度的必要性。

关于跨国公司对发展中国家的社会影响，我们来看最后一个例子，就是它们对当地社区的影响。像沃尔玛这样的公司巨头不会想要去削弱

---

① 另一方面，通过政治献金获取贵族地位的经济影响有限。

② “Buy Now，Save Later：Campaign Contributions & Corporate Taxation，” A Joint Project of the Institute on Taxation & Economic Policy，Citizens for Tax Justice，and Public Campaign，November 2001，详见 www.itepnet.org/camptax.pdf。

③ M. Asif Ismail，“Prescription for Power：Drug Makers' Lobbying Army Ensures Their Legislative Dominance，” Center for Public Integrity，April 28，2005，详见 www.publicintegrity.org/lobby/report.aspx?aid=685&sid=200；也可参见 http://njcitizenaction.org/drugcampaignreport.html。

它们分店所在的社区，它们只是想以更低的价格引入商品，也正是这种更低廉的价格为它们带来了成功。但是，就在它们排挤走那些小企业的同时，它们也在使整个城镇空心化。小企业往往是一个社区的支柱，当沃尔玛压垮了竞争对手时，它也就摧毁了这个支柱。而对当地慈善事业的一些捐赠几乎起不到补偿作用。第二章中着重介绍了社会团体在成功的发展中所发挥的重要作用；因此从长期来看，跨国公司削弱了社区，也就削弱了发展。①

沃尔玛的成功，一部分得益于更高的效率（更优秀的库存管理和物流管理），但更多地来自它的市场强势地位，以及压榨供应商和自己雇员的能力。沃尔玛针对工会组织制定了严厉的政策，意味着它的员工往往工资会很低，而且这种低工资也会压低竞争对手的工资水平，这样，受影响的就不单单是沃尔玛的员工。沃尔玛 140 万员工中大约只有一半能够享受到健康保健的福利。美国佐治亚州的公民计划覆盖了 16.6 万没有健康保险的儿童，这些儿童中超过 1 万名孩子的父母中有一人是在沃尔玛工作，比其他雇主的人数多。而且沃尔玛的健康保障计划没有包含预防保健，如儿童疫苗接种、流感疫苗注射或视力检查。结果是纳税人支付了在其他地方应由雇主承担的成本。②

公司将自己不愿承担的成本加诸社会，追求这种政策所导致的问题

---

① 最近几年，人们越来越认识到社会职能的良好运转，甚至市场功能的良好运作，都要求建立一定程度的信任，这种信任以社区意识为支柱。问题在于，一个不受约束的市场，尤其在全球化背景下，可能会摧毁，或者至少会削弱信任度。到目前为止，大量文献著作是关于社会资本的概念（包括信任度和社会合作的其他方面）和社会资本在社会及市场功能中所起的作用的。比如，参见 Robert D. Putnam，Robert Leonardi，Raffaella Y. Nanetti，*Making Democracy Work*：*Civic Traditions in Modern Italy*（Princeton：Princeton University Press，1993）；Robert D. Putnam，*Bowling Alone*：*The Collapse and Revival of American Community*（New York：Simon&Schuster，2000）；Partha Dasgupta，"Social Capital and Economic Performance：Analytics，" in *Foundations of Social Capital*，ed. Elinor Ostrom and Toh-Kyeong Ahn（Cheltenham，UK，and Northampton，MA：Edward Elgar Publishing，2003）；Partha Dasgupta，"Economic Progress and the Idea of Social Capital，" in *Social Capital*：*A Multifaceted Perspective*，ed. Partha Dasgupta and Ismail Serageldin（Washington，DC：World Bank，2003）；Partha Dasgupta，"Trust as a Commodity，" in Trust：*Making and Breaking Cooperative Relations*，ed. Diego Gambetta（Oxford and New York：Basil Blackwell，1988）；Avner Greif，"Cultural Beliefs and the Organization of Society：A Historical and Theoretical Reflection on Collectivist and Individualist Societies，" *Journal of Political Economy*，vol. 102，pp. 912－50。

② 沃尔玛问题已经引起了大量的文献讨论。参见 Andy Miller，"Wal-Mart Stands Out on Rolls of PeachCare；Sign-Up Ratio Far Exceeds Other Firms，" *Atlanta Journal-Constitution*，February 27，2004，详见 www.goiam.org/territories.asp? c=5236.

出现在所有企业中，跨国公司、国内企业、大型企业、小型企业都包括在内，但是，一些显而易见的原因表明，大型跨国公司所引发的问题更为严重，这些问题是斯密两百多年前发表著作时无法完全预期到的。在斯密那个时期，商业规模相对较小，通常是个体经营，能够对自己所造成的任何损害负责。而今天的企业则是大型公司，有些拥有成千上万的员工；尽管还是由公司里的某些个人进行决策来掌控公司的运作，但是要让这些人对他们决策的后果承担责任往往不是件容易的事。一方面，对于成功决策带来的利润增长，他们很少能够得到其中的全部收益，但另一方面，对于不善决策而造成的全部社会成本，他们甚至更少会去给予支付。①

对于这些公司的管理者来说，藏匿在公司背后是相当容易的。1989

---

① 20 世纪 30 年代，阿道夫·A·伯利（Adolf A. Berle）和加德纳·C·米恩斯（Gardiner C. Means）特别强调所有权和管理权分离的重要性。参见 Adolf A. Berle and Gardiner C. Means, *The Modern Corporation and Private Property* (New York, Macmillan, 1934)。更早时候，伟大的剑桥经济学家阿尔弗雷德·马歇尔（Alfred Marshall）指出，分析大公司与个体经营者间的行为差异是 19 世纪末需要处理的问题中最为重要的。参见 Alfred Marshall, "The Old Generation of Economists and the New," *Quarterly Journal of Economics*, vol. 11 (January 1897), pp. 115 - 35。到了 20 世纪 60 年代，许多经济学家认为现代企业不能用标准的经济学家所钟爱的那种简单的利润或价值最大化模型来描述。比如，参见 William J. Baumol, *Business Behavior, Value and Growth* (New York: Macmillan, 1959); Robin Lapthorn Marris, *The Economic Theory of "Managerial" Capitalism* (London: Macmillan, 1968); 以及 John Kenneth Galbraith, *American Capitalism: The Concept of Countervailing Power* (Boston: Houghton Mifflin, 1952)。

随后，在与桑福德·J·格罗斯曼（Sanford J. Grossman）共事期间，我指出了当信息和风险市场不完全时（情况一向如此），企业市值的最大化通常不能实现经济效益。参见 Sanford J. Grossman and Joseph E. Stiglitz, "On Value Maximization and Alternative Objectives of the Firm," *Journal of Finance*, vol. 32, no. 2 (May 1977), pp. 389 - 402; Joseph E. Stiglitz, "Stockholder Unanimity in the Making of Production and Financial Decisions," *Quarterly Journal of Economics*, vol. 94, no. 3 (May 1972), pp. 543 - 66; Joseph E. Stiglitz, "On the Optimality of the Stock Market Allocation of Investment," *Quarterly Journal of Economics*, vol. 86, no. 1 (February 1972), pp. 25 - 60; 及 Joseph E. Stiglitz, "The Inefficiency of the Stock Market Equilibrium," *Review of Economic Studies*, vol. 49, no. 2 (April, 1982), pp. 241 - 61。最为重要的是，我列出了与后来被称为"公司治理"相关的问题，并且指出了怎样运用信息经济学为逻辑清晰的现代企业理论奠定基础，参见 Joseph E. Stiglitz, "Credit Markets and the Control of Capital," *Journal of Money, Banking, and Credit*, vol. 17, no. 2 (May 1985), pp. 133 - 52; Joseph E. Stiglitz, "The Contribution of the Economics of Information to Twentieth Century," *Quarterly Journal of Economics*, vol. 115, no. 4 (November 2000), pp. 1441 - 78; 以及 Bruce Greenwald and Joseph E. Stiglitz, "Information, Finance and Markets: The Architecture of Allocative Mechanisms," *Industry and Corporate Change*, vol. 1, no. 1 (1992), pp. 37 - 63。

年发生的埃克森·瓦尔兹（Exxon Valdez）油轮泄漏事件，造成的环境损害要以数十亿美元来计算，船长约瑟夫·黑兹尔伍德（Joseph Hazelwood）需要为此事件负责，他承认上船之前一直在饮酒，但之后他仅仅是被训斥了一顿，受到了5.1万美元的罚款并沿安克雷奇地区公路打扫垃圾1 000个小时的处罚。1984年印度博帕尔市的联合碳化公司（Union Carbide）的一家化工厂发生爆炸，导致上千人死亡，印度政府试图起诉该公司的执行官们，但由于联合碳化公司是一家美国公司，而美国方面拒绝合作。1991年印度政府向印度法院提出了对包括首席执行官沃伦·安德森（Warren Anderson）在内的执行官的起诉；但这些人没有出庭，印度方面申请引渡。直到2004年的9月，美国国务院最终拒绝了引渡要求而没有给予任何解释。

当然，这里面也有例外，只是少之又少。世界通信公司前执行总裁伯纳德·埃伯斯（Bernard Ebbers）涉嫌11亿美元的欺诈，引发了美国历史上最大规模的破产，由于有太多的美国人因此而蒙受损失，而且让他逍遥法外的后果实在太严重了，因而他被裁定有罪，被判25年的监禁，这也是对一位执行总裁在掌控世界500强企业期间进行商业犯罪所判处的最长刑罚。

有限责任制度是从本质上对企业性质进行的一种界定，但它让事情变得更糟。有限责任是一种重要的法律创新，几乎可以肯定地说，没有它就没有现代资本主义的发展。企业中承担有限责任的投资者仅仅对其在企业中的投资金额部分承担风险，没有更多的责任。这是一种截然不同于合伙关系的制度，在合伙制中，公司所有合伙人都对其他人的行为共同承担责任，如果其中一个合伙人犯了重大错误，例如一家会计师事务所，在不当的时候为一家公司的财务账目出具证明（如安达信在安然一案中），那么从原则上讲，所有的出资人都将被起诉，损失除了他们在合伙公司的出资额外，还可能失去房产、汽车和储蓄等等，并很有可能被迫申请个人破产程序。这种无限责任伙伴关系理论上的优势在于，每一个合伙人都有着很强的动机去监督其他人，客户也知道这一点，因此更加信任他们。但是当合伙人数量增加到数百位的时候，密切监督其他人的能力便会荡然无存，合伙制的优势便会被劣势所掩盖。事实上，很多会计师事务所起初都是按这种合伙关系组建而成的，之后又重组为“有限责任合伙制”，将合伙制的税收优势和有限责任制的保护功能结合在一起。

有限责任制有一个重要的优势，即它能筹集到大量资本，因为每一位投资者都明白他们要承担的最大损失只不过是他们的投资额而已。但是有限责任制也会给社会带来巨大的成本。一个矿业公司可以开采金矿，为股东创造巨额财富，但也留下了有毒的富砷尾矿。如果同时从社会和经济的角度来看，清理烂摊子的费用可能会超过开矿所创造的价值。但是当问题暴露出来，政府要求矿业公司进行清理时，公司却宣布破产，将包袱甩给了公众。这样，民众遭受了双重损害，一是环境退化，二是治理成本。

公司造成了高额损失，尤其是对发展中国家造成了高额损失，它们没有支付赔偿，或者只支付了应该赔付的很小一部分，这些事件罄竹难书。博帕尔市的联合碳化公司化工厂爆炸事件也许是最令人震惊的案例：2 万多民众死亡，约 10 万居民要终身忍受着疾病的折磨，包括呼吸系统疾病、眼病、神经系统和神经肌肉疾病以及免疫力系统损伤。①受影响的居民人数其实更多，最终得到补偿的人，包括被抚养人在内，人数接近 60 万。造成的伤害是如此可怕，而公司不得已付出的赔偿估计是每人 500 美元，两者之间的差距无论以何种方法计算都是如此之悬殊。后来陶氏化学公司（Dow Chemical）收购了博帕尔的化工厂，获取了联合碳化公司的全部资产，却不承担任何责任。

在巴布亚新几内亚，一家名为奥克泰迪的大型金矿铜矿公司，12 年之中开采了价值近 60 亿美元的矿石，但是每天将 8 万吨污染废料倾倒在奥克泰迪和弗莱的河流中。这个矿场枯竭后，公司的澳大利亚大股东承认他严重低估了对环境的破坏，然后一走了之，把股份交给政府，政府本来已经捉襟见肘，现在还要支付大笔的治理费用。最终这笔费用到底为多少还难以估计，但是可以肯定数额将是巨大的，而且是由巴布亚新几内亚的人民来承担的。

当企业无须承担这些不利的成本时，它的动机会发生偏离，这就是有限责任制带来的后果。如果我们再考虑跨国公司相对于所在发展中国家的规模大小，以及发展中国家的贫穷程度的话，我们便会发现这样的偏离能够产生，而且已经产生了一系列严重的问题。发展中国家需要这些公司所带来的就业机会，哪怕会对环境或者对工人的健康造成伤害。矿业和石油公司正是利用了这种不对等的形势。

---

① 博帕尔市的联合碳化公司事件引发了新闻界和其他地方的大量报道，例如 Amnesty International，*Clouds of Injustice*：*Bhopal Disaster 20 Years On*（London：Amnesty International，2004），详见 http：//web. amnesty. org/library/Index/ENGASA201042004？open&of=ENG－398。

在泰国和秘鲁，跨国公司威胁说如果要执行有关保护环境的法规，它们就会转移到别的国家。在秘鲁，一家矿业公司已经过分到不允许政府检查在矿业工厂附近居住的儿童的健康是否已经受到威胁。巴布亚新几内亚曾经一度通过了一项法案，把起诉国外的国际矿业公司的行为定义成违法，即使诉讼是为了行使健康、环境或法律方面的权利，因为该国担心这样会打击对国内的投资。在一个完全的竞争市场，退出威胁不构成问题，一家矿业公司退出，其他的公司会进入。但是矿业存在着很高的进入壁垒，开发矿产需要花费 10 亿美元之多，而且要承担很大的风险。如果一家公司离开，其他公司可能不会来填补这个空缺，或者即使有公司进入，它们可能提出对发展中国家更为不利的要求。

全球化使得现代企业中由于动机偏离而产生的问题更加复杂了。由于公司都在寻找一个劳动力和环境保护立法最弱的地方，发展中国家之间为了吸引投资而展开的竞争会导致竞次的结果。

就像博帕尔事件所揭示的一样，公司能够躲在国界之外，想要让公司和管理层承担责任变得难上加难。更进一步讲，财产能够从一个国家快速流向另一个国家，这意味着即使一个国家对公司宣判了金钱上的处罚，但要想收到罚款也是不可能的。

在一国内，公司是社会结构的一个组成部分，个人往往会对他们的行为承担一些道德上的责任；即使他们没有被法律、规章或者诉讼威胁所迫，甚至也许会在短期承受利润的损失，他们也还是会去做正确的事情。但是当跨国公司在海外经营时，道德上的责任感便会被削弱。很多执行官甚至想都不敢想将他们对待海外工人和环境的那套惯常做法用于国内。他们也许认为，国外的法律法规宽松，工人得到就业机会已经算幸运的了，整个国家所得到的好处正是来源于他们的投资。由于与本部相隔千里，破坏环境或是无视基本工作条件变得更加轻而易举；另外，由于当地的居民贫穷，也就轻易地将他们的生命和土地的价值看得比国内低廉。陶氏化学公司和联合碳化公司的执行官们也许真的认为对博帕尔市的死者或伤残者而言，500 美元已经是足够多的补偿了，毕竟，发展中国家的贫穷和死亡率如此之高，在外人看来生命是不值钱的；按照会计师的注释，印度人的平均寿命要低于美国，收入仅仅是美国人的一个零头。

跨国公司往往扬言政府应该有责任，比如说通过立法来限制污染等，使私人利益与公共利益相一致，而这不是它们的责任。但这种说法让公司逃脱了罪责，因为它忽略了这样一个事实，公司一贯利用金钱促使通过任由它们随意进行污染的法律法规，致使社会利益与私人利益一定不会统一起来。①政治是商业战略的一部分；企业的说客强烈反对那些要花费公司利润的环保标准，而且政治上的投资回报往往高于其他任何投资。

对于所有国家来说，资金是最有话语权的，尤其是在发展中国家。很多跨国公司掌握着比发展中国家政府更多的可支配资源，因此如果公司想要构建一个对自己有利的监管环境，往往都会成功，这一点毫不奇怪。但不幸的是，对于那些贫穷得几乎绝望的国家来说，特别是对于那些政府不具有民主责任心的国家来说，屈从于跨国公司的引诱是再容易不过了。

还有更糟的情况，跨国公司已经意识到它们在制定国际协议方面要比制定国内政策时能够施加更多的影响。在西方民主国家，人们一直在努力克服市场经济最严重的弊端，并且越来越多的公司已经开始遵循环境法规。但是围绕着贸易谈判的种种秘密活动给企业提供了一片施展的沃土，让企业可以绕过民主程序，制定符合自己意愿的法律法规。举例来说，《北美自由贸易协定》的第 11 章是为了保护美国投资者的投资不被没收，其中暗藏了一项条款，规定对于美国投资者在墨西哥由于法规原因造成的资产价值的任何损失都必须得到补偿；它们甚至取得了在特殊法庭起诉的权利，损失补偿可以直接来自墨西哥国库，即使损失是由于当地的合法监管所造成的。迄今为止，美国提交的诉讼案所要求的赔偿金额已经超过了 130 亿美元。这项条款也适用于美国的外国投资者，将法院和国会反复明确拒绝提供给美国投资者的保护，却提供给了外国投资者。②因此，这些贸易协定使得社会和私人动机越来越不相一致。

---

① 大型跨国公司运用政治势力的例子不止这些，公司执行官一边大谈政府不干预公司经营的重要性，一边在他们有需要的时候向政府请求帮助。当阿根廷自来水公司（Aguas Argentinas）发现它们在一项特许经营合同上出价过高，由于法国苏伊士公司（Suez）是该公司主要的利益相关人，于是请求法国政府向阿根廷施压，要求重新谈判。这种干预不是单向的，如果是跨国公司利润过高，别国政府试图重新谈判特许合同的时候，西方政府又会插手，宣扬合同的神圣不可侵犯性。

② 有关本案以及《北美自由贸易协定》第 11 章的其他案子，参见 Public Citizen（一个非营利性组织），"Table of NAFTA Chapter 11 Investor-State Cases & Claims," 详见 www. citizen. org/documents/Ch11cases _ chart. pdf。

让全球化造福全球

跨国公司使得经营范围庞大的组织能够横跨全球，将发达国家的市场、技术和资本与发展中国家的生产能力连接在一起，因此，为什么说跨国公司在全球化中发挥了如此重要的作用就很容易理解了。问题是如何才能确保发展中国家得到更多的收益并同时能面对更少的成本。在以下章节中，我提出了五项改革的议题，尽管不能根除跨国公司的所有弊病，但我相信能起到减少的作用。这些改革大多数都是为了一个简单的目标，即要让个人动机与社会成本和收益协调一致。

跨国公司的社会责任

尽管很多企业，尤其是美国的企业还在坚持认为它们的唯一责任就是为股东的利益着想，但还是有很多企业确实认识到它们的责任要大得多，当然这里也有一个自私的因素在起作用，即做好事是对商业有利的，干坏事就会使公司卷入费用高昂的法律纠纷。恶劣行径也会损害一个公司的形象，例如针对耐克公司的越南供应商虐待当地工人事件，出现了大量的有关耐克公司的负面报道；肯·萨洛维瓦（Ken Saro-Wiwa）在尼日利亚被刺身亡，英荷壳牌石油公司被指控支持搞谋杀的军事集团，激起了公愤；这些事件足以唤醒大家，公司的执行官们意识到他们会因距离总部千里之外的问题而受到谴责，类似的事件让公司自愿为改善工人和经营所在社区的条件做了很多事。

越来越多的企业把商业社会责任（business social responsibility，BSR）看成好公司的标志（并且一些研究表明拥有社会责任感的公司的股票表现得比其他公司更为出色），对于很多公司、公司执行官和员工而言，社会责任既是道德问题也是经济问题。公司可以被看成社团，人们为了共同目标在一起工作，制造产品或提供服务。当大家一起工作时，人们关心彼此、关心工作所在的社区、关心更广泛的社区——我们所生活的世界。这就意味着一个公司不能一旦不需要工人就解雇他，也意味着花费比法律要求得更多的钱用于减少污染。当然，这些公司的收益不仅体现在避免了前面所提到的负面宣传，而且体现在吸引了更高素质的劳动力以及不断振奋的士气，因为公司员工感觉到能为一家富有社会责任感的公司效力真好。①

在商业社会责任运动的帮助下，许多公司及其员工的思维方式发生了改变，同时，它还大力开发各种工具来确保公司实现自己的理想，例如完善会计体系来跟踪考量公司对社会及环境的影响，这样也帮助了公司对其行为可能导致的全盘后果进行更深入的思考。

让人遗憾的是，在一个残酷竞争的世界里，动机往往会与良好的意图相违背。例如，一家在安全和环境保护方面吝啬的矿业公司，竞标的报价肯定低于具有同等效率但却坚持健全的环境政策的公司；那些通过贿赂手段以更低价格拿到石油的公司，要比具有同等竞争力但却不搞贿赂的公司获得更高的利润；帮助客户偷税漏税的银行，至少在没被抓到时，比那些制止客户从事这种勾当的银行经营得更好。

还有更严重的问题。如今所有的公司，甚至包括那些最大的污染者、那些劳工记录最差的公司，都在雇用公关公司来粉饰它们的企业责任心以及它们对环境和员工权利的关心。企业变得越来越善于形象炒作，而且已经学会了满口迎合社会责任，即使暗地里仍然在逃避社会责任。

所以，商业社会责任运动固然重要，但仍然不够，还必须有更强大的法规作为补充。那些真正严格执行高标准的公司是欢迎这些法规的，因为这些法规是对它们公开认同的行为准则的支持，会在它们面对那些不遵守相同标准的公司的不公平竞争时得到保护。规章制度会防止竞次的出现。

限制企业的权势

企业总是追逐利润，而维持利润的最稳妥的方式之一就是限制竞争，如收购竞争者、通过排挤来打垮竞争者，或与竞争者串通抬高价格。这种反竞争的行为自经济学诞生时就已经非常明显了，正如亚当·斯密指出的那样："生意场上的同行，很少坐在一起，即使在喜庆或娱乐场合也不例外，但是他们会谈不是策划出一个对付公众的阴谋，就是

---

① 商业社会责任运动的力量和多样性给我留下了深刻印象。海德鲁公司（Hydro）是挪威一家经营天然气等多个领域业务的企业，不仅在它开展业务的国家提高经营的透明度，而且还大力提倡联合国《世界人权宣言》（Universal Declaration of Human Rights）。荷兰银行（ABN Amro）是荷兰的一家主要银行，它不仅在贷款业务中强调项目的可持续性，还有帮助许多国家发展的项目。许多企业已经走向了所谓的经济、社会和自然环境三方面的平衡统一，不仅仅关注利润，还关注企业对环境的影响以及有关社会责任的更广泛的问题。

炮制出一个哄抬物价的计划。"[1] 在缺乏竞争的时候，跨国公司那些潜在的弊端就越发暴露无遗了。

一个多世纪以来，发达工业化国家早已认识到垄断和反竞争行为的危险性，它们制定法律打破前者、制裁后者。在大多数发达工业化国家，与既定的竞争对手联手定价是一种犯罪行为，在刑事上和民事上都会受到严厉惩罚；在美国，被判定有罪的犯人将进监狱，那些能够证明自己因垄断而支付了高价的人将得到三倍的损害赔偿金（三倍于垄断者索取的价格）。

随着全球化和商品全球贸易的出现，垄断、卡特尔及其带来的问题逐渐波及世界范围。[2] 全球化使反竞争行为释放出一种全新的潜力，并且这种行为很难被察觉和制约。

20 世纪 90 年代初发现的几桩全球定价案揭示了全球垄断的本质，一件涉及维生素，另一桩与赖氨酸（一种猪用氨基酸）有关，第三件与玉米果糖有关，美国巨头阿彻丹尼尔斯米德兰公司（ADM）卷入了其中的两个事件。在赖氨酸案中，卡特尔制定价格、分配市场份额并制定配额，成功地在三个月内将价格提高了 70%。ADM 公司被处以 1 亿美元的罚款，其中总裁之子迈克尔·安德列斯（Michael Andreas）与另一位执行官一起被判入狱。在玉米果糖案中，ADM 公司面对的损害索赔总计 20 亿美元并同意赔付 4 亿美元。在维生素案中，美国与欧盟对共谋者处以 17 亿美元之多的刑事处罚；尽管民事诉讼还没有宣判，但迄今为止已支付了近 6 亿美元的赔偿金，另外还有超过 10 亿美元的赔偿请求。然而，除美国及欧盟之外，其他人得到重大赔偿的希望并不大。

这反映了一个普遍问题：尽管垄断厂商获得的利益来自全球，但执法却是割裂的，各国的司法机构只会保护自己公民的利益，这就意味着在现实中，小国和发展中国家的消费者的利益根本得不到重视。更糟的是，母国为支持自己国家的全球垄断商而经常发生冲突。这其实是很自

---

① *The Wealth of Nations* (New York: Modern Library, 1937), p. 128.

② 处理反竞争行为（限制性商业行为）的国际协议增加了该问题的复杂性。就像我们在第三章中看到的那样，虽然世界贸易组织（WTO）允许各国使用倾销税，但传统意义上的倾销和反竞争行为没有关系；而且，倾销针对的是产品售价偏低的公司，WTO 对威胁大得多的垄断和产品售价过高的公司似乎无动于衷。有一个例子，美国指责日本在胶卷行业的反竞争行为（富士的销量是柯达的两倍，但在美国却只有柯达的一半），但是美国的观点没有实证证据支撑。

然的，没有人在乎外国消费者和公司的利益是否受到侵犯。2001 年 7 月，针对美国两大巨头通用电气公司（GE）和霍尼韦尔公司（Honeywell）合并的提议，欧盟认为这将在很大程度上降低竞争，但美国政府却在大声抱怨。欧盟的判断是正确的，对于欧盟竞争委员会专员马里奥·蒙蒂（Mario Monti）来说，与美国对抗、履行自己执行欧盟竞争法的责任是需要勇气的，他的决策成功地阻止了兼并。

如果说还有更糟的情况，那就是政府实际上帮助建立了全球卡特尔来增加了本国公司的利益。当我还在白宫工作时就发生过这种情况。随着铝价的持续走低，世界最大的铝生产商美铝公司（Alcoa）的负责人保罗·奥尼尔（Paul O'Neill），他后来担任乔治·W·布什政府的财政部长，他提出建立一家全球性的铝业卡特尔来稳定市场、保护美国不受来自俄罗斯的“破坏性”竞争所带来的伤害，当时俄罗斯正在进行市场经济的转轨。在一次极具戏剧性的会议上，尽管经济顾问委员会和美国司法部强烈反对这个提议，克林顿政府仍然决定领导建立一个全球卡特尔，这是对竞争性市场原则的公然违背，以至于美国首席检察官助理安妮·宾格曼（Anne Bingaman）在会议结束时宣布，她可能不得不给触犯了反托拉斯法的与会者发出传票。结果正如奥尼尔希望的那样，卡特尔为美铝公司带来了更高的价格和利润，也为消费者带来了高价。[①] 的确，从奥尼尔的观点来看，卡特尔的成效非常令人满意，所以在他成为财政部长之后，他又提议在钢铁领域提价，让美国钢铁产业恢复盈利。但与铝业相比，从事钢铁生产的国家和公司要多得多，建立和维持一个全球钢铁业卡特尔也要复杂得多，这一次尝试失败了。

最成功的全球垄断企业也许要算微软了，它不仅在个人电脑操作系统，而且在主要应用程序，如网页浏览器，成功地取得了全球市场的强势地位。一个公司只有取得压倒性的优势份额才能垄断市场；截至 2005 年 8 月，微软操作系统占据个人电脑市场 87%的份额，占了英特尔机芯的个人电脑市场 89.6%的份额。个人电脑、互联网、文字处理以及计算表格程序几乎重新定义了现代经济，而这一家公司已经在这些核心领域占有了绝对优势。当微软将类似媒体播放器的程序与操作系统捆绑在一起销售时，它实际上是免费提供程序，没有一家公司能够与之匹敌。美国和欧洲的法院都发现，微软公司不仅仅拥有垄断的权力，而且它在滥用这一权力。唯一的争论就是如何用适当的方法解决这一问

① 参见 Stiglitz，*Globalization and Its Discontents*，p. 173，引文如前所注。

题。微软公司不得不付出数十亿美元来解决反托拉斯法的索赔；2004年的欧洲规则要求微软公司必须提供不带有其影音播放器的操作系统版本。但这仍然无法撼动微软的垄断地位，除非有更强硬的措施，否则无法恢复到一个竞争性市场。

微软的垄断地位不仅使价格居高不下，而且还导致了创新停滞不前。创新者们都看到了美国网景公司的下场，第一家大型网络浏览器公司被微软活生生地挤垮。这也是一种有力的警告，警告那些有重大创新、可能与微软操作系统竞争或兼容的人。解决问题的途径之一是限定微软操作系统的知识产权保护年限，例如控制在3年左右，这样可以极大地刺激微软去提供用户认为有价值的，以及他们乐意花钱购买的创新。如果微软不能创新，那么其他开发商将会以旧的操作系统作为创新基础，也就是这将成为一个免费的平台，在这个平台上进行应用类型的创新。

针对全球卡特尔和全球垄断没有一个全球性的解决方法，这成为经济全球化快于政治全球化的另一个案例。由于每个国家都只保护自己的国民，因此当前的方法都是零零碎碎的，既费钱又低效，特别是在保护发展中国家时更加显得无效，我们之前谈到过，发展中国家的资源根本赶不上那些大型跨国公司。就算它们有勇气找微软的麻烦，两者在法律资源上也是不对等的；最终微软可能会威胁要撤走（就像它在韩国所做的那样），如果没有了微软的操作系统，这些国家将与世界其他地区失去联络。

垄断的全球化需要一部全球性的竞争法律，以及一个全球性的竞争权力机构来执法，在反竞争行为影响到多个司法辖区时，该权力机构能够采取刑事诉讼和民事行为。这并不是要求解除本国的竞争权力机构。垄断的风险和成本十分巨大，而且大型企业利用政治影响力压制诉讼的危险也十分严重，这就需要进行多级监管。美国和欧盟都已经建立了多级监管，美国有州级别和联邦政府级别的监管，欧盟则是在欧盟级别和各成员国级别都有监管。

完善公司治理

第三项改革着眼于公司治理本身的法律。如何使企业及其管理者的行为与广大公众的利益相一致？法律体制需要进行什么样的改革，才能使私人动机与社会成本和收益相一致？

朝着正确方向发展的一步是：考虑其所有利益相关者的利益——雇员以及企业经营所在的社区，而不单单考虑企业的股东。例如，公司坚持执行良好的环境政策并不违背对股东的信托责任，即使有可能对利润造成损害。①

有限责任法旨在限制投资者的责任，而不是免除员工的责任，无论员工级别有多高。但正如我们所看到的，有时这正成了一种结果。我们应该让公司的执行官为自己的行为承担更多的个人责任，让他们想要隐藏在企业的背后变得更加困难。近来的一些举措正是朝着这个方向发展，其中包括世通公司董事会签署了协议，对那些由于世通公司的虚假陈述而利益受损的投资者进行补偿。在公有企业中，财务制裁对于管理者们的影响微乎其微，哪怕是企业为造成的损害赔偿了一大笔钱也对他们没有什么直接的影响，由于经理和董事们都有保险保障，即使直接向他们征收罚款，这项成本也是由其他人承担。

正如要想有效执行竞争政策就要求使用刑事处罚手段，比如监狱，在其他领域也有这种要求。2002 年，在美国企业的财务丑闻曝光之后，美国国会通过了《萨班斯—奥克斯利法案》(Sarbanes-Oxley Act)，明确要求公司执行总裁直接对公司的财务负责。对《萨班斯—奥克斯利法案》的批评是，它过于严格，遵循的成本过高。通常过度反应都有危险，随着经验的积累法案通常会进行调整。但是财务造假的成本，包括资源的错配、对市场经济丧失信心等也是巨额的，如果按照量来排序的话，肯定比遵循法规的成本大得多。另外，很多成本都是启动成本，一旦企业调整到新的系统，每年的成本将低很多。

如果说在需要向股东和其他利益相关者负责的领域能够让企业的负责人来承担个人责任，那么在其他领域更应该如此。破坏环境的罪行（窃取整个社会的遗产）并不亚于通过操纵账本来欺骗投资者的行为；而且企业对环境造成的破坏更持久，受到伤害的更是无辜的旁观者，他们既不是签署协议的任何一方，也不是想通过投资来获益。如果一家公司过度地违反国家的环境法规，其执行总裁、其他决策者和执行者就应该承担刑事责任。

要实现私人利益与社会利益的一致，另一个重要步骤是要让造成损害时获取赔偿变得更容易。让公司造成了损害就赔钱，对工人也好或对环境也好，就能刺激公司行事时更负责任，并保证其雇员也这样做。当然，法律体系并不完美。大企业可以聘请最好的律师来对付受损方（往

---

① 一些欧洲国家的法律体制不仅明确公司要对其股东负责，同时也对其政策影响到的其他相关方负有责任。

往是穷人）的律师，而受损方能够雇用得起的律师是无法胜诉的。强词夺理的法律伎俩经常让明显有罪的美国公司逃脱法网。直至最近，夺去千百万人生命的烟草公司仍然没有几家支付赔偿金。但正如我们看到的那样，让一家美国企业为其在发展中国家的行为后果负责，更是难上加难。即使企业被认定有罪时，也很难强行执行判决。公司会通过将有限的资产放在该国来很好地保护自己，而要动用公司的海外资产则基本是不可能的。

一些改变将有助于完善法律系统。首先便是允许其他国家的人在那些违法公司的母国提起诉讼。从 1789 年起，美国的《外国人侵权索赔法》（Alien Tort Claims Act）便允许这样的诉讼，那些在国外由于“背离国家法律或美国条例的违法行为”而造成损害的企业，可以在美国提起诉讼。近年来，的确有一些试图通过美国法院对跨国公司采取行动的尝试，并取得了一些小小的成绩。当然，公司都希望限制这类诉讼，但如果我们想要让全球化更好地运行，那就需要在全世界范围内都制定这样的法律条款。这是执行法规的唯一途径，特别是当违法公司在受到损害的国家只保留少量资产的时候。而这类诉讼的另一个更大的好处是，美国或欧洲的公司再没有借口埋怨败诉的原因是原告占有本国法庭的优势了。

一项补充的改革可以让发达工业化国家的法院执行外国法庭做出的判决。例如，如果巴西的法院发现美国的矿业公司在巴西造成了数十亿美元的损失，但公司在巴西的资产却达不到相应的数额，那么巴西可以通过美国法院来帮助收取赔偿金。当今国际商业仲裁都采用这种方法，但都是用来保护投资者的利益。这又是一种不对等的情况：来去自由的跨国公司将有限的资产放在所投资的国家，以控制它们的负债敞口，但是在保护这些国家不受跨国公司损害方面，关注程度要低得多。

一些公司对国外法院警惕性很高，声称这些法院专门与它们作对。要想在一个国家做生意，尤其是想在这个国家开采自然资源，这不过是付出的代价之一。另一种做法是，为了抵制执行不利的判决，只要是声称国外的审判程序不公正的公司，都可以自动地采用母国的诉讼程序，按照两个国家环境法规和其他规则中标准更高的进行判决。这从常理来看毫无疑问是非常危险的，公司可以接受第一次判决；但只要它们拒绝接受首次裁决，就可以选择进行第二次诉讼。这种公司应该按照母国的环境标准进行判决的约定，反映了商业社会责任运动越来越认识到的一个假设前提，即不应该存在双重标准，也就是说发展中国家的环境标准不能低于美国和欧盟国家。

在美国西部历史中，强盗为了找寻一个安全的避难所而跨越州际线。而对于国际环境的强盗来讲，就不应该存在这样一个安全的避难所。任何一个有跨国公司（或公司的控股股东）投资的国家，都应该为提起诉讼或为保证债务赔偿的执行提供通道。企业可以在自己所想在的任何地方成立公司，但并不应该减轻它在其他司法辖区的责任。

为了能更加有效地执行这一规则，我们也许有必要透过企业的面罩抓住本质。举例来说，矿业公司常常为了经营某个矿藏而成立子公司，这样在该矿藏枯竭时，子公司宣告破产，母公司毫发未损，留下的只有清理成本。其实可以制定一个简单的规则：对于公司负债的特定类别，例如那些与破坏环境相关的负债，持股超过一定比例的股东，如超过20%，也应该负有责任，即使公司破产。不能神化有限责任制，就像产权一样，包括知识产权，它们都是人类的一种创造，目的是为了提供适当的激励机制。如果那种人为的体制无法实现其社会职能，就需要进行修正。

全球经济的全球法规

我们最终的目标是，建立国际法律体系和国际法庭，这对于全球经济的顺利运行是必不可少的，就像为了本国经济而建立联邦法院、制定国内法规一样。

当美国及某些个别国家的消费者因价格垄断而受到损害时，他们可以联合在一起，进行所谓的“集体诉讼”，如果他们打赢了官司，他们会得到三倍于原有损害的赔偿，这就提醒了公司坚决不能进行价格垄断。随着全球价格垄断的出现，所造成的伤害也成了全球性的，因此世界各地的消费者应该联合起来，共同在一个法院提起诉讼，如可以是美国法院，但是，美国最高法院最近的一项决定却给肇事者提供了一条逃脱责任的轻松道路，一旦它们赔偿了美国受害者——可能只是全部应付赔偿的一小部分，那么原告必须寻找另一个诉讼通道。① 出于同样的原

① 美国之所以成为优先选择的诉讼地，是因为从传统来看它拥有最为完善的竞争法体系。2005年，在罗氏（F. Hoffman-Laroche, Ltd.，一家总部位于瑞士，业务遍布150多个国家的跨国公司）诉厄瓜多尔的公司 Empagran SA 案中，Empagran SA 因支付过高价格购买用于鱼虾养殖的维生素C而遭受损失，美国最高法院裁决罗氏和其他生产维生素C生产商操纵价格，但是它们首先赔偿那些同样遭受损失的美国人；在处理完美国索赔方的诉求之后，最高法院裁定 Empagran SA 和其他20家外国公司不能在美国法院寻求赔偿。我认为此案涉及的原则对维护全球的竞争非常重要，因此我提交了一份 *amicus curiae*（法庭之友）摘要，在摘要中我描述了全球垄断的危险性及我们应该怎么做。虽然法院的宣判对 Empagran SA 公司不利，其裁决结果也显现出法院意识到了全球垄断问题。

因，受害的个人，比如那些博帕尔事件的受害人，不可能有钱支付一场诉讼，他们所能收到的最大赔偿也非常少，只能雇用最廉价的律师。如果通过集体行动，受害者还有一些获得补偿的希望。那些在博帕尔事件中受害者得到的补偿尽管非常少，但这已经是他们通过集体诉讼取得的最大补偿了。

不出意外的话，辩护律师会尽力阻止集体诉讼，他们会说受害方的差别太大，案件无法汇总起来。他们坚持把同一家企业引起的相同伤害分割成许许多多单独案件，显然这会给法律体系带来巨大的负担，这些负担在很多情况下是不可承受的。

当大量的个体以相同的方式受到伤害时，他们应该可以联合在一起进行集体诉讼。我们需要设法使全球的集体诉讼变得更加容易，无论在最新建立的全球法院中，还是在本国的法庭上。找到共同点、确定罪行、设定赔偿的基本水平，这些对于公正的裁决是非常有用的，作为补充手段，在必要时可以针对异常情况下的调整进行分别审判。比如说，垄断价格提高了所有产品购买者的成本，集体诉讼可以对垄断价格立案、计算垄断价格比原有价格超出了多少。当然，从受害程度上看，发达国家的大型制造商与发展中国家的小客户相比有很大的差别。但是，确定了卡特尔在垄断定价中的责任以及价格的涨幅后，判定每个人应得多少赔偿就是相对容易的事情了（通过一系列小型审判就可以解决）。①

正如我们已经意识到的那样，穷人要想得到公平，要求政府出资提供法律援助，这种情况也应该普及到国际上，发达工业化国家也应该对发展中国家提供法律援助。

缩小腐败的范围

为了让那些行径为最卑劣的企业更加难以逃脱法网，发达工业化国家还能够采取多种其他措施。正如我们之前提到的，大家已经普遍认识到腐败造成的破坏性影响，以及供求双方共同打击腐败的必要性。1997年美国通过的《反海外腐败法》（Foreign Corrupt Practice Act）正是向着正确方向迈出了一大步。所有政府都应该采用《反海外腐败法》，未

① 制定一个既对受损方公平、又能刺激企业承担责任的全球法律体系需要考虑许多方面，一个更基本的法律改革将惩罚和威慑问题与赔偿问题分离开来。比如，赔偿委员会可以确定每个人所遭受的损害程度，并在此基础上提供赔偿；一个单独的法庭能够确定公司过失的程度，判断公司是否有造成损害的行为，例如由于不当的环境政策等，然后使用统计模型评估应该给予的适当处罚；如果还造成了另一些应该受到惩罚的损害或是特别恶劣的行为，也需要评估是否要采取进一步的威慑措施。

能制定和执行这一法案的政府都应该受到处罚。这本来应该作为贸易谈判“发展回合”的一个组成部分而讨论的一个新议题（见第三章），而当时甚至没被提及。贿赂应该被认定为一种不公平的竞争行为，其他不公平的竞争行为都被 WTO 定为非法，贿赂也应该接受制裁。

银行的保密制度加剧了腐败问题，为那些不义之财提供了一个安全港。在东亚危机的余波里，国际货币基金组织和美国财政部呼吁在亚洲金融市场提高透明度。当发展中国家指出追踪资金流动过程的问题之一就是西方离岸银行的银行保密制度时，两个机构的基调发生了截然不同的变化。资金看中这些所谓的离岸账户不是因为开曼群岛的氛围更加有利于银行业务；资金会流向这里准确地说是因为这里提供了规避税收、法律和监管的机会。这些机会的存在并不是一个不经意的漏洞，离岸银行业务中心的保密制度是由于这符合发达工业化国家某些集团的利益。

发达工业化国家在处理有关银行保密制度的事情上一向步调一致，但在 2001 年 8 月布什政府否决了一视同仁的做法。因为在当时，布什政府发现银行保密制度被用于资助参与“9·11”袭击的恐怖分子，于是美国改变了以前的看法，但这些改变仅仅涉及打击恐怖主义的有关方面，而其他形式的银行保密制度，尽管依旧腐蚀着世上各种类型的社会形态，尽管依旧对发展有害，还是被允许的；毕竟银行保密制度是跨国公司为公司股东提高税后利润的一种途径。国际社会应该将反对银行保密的规则迅速拓宽到反恐之外的领域，八国集团自己就可以促成此事，只要禁止它们的银行与任何地区不遵守规则的银行发生业务关系即可。美国在阻止利用银行资助恐怖主义的事情上卓有成效，显示出集体行动是有作用的。所以应该采用类似的方法对抗腐败、武器销售、毒品以及偷税漏税。

纵观本书，我一直都认为政治和经济是错综复杂地相互交织纠结在一起的，跨国公司已经用它们的经济实力保护了自己，以免承担自身行为所引起的全部社会后果。相比于那些更加温和的抑止它们为所欲为的努力，难道我们还期望它们更加热情洋溢地回应上述改革措施吗？

有一件事让我看到了希望，那就是跨国公司商业社会责任运动。越来越多的公司不希望看到竞次现象的发生，正是这样的公司，包括美国和其他国家的公司，支持《反海外腐败法》。公民社会也通过监督大型矿业公司和制造业公司虐待工人的行为，发挥着更加积极的作用。新技术曾经有助于促进全球化，现在也被用于将这些恶劣行径公之于世，这样即使那些没有道德良心的人也不得不为自己的行为三思。

这就是不会轻易被改变的现实。我们既不要把跨国公司看成人们通常描述的恶棍，也不能把它们视为发展中国家慷慨的恩人。有限责任制巩固了现代资本主义发展的基础；随着全球化的进行，滥用有限责任的弊病已经发展到了全球的规模；如果没有本章所提到的那些改革措施，情况会变得更糟。与本书其他部分一样，这里的经验教训是简单的：动机是关键，而且政府和国际社会必须更加努力地去保证企业的动机与其所接触的对象是一致的，尤其是发展中国家中的弱势群体。

8 债务负担

2002年8月，我访问了摩尔多瓦，它位于罗马尼亚和乌克兰中间，是一个有450万人口的以农业为主的内陆小国。摩尔多瓦曾是前苏联最富有的加盟共和国之一，然而自1991年开始从社会主义向市场经济转轨到现在，它的GDP已经暴跌了70%左右。自苏联解体以来摩尔多瓦就一蹶不振，1998年危机使卢布贬值了四分之三①，这让情况变得更加糟糕。摩尔多瓦的货币也相应地贬值了，它维持外债的成本骤然上升——达到了政府预算的75%，使它能投入社会服务和基础设施建设的资金寥寥无几。我目睹了失修的道路和毁坏

① 卢布兑美元的汇率由危机前的6.28∶1下降到1999年1月的23∶1。

的村庄，即使在首都基希讷乌，街道也是坑坑洼洼的，因为没有钱来支付路灯的费用，一到晚上整个城市就一片黑暗。所见所闻虽然令人痛心，但在我们的旅程中，当我一个同事的女儿在住院的过程中因医院氧气短缺致死时，我感到了恐惧。西方民众把氧气的充足供应当作理所当然的事情，而在摩尔多瓦，氧气却成了一种难以企求的奢侈品。

在同一时期，阿根廷正在应对 2002 年 1 月其债务违约所引发的一系列后果。这次债务拖欠是史上最大额度的拖欠之一，堪与三年半前的俄罗斯债务拖欠相匹敌。① 在这次债务拖欠之前，近乎 1 500 亿美元的外债（包括欠 IMF 和世界银行的债务）正在一步步压垮阿根廷的经济，其中，仅用于偿还公共服务和政府担保的外债在 2001 年就达到了 160 亿美元，占阿根廷出口总额的 44%、GDP 的 10%。

从阿根廷到摩尔多瓦、从非洲到印度尼西亚，在世界各地，债务形成给各个发展中国家带来了沉重的包袱。有时候债务的结局是戏剧性的，例如爆发债务危机；但债务负担更为常见的表现是，债务国家为避免违约而挣扎，很多国家不得不通过牺牲教育和健康项目、经济发展以及国民福利来偿还债务。资金本应从富裕国流向贫困国，但某些年份却恰恰相反，这主要是由庞大的偿还款所导致的。很显然，随着资金从发展中国家流失，经济增长和消减贫困对它们而言就变得越发困难了。

这个现象很容易解释：发展中国家或者主动借入过多，或者被动借款过多，它们因此不得不承担随之而来的大部分或全部风险，包括利率上升、汇率波动和收入减少。了解了上述情况，发展中国家经常无法偿付债务也就毫不意外了。某些时候，即使是那些债务适度、推行了很好的经济政策的国家也会陷入困境，例如一场海啸或其他自然灾害发生、出口品市场萎缩，或者利率忽然上升。

人们通常指责债务国举债过多，但实际上债权国也有责任，它们过度地放贷，而没有仔细考察借款方是否有偿还能力。发展中国家的贫困让那些放贷者乘虚而入，老练的放贷方和稚嫩的借款方之间的不对等差距实在太过悬殊了。由于发展中国家很容易陷入为还债而挣扎的境地，国际贷款可以说成了一道让发展中国家见识 IMF 和其他国际组织权威的门户。发展中国家被两个都不尽如人意的选择拉扯着：违约——将会

---

① 2001 年 12 月，阿根廷放弃长期以来执行的 1 比索兑 1 美元的外汇体制，人们普遍预测这是次年年初发生的债务违约的前奏。参见 Paul Blustein，And the Money Kept Rolling In (and Out)：*Wall Street*，*the IMF*，*and the Bankrupting of Argentina*（New York，PublicAffairs，2005）。

有经济崩溃的危险，接受援助——将丧失经济主权。

对发展中国家的偏见不仅体现在总是将责任归咎于发展中国家的“过度借贷”（而非债权国的“过度放贷”）上，还体现在缺乏一个完善的法律体系来决定当发展中国家在合理范围内无法履行债务义务时该怎么办。每个发达国家都知道破产法很重要，能够帮助公司和个人重组无法负担的债务，但目前却没有一套类似的法律来规范主权债务的重组，以确保这一过程能够公平、有效而迅速地进行。

本章提出了一系列改革建议：一个快速有效重组私人债务——私人公司欠外国债权人的债务——的流程，以及一条新的、更均衡的处理公共债务的途径。然而，令人担忧的是，即使豁免了旧的债务，新的债务也会出现，所有问题将会在几年之内重现。因此，我们必须问一些更基本的问题：怎样做才能确保债务负担不会再次超过贫困国家的承受能力？我认为发展中国家应该比以前借得少，不是少一点，而是少很多；而且，如果它们必须得借，应该设法将更多的风险，包括汇率和利率波动的风险，由发展中国家转移到发达国家。

在 19 世纪，如果有国家无法偿还欠西方国家的外债，西方国家的政府会采取一种简单的方式来处理——使用野蛮武力：入侵、占领、更换政权。那段历史已经一去不复返了。

就在一百多年前，英国、德国和意大利为了表明支持美国强迫委内瑞拉偿还国际债务的行为，派遣一支海军联合远征队到委内瑞拉的海岸，封锁并炮击委内瑞拉的海港。阿根廷外交部长路易斯·玛丽安·德拉戈（Luis María Drago）博士为了支持邻国，发表了后来被称作“德拉戈主义”的声明，回应这次攻击。他在写给阿根廷驻美国公使马丁·加西亚·梅鲁（Martín García Merou）的信中说，在这种“不幸的财政状况”下，“公共债务不能引发武装干涉，或不能作为欧洲列强实质性占领美洲国家领土的法律依据”。

他在 1902 年讲的一段话，无论在当时还是在现在都是真理：

> 放贷国从一开始就知道它是在与一个主权国家缔结合约，而所有主权国家与生俱来的一个特性，就是有权不执行可能对国家不利的判决，因为这种收债方式危及国家的存在、导致该国政府丧失独立性和行动自由。这种依靠武力要求债务国迅速在限定时间立即偿还债务的方式，只会摧毁已经弱不堪言的国家、瓦解它们的政府，

连同它们自身所拥有的全部机能也会被地球上的强蛮力量所毁灭。①

世界列强用武力手段来迫使偿还债务的事件，不止一次，也不止在一个国家发生。1862 年，法国以墨西哥自 1821 年独立以来多年未偿还债务为借口，入侵了墨西哥，并改立拿破仑三世的亲戚、奥地利的马克西米利安（Maximilian）大公为墨西哥的皇帝。② 1876 年，法国和英国联合掌管了埃及的财政；六年后，英国占领了该国。③ 美国曾用债务拖欠来作为它干涉加勒比海地区的借口之一，例如，1904 年多米尼加共和国欠债未还时，时任美国总统西奥多·罗斯福（Theodore Roosevelt）强迫多米尼加共和国将其关税收入交给美国管理，以此来偿还外债。甚至到了近期的 1934 年，当时尚未成为加拿大一部分的纽芬兰进入“破产受监管”状态时，④ 不得不解散国会。纽芬兰在 20 世纪 20 年代头脑发热，大肆举债，当大萧条来临时，有四分之一的人口靠救济生活，政府的收入又减少了三分之一，使得它再也无法履行偿债义务。从此，纽芬兰再也没有真正恢复自治权，直至 1949 年 3 月 31 日成为加拿大的一部分。

一个世纪过去了，人们对债务违约的看法已经发生了显著改变。在私人债务方面我们已经有所进步，破产法已经使债务人免除了查尔斯·狄更斯（Charles Dickens）笔下栩栩如生的牢狱之灾。尽管不人道的监狱生活确实经常成功地吓唬住了债务人的家人帮忙还债，但是囚禁欠债者只会让他们没有机会去挣钱还债，但在当时看来，这一点不利因素远远比大家故意欠债不还要好得多。另外，在如何对待主权国家没有能力或不愿意偿还外债方面，大家的看法也已发生了变化，德拉戈主义现在

---

① 参见 1902 年 12 月 29 日阿根廷外交部长路易斯·M·德拉戈写给阿根廷驻美国公使梅鲁先生的一封信，Documents of American History，Durham Trust Library。译文可参见于 www.theantechamber.net/UsHistDoc/DocOfAmeriHist/DocOfAmeriHist3.html。德拉戈还写道：“承认债务、全额偿付债务，应该而且必须丝毫不损害国家作为主权实体的固有权利。”

② 参见 Carlos Marichal，*A Century of Debt Crises in Latin America：From Independence to the Great Depression，1820－1930*（Princeton：Princeton University Press，1989）。

③ 目前债务总额将近 1 亿英镑或 11.12 亿美元（使用历史零售指数，2005 年 11 月 23 日美元兑英镑汇率）。资料来源：EH.Net，详见 www.eh.net/hmit/ppowerbp/。参见 D.C.M.Plat，*Finance，Trade and Politics in British Foreign Policy，1815－1914*（Oxford：Clarendon Press，1968）。

④ 非常感谢大卫·黑尔提供的这个案例。参见 David Hale，“Newfoundland and the Global Debt Crisis，”*The Globalist*，April 28，2003，详见 www.theglobalist.com/DBWeb/StoryId aspx? StoryId=3088。

已经被普遍接受，然而，尽管人们在不应该做什么上达成了共识，如不应该以武力强迫偿还债务，却无法在应该做什么上形成统一意见。

当国家无力偿还债务时，通常有三种选择：一是债务豁免，二是债务重组，债务重组并没有减记债务的账面价值，但推迟了债务的偿付，寄希望于在未来某个时刻会出现转机；三是债务违约（实际上就是借款人欠债不还），阿根廷就是选择了这种方式，首先宣布它只会支付所欠债务的一小部分，然后与各债权国进行周旋，试图用聊胜于无的道理来说服它们。最后，阿根廷成功了；2006 年 3 月，76%的债权人都同意阿根廷每 1 美元欠款只需偿还 34 美分的清偿方案。有人因此得出结论，认为阿根廷的案例证明目前的体系是有效的，对此，我持不同观点。为了达成协议，债务问题被拖延了好几年，悬而未决的代价是高昂的，因为当经济处于不确定状态时，投资者是不愿意把钱投进来的。在这一事件中，阿根廷展现出了高超的谈判技巧和强大的决心，而这两点是大多数国家都不具备的，在全球金融市场和 IMF 的压力下，它们更可能被迫让步，接受额度有限的债务减免，结果这些国家仍然处于负债过重的状态。然后，还不起钱的恐惧使得这些国家尽量推迟宣布实情，它们的人民则为此做出了巨大的牺牲；只有当债务违约成了唯一的选择时，这些国家才会不得已而为之。在我看来，阿根廷事件刚好强化了我们的结论，即必须有一种有序的债务重组和减免方式。

危机之路

阿根廷和其他新兴市场出现债务危机，原因很简单，就是负债过多。然而，为什么运行良好的市场似乎频繁地陷入这种境地呢？

借钱太多，还是放贷太多？

既然是贷款，就有一个贷方和借方，他们都是自愿参与到这个交易中来的。[①] 如果出现了呆坏账，至少从表现来看贷方和借方一样有责

① 差不多 20 年前，令人尊敬的皮尔逊委员会（Pearson Commission）（加拿大前总理、诺贝尔和平奖得主莱斯特·B·皮尔逊（Lester B. Pearson）为其领导）在给世界银行的报告中也有过类似的表述，报告指出："债务累积过多通常是借方政府的错误和国外债权人的过失两者相结合导致的。"参见 Lester B. Pearson et al., *Parterns in Development: Report of the Commission on International Development* (New York: Praeger, 1969), pp. 153ff。

任。实际上，贷方也许应该承担更多的过错，因为他们更精于风险分析，更善于判断适度的负债额。

如果我们说问题出在过度放贷，而不是过度借入，会有什么区别吗？看问题的角度的不同会影响到寻找解决办法的方向。是不是贷方的问题比较大，因为它们没有做好尽职调查来判别哪些国家具有偿还能力？还是应该更多地归咎于恣意挥霍、不负责任的借方？如果认为问题出在过度借入，我们自然会考虑增加借方摆脱债务的难度；反之，如果问题是过度放贷，我们就会将重点放在加强贷方做好尽职调查的动力上。

过度借入的政治经济学是易于理解的，当前借钱的政府享受好处，继任的政府来应对带来的结果。可是一向精于算计、追求利润最大化的放贷者，为什么会频繁地过度放贷呢？放贷者鼓励借钱是因为这对它们而言是有利可图的①，发展中国家有时甚至被强迫过度借款；借款可能会有回扣，这在它们负责筹措资金的项目里更为普遍。即使不存在腐败，它们也很容易受到西方商人和金融家的影响。这些西方人士以美酒佳肴盛情款待那些负责借款的人，以兜售他们的贷款方案，告诉那些负责人为什么现在是借款良机，为什么他们的特定方案有着特殊的吸引力，为什么现在是进行债务重组的绝佳时机。② 当一些国家不确定对是否值得冒险借款时，它们就会被告知建立起信用等级是多么地重要，所以就算你真的不需要资金也应该借。我在越南亲眼目睹了这种情况，当时越南已经从世界银行、亚洲开发银行以及其他官方机构大量地借款，但不愿意从私人机构借款。多年来，外国银行家一直在劝说越南发行欧洲债券以作为评级基准，多年来越南始终拒绝这么做；但最后它们还是屈服了。③

过度借债会增加危机发生的概率，而危机的代价不仅放贷者要承

① 但正如借款方关注短期收益，而把偿还的问题留给其继任者一样，贷款方也同样把款项回收的问题留给继任者。

② 当然，发达国家也有类似的问题。问题是那些缺乏经验的发展中国家更容易受西方国家经验丰富的银行“建议”的影响，即使该建议是西方银行自私自利的产物。当然，贿赂和腐败（在前面的章节中有更充分的论述）有时也在其中推波助澜。

③ 这种观点认为，通过借入美元或欧元，国家可以建立一个基准，民间借贷利率就可以根据该基准来设置。贷款利率的设置一般是用国家风险溢价加上公司风险溢价。因此，假如越南能够以 8%的利率借入资金，贷款人就可以考虑按 10%的利率将资金借给一个相对安全的越南企业，即在国家风险溢价之上增加了 2%的企业风险溢价；如果越南只能以 10%的利率借入资金，那么贷方就会考虑以 12%的利率借出资金。

担，甚至整个社会都要承担（一种负的外部效应）。最近几年，IMF的计划可能已经进一步扭曲了放贷者放款的动机。危机发生时，IMF贷出一种所谓“救助”资金，但这些钱真正救助的并不是陷入危机的国家，而是西方的银行。在东亚和拉美，“救助”提供了用于偿还债权人的资金，使债权人逃脱承担错误放贷的代价。在某些情况下，政府甚至包揽了私人债务责任，事实上将私人风险转嫁给社会。债权人得以脱身，但IMF的资金不是免费赠送的，只是另一笔贷款，留给发展中国家去偿还。这事实上造成了穷国的纳税人在给富国的放贷失误埋单。

救助滋生了著名的“道德风险”问题。如果当事人不必为他的行为承担所有相关的风险，他就不会竭尽所能来规避风险，此时，道德风险就产生了。这个术语来源于保险文献，一个人只是因为买了保险就不像之前那么注意防范火灾，这被认为是不道德的。当然，这纯粹是一个动机问题。有保险的人或许不会故意烧掉他们的房子，但他们防范火灾的动机却减弱了。在贷款一事上，风险来自违约和由此产生的各种后果；放贷者可以简单地通过减少放贷来降低风险，但是，如果他们意识到获得救助的可能性很大，就会比没有救助可能时贷出得更多。

放贷市场还有其他特征，引用美联储前任主席格林斯潘的名言来说，那就是“非理性繁荣”，以及非理性悲观。放贷者在乐观的情绪中涌入市场，又在情绪变化时冲出来。市场随狂热风潮起舞，很难抗拒不被卷入最新的狂热中，尤其是当国际金融机构和美国财政部如同在阿根廷所做的那样，认可这种狂潮时。如果只有一家公司受非理性的乐观情绪影响，它就将不得不自己承担错误的代价；但如果大量的公司都有着同样的情绪，形成了一种狂热，则会产生宏观经济的变化，潜在地影响着全国每一个人，就像东亚危机一样。

风险市场的失灵

过度借入，或者说过度放贷（取决于看问题的角度），与最近30年发生的许多重大危机有一定的关系。但是现在的问题陷得更深。债务合约规定借款国的偿还金额以美元或欧元计算，利率随着市场状况进行调整（在短期借贷中尤为典型），这样将利率和汇率的波动风险都完全抛给了发展中国家。更为糟糕的是，IMF和世界银行鼓励很多国家在签署建设发电厂的合约时，将所有的需求风险完全转移到自己国家身上。在这些照付不议的合约中，政府将保证购买电厂生产的所有电量，而不管自身是否有这样的需求。比如说，如果一个国家欠了20亿美元的话，当本币汇率暴跌了一半时，那么以本国货币计价的债务就会增加一倍。如果最初债务占 GDP 的 75%，按国际标准来说虽然高，但仍然是可控的，现在忽然变成了 150%，超过了这个国家的偿还能力。本章开头提到的摩尔多瓦几年前没有一丁点儿债务，怎么会陷入我所描述的那种惨状的？部分罪责归咎于那些向摩尔多瓦提供资金以帮助它向市场经济转型的放贷者。1998 年摩尔多瓦的货币列伊随着俄罗斯的卢布一起急剧贬值，摩尔多瓦的债务占 GDP 之比暴增不止一倍。部分地看，摩尔多瓦也是俄罗斯危机的无辜受害者，被俄罗斯无力履行偿债义务拖下深渊。

类似的情况是，如果利率从 7%上升到 14%，一国的债务也会翻一番。如果利率上升前只需用出口收入的 25%来偿债，那么上升后则需要拿出 50%，这意味着它将没有足够的剩余资金来购买重要的进口品，这正是阿根廷所遭遇的困境。从 1996 年到 2000 年，很大原因是因为利率相对于新兴市场上升，导致阿根廷的债务支出增加了一倍多。

在上述案例中，导致债务负担超过偿付能力的主要因素均来自债务国境外。发展中国家必须承担的风险很多，而且全球市场又动荡不安，结果正如我们所看到的，即使适度的借款也可能演变成难以承受的债务负担。使事情变得更为棘手的是，贷款多属短期（有时是见票即付），所以一旦债务国出现经济下滑的迹象，外国银行就能把资金从发展中国家抽逃出来，而且它们的确这样做了。一个健全的全球金融体系应该与之相反，在这些国家需要的时候给它们提供资金，而不是索要资金，从而增加全球经济的稳定性。

实际上，西方银行体系的技术性规范起到的是鼓励短期放贷的作用。银行愿意发放短期贷款的原因，部分是由于短期贷款更容易达到所谓的“资本充足要求”。监管者们关注所负责银行的清偿能力，并根据它们的负债余额来要求相应数量的资本金，而短期贷款要求的资本金比长期贷款要少，其理由是，对于短期贷款而言，一旦环境有变，银行能迅速收回资金。其实，这种所谓更具安全的头寸很大程度上只是海市蜃楼，对单个银行而言正确的事情对整个银行体系来说未必正确。当所有放贷者都放出短期贷款时，它们是不可能同时抽回资金的。因此银行的这种制度实际上加剧了恐慌，每个银行都知道如果它能早于其他银行行动，它也许可以在问题暴露和资金被套牢之前把资金撤回来；因此一旦有任何风吹草动，大家就比拼看谁能先将资金撤出来，最后几乎每一方都会变成大输家，发展中国家更是如此。

信用评级机构同样惊慌，它们不想因某个国家无法偿还债务而被抓住小辫子。在东亚，1997 年 7 月 2 日泰国金融危机爆发之前，它们和市场中的其他人一样乐观，但危机一爆发，它们立刻就把东亚债务的级别降到了投资级以下。由于很多共同基金和养老基金都不允许持有投资级以下的资产，它们也竞相退出，使危机进一步扩大。

IMF 和债权国政府不仅没有利用市场功能来减轻这些问题，即帮助市场优化债务合约，让富国承担更多的汇率和利率波动风险，或设法弥补后果，反而穷尽所能来确保那些签署了不公平合约的国家履行合约，丝毫不顾这些国家的人民会为此付出多大的代价。在它们强推的政策中，其中一项是用高利率来稳定汇率，它们认为，汇率越高，债务人就越容易偿还以外币计价的债务。尽管高利率能否稳定汇率还有待商榷，但可以确定的一点是，它们把债务国推进了衰退和萧条的深渊。①

阿根廷的案例

资本是资本主义的核心；如果我们想拥有一个全球性的市场经济，我们必须要有运行良好的全球资本市场。但显而易见的是，资本市场的一个关键部分——债务市场运转得并不好，至少从新兴市场经济体的角度来看是如此。② 它们一次又一次地背上超负荷的债务，引发危机，然后陷入经济衰退和萧条，贫困也随之加重。阿根廷危机揭示了债务管理不善的代价是惨痛的，债务体系的改革已经迫在眉睫。

在路易斯·玛丽安·德拉戈博士为委内瑞拉挺身而出后的一个世纪，阿根廷也遭遇了债务危机，这并不是阿根廷的第一次危机。20 世纪 70 年代阿根廷的利率很低，有时甚至是负的（实际利率考虑了通货膨胀的影响，等于名义利率减通货膨胀率），阿根廷也像其他拉美国家一样在劝说之下借了大量的外债。到了 20 世纪 70 年代末 80 年代初，美国为了遏制持续的通货膨胀将利率提升至 20%左右，阿根廷发现自

① 企业为了保护自己免于各种风险，如破产风险等，应该购买保险来应对由于汇率下降而引起的债务价值增加。企业经常这么做，但比标准经济理论所预测的要少一些。如果企业感觉到政府会阻止汇率大幅度波动，那么企业对这种保险的需求可能就会减少；如果大多数企业都没有保险，那么汇率下降可能对经济不会有太大的刺激作用。这是因为尽管货币疲软会使出口增加，但同时也会使外债数字变大，国家因此也变得更穷；这反过来会阻碍消费和投资，其结果是国际货币基金组织的政策实际上削弱了汇率在经济调控过程中的效率，使得各国面临更大的风险，并且增加了汇率波动所引发的成本。

② 实际上从放款人的角度看，目前的体系运行得并不坏，因为债权人的贷款所获得的平均回报，即使经过风险调整后，也高于正常水平。

己已经无法偿还债务了。虽然进行了债务重组，但债务减免并不充分，而且在80年代的大部分时间，资金都是从拉美流向美国和其他发达国家，拉美的经济陷入了停滞。直到80年代末才进行了重大的债务减免，拉美的经济才得以重现增长。①

阿根廷在20世纪80年代末发生过非常严重的高通胀，1989年的年通胀率达到了顶峰30 80%。为了对抗通胀，阿根廷采取了盯住美元的汇率制度。这一策略成功了，通胀率降了下来。然而这是一个危险的策略，国际经济的波动要求经常调整汇率，而这是阿根廷的新经济制度所不允许的。于是在接下来的10年中后果逐渐显露出来。

暂时卸下了债务负担，阿根廷在90年代初迎来了一段繁荣期。对经济的信心重振，银行和其他贷款人都乐于放贷，甚至提供消费信贷；国家把国企私有化，并卖给了外国人，消费也得以持续繁荣。但只要有人费心地去看一下阿根廷的资产负债表，他们就会发现由于变卖了资产，负债却在累积，实际状况正在恶化。然而，IMF没有看到这些问题，它们只关注赤字，只为华盛顿共识的政策被采纳而自鸣得意。外国人也得到鼓励向阿根廷放贷，因为IMF不断地点名表扬阿根廷，赞扬它的低通胀和其他政策与IMF的建议相一致，甚至在1999年华盛顿IMF年会之前将阿根廷总统卡洛斯·萨乌尔·梅内姆（Carlos Saul Menem）捧到了经济效率楷模的程度，不久，梅内姆就因腐败而受到指控。

可是忽然之间，阿根廷的命运发生了逆转。导火索是1997年的东亚危机，并在1998年演变成了全球金融危机。全球范围内给新兴市场的贷款利率急剧上涨，主要受此影响，阿根廷的债务开支从1996年的130亿美元增加到了2000年的200亿美元；这些问题因为美元的强势而加重，因为阿根廷比索与美元挂钩，币值因此逐渐高估。当最大贸易伙伴巴西因自身的危机而贬值本币时，阿根廷的汇率失调变得更加严重，各种进口商品如潮水般涌了进来，它却因高汇率而难以把自己的产品销出去。出口减少，进口增加，阿根廷的国际收支平衡不断恶化，它不得不更多地对外举债。

于是一个恶性循环出现了，IMF在其中负有不可推卸的责任。随着全球利率的上调，阿根廷的债务开支不断增加，财政赤字也因此增加。于是关心赤字的IMF则要求实施紧缩的财政政策和货币政策，增

---

① 在所谓的布雷迪计划中，债务国的旧债券被转换成美国短期国库券支持的新债券。

加税收，削减支出，提高国内利率，这些政策的后果是可以预见的，阿根廷的产出和税收双双下降。

IMF 的其他一些行为对危机的产生也起到了推波助澜的作用。IMF 曾鼓励阿根廷将社会保障事业私有化，致使政府收入（通过社会保障税取得的）的减少快于支出（支付给退休人员的）的减少。假如阿根廷没有将社会保障事业私有化，那么即使在危机的时候，它的财政赤字也将近乎为零。[①] IMF 不仅坚决主张将水、电之类的公共事业私有化，而且坚持在私有化时水、电价格要与美国的价格挂钩。这意味着当美国的水、电价格上涨时，阿根廷不得不为最基本的生活需要付出越来越多，于是国家越来越缺乏竞争力，社会动荡日益加剧。

不具有可持续性的事情是不会持久的，阿根廷的高汇率和日渐增加的债务就不具有可持续性。最终，2001 年末 2002 年初，经济危机终于不可避免；阿根廷选择债务违约，也就是欠债不还，并且让汇率自由浮动，比索迅速贬值了三分之一；经济动荡接踵而至，官方公布的失业率骤然上升到了 20%以上，GDP 则下跌了 12%。

当时，阿根廷正欠着 IMF 一大笔钱。IMF 本应当向那些需要帮助的国家伸出援手，而此刻也正是阿根廷真正需要帮助的时候。私人债权人在经济滑坡时往往会要求归还贷款，此时也正是政府特别需要资金的时候。其实从一定程度上而言，IMF 正是因为认识到这种市场失灵而创立的，然而，IMF 却没有向阿根廷提供更多的贷款，反而也要求它偿还欠款；如果阿根廷想要将贷款展期（实际上就是将到期日延后），就必须同意 IMF 的条件，而这些条件与引发危机的那些条件几乎如出一辙。阿根廷与 IMF 进行了非公开的激烈谈判，并且没有屈服。阿根廷深知 IMF 的后续贷款永远都不会到达布宜诺斯艾利斯，钱只会留在华盛顿用来偿还它欠 IMF 的债务（IMF 给俄罗斯的一笔贷款就是采取这种做法，在俄罗斯债务违约后，IMF 甚至还吹嘘这一成绩），因此据理力争；它还知道如果屈从于 IMF 的条件，其经济衰退将会加重；最后，阿根廷还意识到，如果 IMF 和其他国际放贷者不同意贷款展期的话，那么它们的损失跟自己一样大。即使一个国家对私人贷款发生了违约，它是否会对 IMF 和其他官方机构的贷款违约取决于 IMF 是否同意延缓付款；如果 IMF 不同意，就必须宣布阿根廷发生了债务违约，这

① 在关于美国的部分私有化的争论中，社会保障私有化的财政方面的后果起到了突出的作用，有资料指出，仅仅在社会保障私有化的前十年便可能导致 1 万多亿美元的新增财政赤字。

会使该国的收支表非常难看。阿根廷在这一点上也很明智，它只偿还了一小部分债务并拒绝按IMF的条件行事，虽然这样，IMF并没有宣称阿根廷发生了债务违约。

IMF在讨价还价时也很为难。一位IMF前任官员解释道，IMF只是代表了所有债权人的共同利益，这是它们的基本出发点，同时它们又要将破产恐惧灌输给债务国。它们希望任何主权国家在考虑债务违约时都要三思而后行；它们很清楚没有法庭能强迫主权国家偿还债务，债务违约后它们能没收的资产往往很少，或者根本没有（相比之下，私人破产时，债权人能接收债务人的公司或抵押资产）。只有恐惧能促使各国偿还债务；没有恐惧，债务国是不会偿还债务的，主权债务市场也只能枯竭。IMF“拒绝将遵从看做回答”。如果阿根廷同意了IMF的某种要求，IMF就会强加更多的要求，以延长阿根廷的痛苦，尽可能将债务违约的代价最大化。

没有IMF的方案，就没有人能够预期到当时阿根廷的情况。在没有IMF一贯要求的紧缩政策、没有资金流出境外以偿还债权人的情况下，该国经济开始增长，本币大幅贬值推动了经济增长，阿根廷在此后三年以每年8%或更高的速度持续增长。随着增长的恢复，阿根廷甚至成功扭转了财政赤字，这是IMF的方案从来没有取得过的成绩。但如果阿根廷继续向华盛顿送钱，继续按IMF的命令行事，几乎可以肯定的是，它的遭遇会大为糟糕。

尽管没有实施IMF的方案，或者更为准确地说，正是因为没有实施IMF的方案，阿根廷成功地复苏了。然而，没有迅速地进行债务重组却给复苏增加了不必要的困难。意大利的债权人，包括很多普通储户在内，也遭受了阿根廷长期拖延债务带来的损失。他们当初被劝诱购买阿根廷债券时，没有充分认识到相关的风险，很多人无法坚持，而不得不接受大量的亏损，把债券卖给了投机者；这些投机者赌阿根廷最终会改进解决债务提案。

阿根廷一开始就表明它想要的是一个新的IMF方案，而不是想逃脱债务责任，但同时它也非常清楚对自己国民的责任，如果IMF的方案会抑制它的经济，或动用它的稀缺资源去拯救西方银行，那么没有IMF方案会更好。

各国和国际社会（尤其是IMF）应该做什么、不应该做什么，阿根廷的例子给了我们很多启示。它再一次表明，即使是那些看起来运转良好、债务适度的国家，由于受到超出其控制范围和国界范围的力量的影响，最终也可能会背上沉重的债务负担；它向世人揭示，一次债务危机之后，再发生一次危机是多么容易的事；它还告诉我们，外部援助的代价是高昂的，就算顺从 IMF 的建议、当它的好学生，但既不能让 IMF 在国家遭受危机时给予保护，也不能在稍后免于 IMF 的责难。最为重要的是，阿根廷在没有 IMF 的帮助下成功复苏，这给其他国家提出了一个问题：其他国家应该效仿阿根廷吗？当年巴西执行 IMF 紧缩预算的从紧政策，以至于在路易斯·伊纳西奥·卢拉·达席尔瓦（Luiz Inácio Lula da Silva）总统的第一个任期内，尽管出口强劲，但几乎没有经济增长。要是巴西当初选择债务违约，结局会不会更好？

阿根廷的例子还表明，债务违约后会柳暗花明，之后的增长甚至可能更快。但是很少有国家能像阿根廷一样勇敢，对欠债不还后果的恐惧驱动着债务国还债，给国民带来了巨大的苦难。

在我访问摩尔多瓦期间，我深切地认识到了这种恐惧的力量。该国的预算原本就很微薄，债务开支已经占去了四分之三，那里的官员还是说如果拖欠债务，他们获取资金的渠道将会被切断。我向他们指出他们不拖欠债务也不会得到任何资金，资金从他们这里流向了欧洲和美国，而不是反过来。此外，即使他们能从私人机构得到资金，那也多年以后的事情了。如同其他的高负债国一样，由于要支付债务开支，它们不可能进行经济增长所必需的投资；而如果没有增长，它们就不是一个很好的放贷对象。而债务违约至少能阻止资金大量流失到国门之外。

对于大多数债务负担过重的国家而言，不管它们是如何尽心尽职地偿还债务，只要它们的经济仍然停滞，它们就不可能从资本市场获得资金；而只要它们被债务束缚，经济就一定会停滞。可是一旦它们开始增长，它们就能再次从国际资本市场获得资金，即使它们曾经拖欠债务。俄罗斯自 1998 年债务违约后不到两年，就再次从国际资本市场借到了资金。金融市场具有前瞻性，它所关心的是一个国家的偿付前景。从巨额的债务负担中解脱出来，从而使经济达到了充分就业，变得更为强大，这样的国家是值得一试的。换句话说，债务违约能够在一个相对短的时间内实实在在地增加资本的净流入。①

---

① 当然，如果只有一个国际贷款机构，它就会考虑惩罚那些刚愎自用的国家，给任何可能的违约者上一课。但是在竞争激烈的金融市场中，实施那种惩罚对任何人都没有好处。

让全球化造福全球：如何处理发展中国家的债务

关于债务减免的讨论既杂乱无章又混淆视听，部分原因是由于债务国类型截然不同，主要有四大类（并非全部）。第一类是"正常的"赤贫国家，它们一直从其他国家的政府和IMF之类的多边机构借款；第二类是受害于腐败专制政府的国家，债务正是他们留下的众多遗毒之一；第三类是新兴市场经济体，私人机构过度向私人机构放贷，其大量借贷的后果变成了国家的问题。韩国、泰国和印度尼西亚就是生动的例证，大量的私人债务触发了区域性危机。最后一类是像阿根廷一样的中等收入国家，它们是被过度地放贷（或者说是过度借入，这取决各人看问题的角度），贷款主要来自私人机构，也有来自IMF、世界银行和其他区域性发展银行。没有痛苦的调整过程，这些国家是不可能还清债务的。

给最贫困国家实行债务减免

那些赤贫国家已经到了饥不择食的地步，只要是钱，不管何种形式，它们都接受。一般来说，私人机构不会贷款给它们；世界银行、IMF和发达工业化国家以前经常提供低息贷款，希望这些贷款为那些能够促进增长的项目和规划提供资金，只要经济增长到一定程度，那么偿还债务对它们而言会变得容易。可是事情的发展往往并非如此，即使有经济增长，也是相当地乏力，甚至不能抵消人口的增长。贷款发放20年之后，这些国家变得愈加贫困，还债是绝无可能的。

1996年，国际社会终于意识到了给重债穷国减免债务的必要性，但减免方案（称为HIPC，重债穷国（highly indebted poor countries）的首字母缩写）的历程颇为坎坷。在随后的四年中，只有三个国家得到了债务减免。IMF负责设定债务减免的条件，但它把门槛定得太高了，只有极少的国家才合格。各国不得不紧紧跟从IMF的指挥棒，几乎没有回旋余地。批评者认为这一现象绝非偶然，因为提供债务减免是一个强有力的手段，IMF用它来强迫各国按它的要求行事，但一旦获得了债务减免，IMF的枷锁就会大大减弱。然而，IMF并不是问题的唯一根源，有一些借款是双边的，债务减免必须得征得所有主要债权人的同意。

为此，2000年，一场名为“大赦2000”（以纪念允许每50年进行一次债务减免的圣经大赦年）的运动唤起了公众舆论对债务减免的支持，并达成了一项扩展HIPC方案涵盖范围的协议。2005年7月，28个国家获得了超过560亿美元的债务减免，是这一小部分国家所欠外债的三分之二。在这28个国家中，19个获得了共计370亿美元的减免；剩下的国家要获得全额减免则要求满足一定的条件，而这些条件也没有以前苛刻，其目的也是在于减少贫困。债务减免的进程有所提升，但还不够快。还有很多国家等着减免，很多像印度尼西亚之类的国家没有涵盖在HIPC方案中，虽然它们已经非常贫困，但从债务豁免的角度看，仍然认为它们还是太富足；摩尔多瓦也不够格，原因很简单，因为债务减免没有扩展到前苏联国家。而一旦债务减免延迟，复利的魔力就会使得债务继续增加。①

在债务减免方面，还需要做得更多，正如我们在第一章中所提到的，人们行动起来了。2005年6月，在苏格兰举行的G8峰会上，发达国家的首脑们一致同意给18个世界上最贫困的国家提供百分之百的债务减免，其中有14个在非洲。②

正如摩尔多瓦的情况所证明的那样，没有债务减免，重债穷国不可能满足人民的基本生活需要，更不要说进行摆脱贫困所必需的投资。对于世界上最贫困的国家而言，债务减免需要加速，需要将目前的HIPC方案扩展和延伸到更多的国家。而且，就像G8国家意识到的那样，债务减免必须深化，任何流向华盛顿、伦敦或波恩的资金对削减穷国的贫困都是无济于事的。浅层次的债务减免只能让贫困国家继续挣扎，另一次债务危机在不远的将来悄悄逼近。

债务减免的实施不能削弱其他援助方式的有效性。对贫困国家的帮助不能以产生新的贫困为代价。一直以来，债务减免已被批评为奖励了运气不好和不负责任的国家。那些付出了巨大努力来控制债务的国家不应比那些挥霍无度的国家得到的援助少，否则就是对前者的惩罚。已经还清债务的发展中国家至少目前是不符合债务减免的条件的，它们担心债务减免会占用原来准备提供给它们的资金，尤其是在

---

① 我们在第一章已经指出，截至2006年，发展中国家的债务大约为1.5万亿美元。

② 18个国家包括贝宁、玻利维亚、布基纳法索、埃塞俄比亚、加纳、圭亚那、洪都拉斯、马达加斯加、马里、毛里塔尼亚、莫桑比克、尼加拉瓜、尼日尔、卢旺达、塞内加尔、坦桑尼亚、乌干达和赞比亚，其他贫穷国家可能在将来才能获减免资格。

世界银行，债务偿还款正是放贷资金的主要来源。只有发达国家弥补了债务减免产生的差额，世界银行才能维持它的放贷方案。但发达国家会不会这样做，只有让时间来告诉我们。这是一个至关重要的问题，因为债务减免的实际发生额比呈现在我们面前的要少，考虑债务国实际上永远都不可能还清债务，很多债务减免只是一个做账的过程。① 因此，如果本应用作其他援助的资金被算成债务减免，那将意味着实际援助的总额减少了。

很多人担心这些贫困的发展中国家很快又会债台高筑，从某种意义上说，这应该归咎于放贷者。这些国家大多数都极度贫困，指望它们拒绝借款是不合理的。② 放贷者应该确保任何贷款的数额都被限制在可被偿还的范围内，实际上，这意味着放贷应该相对地减少。这些国家大多数不仅现在极度贫困，而且在还款日期来临时也将是极度贫困。即使借来的钱能获得高回报，政府要筹集足够的还债资金也是很困难的，而且还债资金必然部分来源于教育、卫生经费和其他关键的社会、发展经费。

如果能以捐赠的形式给世界上最贫困的国家提供更多的援助，加上放贷者能更尽职尽责地控制贷款额，那么未来，许多国家背上过度债务负担的可能性就会有所降低。③

恶　债

有一种类型的贷款，对其进行债务豁免的道德理由特别具有说服力，这就是所谓的"恶债"，它是由非民选政府欠下的，而且借来的钱甚至可能是用来维护执政者的残暴统治。不管放贷者的动机是什么——无论是政治的（为了在冷战中收买人心）还是经济的（为了能获取丰富的矿产资源），强迫债务国的民众偿还这种恶债都是不道德的。

伊拉克在萨达姆·侯赛因（Saddam Hussein）执政时欠下的债务就

① 如果某个国家在任何情况下都没有偿还债务的可能，那么债务减免究竟是在何种意义上真正提供了额外的援助？当然能够让发展中国家免除对债权人的后顾之忧仍然具有相当大的好处；债务减免的给予方也许会将减免看做援助，因为它们会在财务报表中勾销债务。

② 由于世界银行的贷款利率远低于市场利率，因此这一点尤为突出，实际上这种贷款很大一部分（大约三分之二）成为拨款，这里的拨款占比是将贷款分别按"未受资助的"的利率与借贷国实际偿付的利率折现，然后计算两者之间的差值得出的。

③ 然而，欧洲国家坚持贷款仍然具有重要作用，例如，在资助电力工程方面，这一点欧洲国家是对的。而且，如果一个国家的资金来源是必须偿还的贷款，而不是一笔礼物，那么，该国在借款和合理使用方面就会更加小心。

属于这种恶债。埃塞俄比亚也一样，它的恶债是由门格斯图（Mengistu）和他的红色恐怖遗留下来的。从 1974 年海尔·塞拉西（Haile Selassie）被推翻到 1991 年门格斯图倒台，门格斯图对埃塞俄比亚实行了长达 17 年的野蛮统治，他用借来的钱购买军火来镇压反对其暴政的民众，屠杀为建立新政权而斗争的战士，但现在新政权的政府却在为这些杀死同伴的武器埋单，债务偿还一直进行到 2006 年。

2005 年，尼日利亚的负债额高达 270 亿美元，其中很大一部分是 1964—1979 年以及 1983—1999 年时期腐败的军政府借款的累积利息，当时尼日利亚的财富遭到了疯狂掠夺，甚至输出了 2 500 亿美元左右的石油。冷战期间，西方政府和国际金融机构都向刚果放贷，这些钱被军事独裁者蒙博托（Mobutu）存到了瑞士和其他地方的秘密银行；而放贷者清楚，或者应该清楚，钱没有用在社会发展上。发展并不是放贷者的目的，它们是为了在冷战期间收买友好关系，或者至少阻止刚果向俄罗斯兜售友谊，同时确保西方公司能获取刚果丰富的自然资源。在蒙博托政权的末期，刚果的外债累计 80 亿美元；与此同时，蒙博托积聚的个人财富估计有 50 亿到 100 亿美元。现在，除非有债务豁免，否则刚果的人民不得不替蒙博托偿还欠款，而曾经支持蒙博托的西方列强的国民却不必为此付出代价。

当前，智利正在偿还皮诺切特（Pinochet）当政时欠下的债务；南非正在偿还种族隔离时期欠下的债务；要是阿根廷没有债务违约，它也将仍然在偿还因 1976—1983 年间的“肮脏战争”欠下的债务，在这场战争中估计有 1 万至 3 万名阿根廷人失踪。

解决恶债问题有一个简单的办法，就是设立一条法律推定，所有这类国家都不应该偿还恶债。这个简单的办法不但能解决当前的债务过度问题，还能解决债务反复问题，如果债权人注意到借钱给这样的政权得冒不被偿付的风险，它们就有可能不会借。“信贷制裁”可能远比贸易制裁（国际社会试图通过威胁切断贸易来让各国“听话”）有效。正如一百年前阿根廷外长德拉戈指出的那样，没有哪个法庭能强迫国家还债；而且，如果国际社会就恶债的定义以及国家没有义务偿还恶债达成广泛一致，不偿还恶债就不会产生不利的后果；没有不利的后果，就不存在偿还恶债的动力；顺理成章，放贷人就不会愿意放贷。相比之下，贸易制裁通常是无效的，因为与被制裁国进行贸易是利润丰厚的，公司总会想方设法绕开制裁。①

接下来，美国可以将这类国家归纳出一个名单，从而让签约人和债权人知道，一旦这些政权垮台，它们所签订的协议和债务将被重新审查，借钱给专制政权的政府和银行会清楚它们这样做有不被偿付的风险。还应该制定一些指引说明哪些协议和债务是可接受的，例如，用于修建学校的贷款是允许的，用于买军火的贷款则不被准许（有些人认为任何给专制政权的贷款都应被视为恶意的，因为资金具有可替代性，修建学校的贷款能让政府将钱省下来用于军火。但有证据表明，与不提供贷款相比，给教育提供贷款确实会增加教育支出）。应该建立一个国际信用法庭来进行必要的裁决，对于现有的贷款，该法庭将质询放贷者在当初放贷时是否意识到了这实际上是恶债？很清楚的一点是，很多私人放贷者贷款给种族隔离时期的南非，他们都应该知道这些债务是恶意的，尤其是在联合国对其实施制裁之后；今天的苏丹政权，美国和联合国均已裁定其种族灭绝行为，任何放贷给该国的人都应该意识到这些贷款是恶意的。

在协议方面也有类似的问题。如果私人机构与一个腐败的独裁政权签订了协议，政府是否应该补偿签约方因违约带来的损失？是否应该以对待恶债的方式处理这些协议，尤其是当这些协议实际上是助纣为虐时？订立协议的过程经常暗藏腐败，这一事实是否重要？在伊拉克事件中，美国认为信守与萨达姆·侯赛因的协议就是在奖励腐败；而在印度尼西亚事件中，苏哈托（Suharto）被推翻后，美国大使却宣称协议的神圣性是不可侵犯的。（这位大使从美国国务院退休后拿到了他应得的奖赏，进了一家美国矿产公司的董事会，这家公司在印度尼西亚运营，曾因腐败和掠夺资源而受指控。）

对很多人而言，问题的关键并不在于是否应该偿还债务，或者是否应该遵守协议，而是在于这些政权曾经在西方机构的帮助下为虎作伥，

---

① 关于恶债有大量的文献资料，并且还在增加。帕特丽夏·亚当斯对有关历史文献进行了回顾，参见 Patricia Adams，*Odious Debt*：*Loose Lending*，*Corruption*，*and the Third World's Environmental Legacy* (London：Earthscan Publications，1991)。一般性的讨论以及恶债在伊拉克的应用，参见 Joseph E. Stiglitz，"Odious Rulers，Odious Debts，" *Atlantic Monthly*，vol. 292，no. 4 (November 2003)，pp. 39－45。关于恶债对合法借贷的影响的讨论，参见 Seema Jayachandran，Michael Kremer，and Jonathan Shafter，"Applying the Odious Debts Doctrine while Preserving Legitimate Lending，" December 2005，详见 http://post. economics. harvard. edu/faculty/kremer/ webpapers/Odious _ Debt _ Doctrine. pdf。

那么西方机构是否应该对所带来的伤害承担责任?

私人跨境债务

在1997年东亚金融危机之前，很多人都相信只有公共借贷才可能造成问题。毕竟，这种想法是符合逻辑的，私人机构只有当自己能还得起时才敢借，债权人只有当自己确信私人机构还得起时才敢贷；更重要的是，大家认为当债务偿付出现问题时，只有放贷方来承担后果。东亚金融危机表明这一逻辑是错误的，引发危机的正是私人公司的过度负债，一旦债权人拒绝延缓它们以美元计价的债务，整个地区都陷入了危机之中。

东亚危机发生的事情在其他许多地方也发生过，实际上私人债务已经被国家化了。IMF给各国政府提供美元以偿付西方债权人，于是债权人得到了保护，借款人逃过了一劫，而发展中国家的纳税人却要承担起偿还IMF欠款的负担。

本来还有另一个选择，即私人借款者可以直接违约——宣布破产。问题是发展中国家几乎都没有一个完善的法律体系来处理后续事宜。发展中国家需要更完善的破产法律，这几乎是全世界的共识。IMF也试图把一套特定的破产法律——一套有利于债权人的法律——兜售给那些向它寻求资金和建议的国家。毫不奇怪，IMF的宏观经济学家是不会真正明白破产的微观经济原理的，他们尤其不会意识到并不存在一条唯一的、“正确的”破产途径。事实上，破产法案的设计是美国政治舞台上最受争议的话题之一。依靠一些技术型的国际专家来解决典型的政治问题不仅是愚蠢的，还是危险的，因为这些人只能较好地平衡部分相关群体的利益。但破产法案反映的不仅仅是债权人和债务人之间的利益平衡，它还传达了一个社会对社会公正的观念。

制定破产法案需要考虑许多事项。找到债权人和债务人之间的利益平衡当然是必要的。一套过于偏向债务人的破产法案不能给债务人足够的激励来偿还欠款；没有这个，信用市场就无法正常运转；可是一套过于偏向债权人的破产法案则不能给债权人足够的激励进行尽职调查，以辨别哪些借款人还得起债。一家美国银行推销其信用卡的广告语为：“呱呱坠地就合格”，这反映了甄别好坏借款人的工作其实没有做到位。

如果拖延了公司破产的进程，公司将处于所有权不明的悬而未决的状态，其不稳定期将会延长，借钱将变得很困难，管理层可能会有剥离资产的冲动，以迅速变卖资产获取现金。但强硬的破产法律会导致停业清盘、破坏就业机会和组织资本（公司商誉的价值是指有形资产以外的价值，包含公司声誉，这部分价值往往远远大于有形资产的价值。）所有这些担心的问题都在现代破产法案里起到了重要作用。美国破产法案的第十一章给相当迅速的公司重组提供了法律保障——债务清偿、债转股，老股东出让了大部分或全部的股份，债权人变成了新股东，公司则在破产期间依旧运转。尽管有人批评这一法律太偏向债务人，却没有阻碍公司继续搞到贷款，即使有些公司数次破产也一样，比如几家仍在运行的航空公司（大陆航空（Continental Airways）和美国航空（US Airways））。

东亚金融危机期间，我作为世界银行的首席经济学家非常支持"超级十一章"，这一特殊破产条款适用于一些国家的特殊情况，在这些国家中，企业破产是由大的宏观经济灾难引发的，比如汇率崩溃、重大经济衰退或萧条、未曾预料到的新兴市场利率的猛升等等。此时，速战速决显得尤为紧迫。另外，相比于普通的私人破产或商业破产，这些公司面临的问题更有可能不是管理不善造成的，而是由不可控的外力引起的。因此，超级十一章虽然比普通十一章的条款更偏向债务人，却能带来更迅速的重组。

面对公司无法偿还债务的问题，快速解决固然重要，但我们的首要任务还是要避免它的发生。同样，这意味着要避免借款，即降低风险和波动的暴露度，唯有如此，"合理的"债务才不会迅速地变成不可控的债务。由于借款方和放贷方都忽视了债务过度的宏观经济影响，因此对外负债往往过高，政府不得不进行干预。① 外国的短期借贷尤其会使国家暴露在危机的风险之下，政府应该采取手段抑制这种借贷，比如加大对短期资金流动的征税力度和限制。

国家破产

不仅仅是极度贫困的国家和刚刚摆脱腐败统治的国家面临着严峻的债务问题，许多发展中国家近来都曾遇到困难，而且因难以履行债务责任而面临经济危机，墨西哥、巴西、阿根廷、俄罗斯和土耳其只是其中的代表。没有人提出给这些国家实行债务豁免，部分原因是因为这些国家在一定程度上都有偿还的能力，它们应该可以通过增加税收、减少开支来筹集相应的资金；这些国家的资产价值远远超过了它们的负债额。但还债的代价可能是巨大的，超过了本国人民愿意支付的额度。即使债

① 在标准的经济学术语中，这是一个外部性的经典案例。

权人从自身角度出发不愿豁免债务——通常它们确实不愿意，这些国家也还有另一个选择——拖欠债务，重新谈判。正如我们所看到的，这就是阿根廷采取的办法。但同样正如我们所看到的，阿根廷的债务重组变得异常艰难。

为了解决上述问题，我们需要五个关键的变革。

避免伤害

首先，发达国家不能做出有害的事情。债务减免不应该成为向债务国漫天要价的砝码，或成为损害它们的民主制度的事件，而应该给债务国带来一个全新的开始。巴黎俱乐部是一个由19个债权国组成的非正式组织，包括了美国、日本、俄罗斯和多个欧洲国家；它们集体决定减免债务的条件、哪些国家可以获得减免、减免多少。当巴黎俱乐部坚持要伊拉克采用休克疗法并采纳华盛顿共识的经济政策，以此作为获得债务减免的条件时，实际上是剥夺了巴格达的经济主权。[①] 2004年11月，它们同意豁免伊拉克40亿美元债务的30%，三年之内再豁免30%，条件是伊拉克必须执行IMF提出的私有化和自由化方案，而这个方案正是布什政府一直以来想要伊拉克实施的。IMF曾强迫俄罗斯执行休克疗法的方子，导致其GDP下降了40%。而此时对伊拉克来说，同样一个休克疗法的方子，其效果的前景甚至比俄罗斯还要暗淡。伊拉克的经济发展也颇为不顺，部分原因得归咎于国内的叛乱，部分原因是由于美国援建基础设施的不力。

同样地，尼日利亚在债务减免谈判中，也被要求执行IMF的方案作为债务豁免的条件。批评家反问：尼日利亚已经表现出自己能够妥善管理经济、降低通胀、控制预算、增加透明度，为什么还要执行IMF的方案?

不管IMF强加的是什么条件，都会遭到拒绝，原因很简单，因为这是强加的，是来自国门之外。但IMF的条件尤其令人反感，因为它们都非常不适合这些国家。IMF念念不忘降低通胀，似乎经常忘记增长和真正的稳定，即很少关注产出和就业的波动。结果是，IMF既没能弥补私人资本市场的缺陷，也没有抵消这些缺陷的影响，反而使其进一步恶化。IMF还通常要求处于衰退中的国家推行紧缩性政策，而不是为反周期的政策提供资金支持。约翰·梅纳德·凯恩斯曾敏锐地指出，政府增加开支、降低税率和利率能帮助国家从衰退中恢复过来，这

① 这些政策在第一章和第二章有所描述。

是20世纪经济学最重要的进步之一。IMF却摒弃了凯恩斯主义，而采用了关注财政赤字的前凯恩斯主义，意味着在衰退时要增加税收、减少开支，这刚好与凯恩斯的建议相反。事实上，几乎每一个尝试IMF政策的国家，衰退都更加严重。毕竟经济学家无须重写教科书，但在学院派经济学家看来的好消息，对这些国家的千百万民众来说却是毁灭性的灾难。

最成问题的事莫过于IMF所推行的用来稳定汇率的高利率政策。一旦高利率政策失效，就会迅速导致债务暴增，仅仅为了偿付债务的利息，政府就不得不越来越多地借款。

IMF作为贷款条件推行的政策还以其他方式伤害了借款国。我曾经反复提到，由于经济高度波动（包括汇率波动和利率波动），即使适度举债的国家也可能陷入困境。资本市场的自由化（IMF敦促或强迫发展中国家实行这一政策）将借款国暴露在更多的风险和波动之下，而且限制了它们的反应能力。（例如，如果它们在经济衰退时降低利率，资金就可能流出国门。）

回归反周期的放贷

顺周期的私人放贷模式是在国家恰恰最需要资金的时候要求归还资金，这种模式肯定会持续下去。银行是要赚钱的，老话说银行只把钱借给不需要的人，这是以痛苦经历为基础总结出来的。当初正是这样的市场失灵为建立IMF和世界银行提供了关键的依据。正如我们已经注意到的，建立这两个机构的部分原因是为了避免另一场类似于大萧条的全球性灾难，而反周期的放贷（经济低迷时放出更多资金）是它们最初的使命之一，通过抵消私人放贷的顺周期模式的影响，这种反周期型放贷能对经济稳定做出巨大贡献，它能给衰退中的发展中国家提供必要的财政刺激来促进消费。IMF、世界银行和位于非洲、亚洲、东欧、拉美以及前苏联地区的区域发展银行必须回归到反周期性放贷。

降低风险

必须降低借款的风险。发展中国家被迫承担了汇率和利率波动的风险，我之前强调过很多债务问题都是由此造成的。华尔街对自己能将风险切割细分的能力引以为豪，它能把风险从抗风险能力弱的人身上转移到抗风险能力强的人身上。可是在发展中国家的债务问题上，华尔街也基本上失败了。

私人资本市场可以介入，表明它们能够并且愿意分摊更多的发展中国家所面临的利率和汇率风险，但在此之前，国际金融机构需要在风险分摊上发挥更积极的作用。债务协议应该保护发展中国家避免受利率、汇率波动的冲击①，当贷款来自国际金融机构时更是如此。即使贷款来自其他机构，国际金融机构也能发挥作用。世界银行已经为国有化过程中的风险提供了保险，它能够将这一保险范围扩大，覆盖利率和汇率的变动风险，甚至是债务违约的风险。保险费会使借款变得更加昂贵，或许会因此抑制借款（我认为这本身就是件好事），但保险费成本比借款人所面临的波动成本小得多。

用本国货币借款可以降低借款风险，所以建立本币的债券市场很重要。如果世界银行和其他多边性发展银行通过这些市场筹集资金，就能帮助巩固这些市场。② 以泰国为首的几个亚洲国家正在努力创建一个亚洲债券市场，采用一篮子当地货币进行借贷。这几个国家推行稳健的宏观经济政策，保持了低通胀和汇率的相对稳定（1997 年的金融危机除外），给亚洲债券市场的发展提供了有利的环境；亚洲的高储蓄率也对这一市场的创建做出了贡献。

发达国家非常敏感的一点是，制定的政策要能增强自身经济的稳定性，例如，政策规定给外国的短期贷款比长期贷款安全，但这却可能会将不稳定性输出给发展中国家。国际法规及其产生机制也有待变革，比如，银行业的法规和准则是由国际清算银行（BIS）制定的，而这个机构甚至还没有 IMF 那样民主、透明，至少在以前制定这些标准时，它基本无视对发展中国家的影响。

谨慎借债

第四项改革反映的是重债穷国应该做什么，各国在借债时必须非常谨慎，在借债时也得以本国货币结算。当市场或政府不能或不愿转移任何债务风险时，发展中国家在借款时应该特别谨慎。

借债往往得不偿失。历史清楚地证明对很多发展中国家而言，债务的成本大于收益。通过借款，拉美在 20 世纪 90 年代早期获得了快速增

① 参见 Barry Eichengreen, Ricardo Hausmann, eds, *Other People's Money: Debt Denomination and Financial Instability in Emerging Market Economics* (Chicago: University of Chicago Press, 2005)。

② 世界银行曾经不止一次借入 40 多种货币。(部分货币列表参见 World Bank Treasury, "List of Selected Recent World Bank Bonds," 详见 http://treasury.worldbank.org/Services/Capital%2bMarkets/Debt+Products/List+of+Recent+WB+Bond+Issuance.html。) 这对当地债券市场的创建具有催化作用。

长，但它在 90 年代后期的损失基本可以肯定超过了早期增长带来的效益。大量的债务用来给消费狂潮提供资金，好处大多被成功人士得到了，由此引发的危机却主要由工人和小企业来埋单。债务的成本和收益没有公平地分摊，债务及其引发的后果加剧了贫困和不平等的程度。

过去 50 年的教训告诉我们，即使投资会带来很高的社会回报，例如在教育、卫生和交通方面的投资，政府也难以筹集足够的资金偿还贷款。当然，这意味着政府要更多依赖于它们的储蓄进行资本积累，这也重新强调了高国民储蓄的重要性。东亚做过很多正确的事情，大量储蓄、极少借贷就是其中一件。韩国和泰国的经济一直没有出现问题，直到上个世纪 80 年代末 90 年代初它们开始向国外借款。它们有着高储蓄率，实在没有必要向国外举债。任何合理的演算都可以得出债务的成本远远大于收益。

国际破产法

不管债务人多么负责任，祸事还是会降临，出口价格可能会暴跌、农作物可能连续几年歉收、国际利率可能会暴涨、全球性衰退可能出现而导致出口市场萎缩。上述任一意外事件的发生，都有可能导致一个国家无力偿付债务，或者要偿还的话，国民就得做出巨大牺牲。在这种情况下，需要建立一个系统化的方式来重组、减免债务——一种国际破产的形式。这是最后一个重大变革。

目前，我们有一个非正式的体系用来进行国家谈判和寻求债务豁免，成功与否取决于谈判技巧和政治手段。美国曾经为伊拉克争取债务减免据理力争（当然伊拉克的债务中只有一小部分约 45 亿美元是欠美国的），在美国的力挺下，伊拉克最终获得了减免。还有很多国家，无论从何种角度考虑，同样或者更需要减免，却没有得到。同样，阿根廷清楚如何讨价还价，有着充满自信、消息灵通的政治和经济首脑，因此从债权人手中得到了更好的协议。

背负着沉重债务的公司和个人需要一个全新的开始，这个观念现在已经被普遍接受；但背负着沉重债务的国家更加需要一个全新的开始。约翰·梅纳德·凯恩斯早在他写《和平的经济后果》（*The Economic Consequences of the Peace*）一书时就认识到了这一点。第一次世界大战结束时，《凡尔赛和约》（*Treaty of Versailles*）强迫德国支付巨额赔款，事实上就是债务负担。约翰·梅纳德·凯恩斯在《凡尔赛和约》签署后立即写下了《和平的经济后果》一书。他准确地预测到沉重的债务负担会给德国经济带来衰退和萧条，引发社会和政治动乱。① 由单个公司或个人的问题造成的社会和政治影响是有限的；但当国家面临着无法承担的债务负担时，每一个公民都会受影响。阿根廷 2002 年的债务违约，以及随后的冗长的谈判过程，说明了需要一个更好的机制来处理主权违约事宜。

很遗憾，美国不同意需要一个更好的机制，而且迄今为止成功地阻止了任何行动，并争辩说国际破产程序是不必要的，需要做的只是对债务协议做一点小的修正②，这包括一个集体行动条款，例如，只有当该国 80%的债权人同意了债务重组的提议，债务重组才能执行。（目前通常的做法是，所有债权人须全部同意。这就出现了一个问题，如果有人坚持必须全额偿付，就可以一票否决。）事实上，所有发达国家都意识到了需要制定一部国际破产法，这强化了经济理论的结论，即仅靠集体行动协议条款是不够的，我们还需要有法律程序。

采用系统化方法进行债务豁免/重组，将会确保重组更加公平和迅速。这其中有几条指导原则。首先，债务豁免要充分，以使债务国在一段时间以后，例如 5 年，再次陷入债务违约的几率不高。以前，IMF 用乐观的增长情景作假设来尽可能限制债务豁免的程度，而按其指导进行债务重组的国家经常在几年内重陷困境。债务重组没有足够的债务减记会给经济增长前景投下阴影。

很明显，未来的增长具有相当大的不确定性，而阿根廷则为此找到一个富有创意的解决之道，即将债务偿还与 GDP 捆绑在一起，增长越强劲，偿还额就越大。将债权人和债务人的利益捆绑起来还有更多的好处，债权人会因此有动机去帮助发展中国家增长得更快。

第二，任何解决方案都必须考虑国外债权人并不是唯一的索偿人，在正式债权人外还有很多公共求偿人，例如包括需要政府支付养老金的退休人员、卫生服务、教育等等。这是主权债务重组和私人破产的一个主要差别。私人破产时，会列一个债权人清单和资产清单，破产法和债务合同将决定谁具有优先索偿权。然而，国家破产时，不会有一个明确

---

① John Maynard Keynes, *The Economic Consequences of the Peace* (New York: Harcourt, Brace and Howe, 1920).

② 对美国的立场可以有两种解释，一是华尔街要确认借款人会偿还借款，就会尽可能地让违约变得困难；另一种则是观念上的，布什政府一贯反对创建和加强多边机构的努力，因此会将国际破产法庭视为极其反感之物，但国际破产法庭在创建主权债务重组机制的过程中，自然而然会逐步形成。

界定的债权人清单和资产清单，我们必须预先做一个决定，政府对国民的义务是首要的、不可侵犯的。①

第三，债务重组必须迅速和有利于债务人。延误的代价是惊人的，20 世纪 80 年代早期，拉美没有及时得到充分的债务豁免，它们的经济因此停滞了 10 年。我们之前解释过美国破产法的第十一章是如何按债务人的条件提供迅速重组的机制的。现在，很多国家正在考虑效仿美国的第十一章，债务重组的国际体系必须包含一些类似的快速程序。

第四，不管决定债务减免和/或豁免的程序是怎样的，都不能掌握在债权人手里，包括 IMF，因为它们不可能做出不偏不倚的裁决。

我相信最终还必须建立一家国际破产机构，正如每个发达国家都制定了破产法，其中一部分还建立了特殊的破产法庭。但短期来看，建立一个国际仲裁机构来确立规范可能会有用。毕竟，没有了武力干预，道德劝诫在劝服还款、确定合理的偿还额方面起着重要作用。建立规范、树立预期将会有力地促进重组的顺利进行。

除了偿付能力之外，还应该考虑两个因素。首先应该考虑放贷者在多大程度上是明知道不能还款的风险很高还放出贷款的。就像在俄罗斯的案例中，放贷者的利息高达 150%，就是因为违约的可能性很高。按照这一利率，放贷人 1 月份放出贷款，10 月份就可以完全收回本金，之后则坐收纯利。如果贷款是五年期的，债权人肯定希望重组之后利率仍然保持在 150%，而这对大多数人而言都是不合理的。债权人可能会抱怨只获得 7%的收益率是在欺骗他，因为债券价值被极大地减记了，然而，高利率表明他知道要承担实际拿回的钱大大低于债券面值的风险。

第二个因素是债权人对这些国家所面临的问题造了多少孽。我已经讨论过一种情况：恶债，并建议应该有一条法律规定此类债务一律勾销。在阿根廷一例中，IMF 对阿根廷所面临的问题负有一定程度的责任，包括它的无力还款。因此，许多阿根廷人认为 IMF 调低阿根廷债务的账面价值的力度至少应该与私人债权人持平（66%）；因此 2006 年当政府全额偿付 IMF 时，它们极度失望。但政府采取的是实用主义路线，它只想摆脱 IMF 的指手画脚。全额偿付 IMF 就重获经济主权，这只是一个很小的代价。

---

① 美国破产法律承认这种不同；会有单独的一章（第九章）介绍处理公共部门破产的法律。

很多情况下，造成债务违约多方都有责任。此时，根据过失的大小来调整偿还比例是有道理的。经济学家强调激励的重要性：让债权人（包括 IMF）承担自身行为的后果会激励它们提高建议的质量、更加小心地放贷。

以 1998 年 7 月 IMF 给俄罗斯的贷款为例，原本是用来支持卢布的，然而，当时卢布的汇率被高估，除了石油和其他自然资源以外，俄罗斯很难出口其他商品。我和世界银行的大多数同事都认为这笔贷款不会使俄罗斯的汇率维持很长时间，除了让俄罗斯背上更沉重的债务包袱外，几乎没有什么作用。此外，还很可能滋生腐败，资金会迅速地流出俄罗斯，极有可能进入政治寡头们的口袋。这笔贷款还有很强的政治动机，当时美国非常希望俄罗斯总统叶利钦能继续执政。结果出现了 IMF 不愿面对的事实：截至 1998 年，相比于转轨之初，它的政策让俄罗斯的 GDP 下降了 40%，贫困程度上升了十多倍。（具有讽刺意味的是，就在美国给俄罗斯训导腐败的危害时，美国发生了一起重大的腐败丑闻，哈佛大学被卷入其中，而哈佛正是管理美国私有化援助的签约机构。）① 即使贷款最终未起到作用，也只是一个小小的代价，是推迟讨论“谁使俄罗斯迷失”的代价，在任何情况下，都是由俄罗斯人民来承担的。②

这笔贷款确实没起到作用。资金从俄罗斯流向瑞典和塞浦路斯的银行，而且速度超出了批评者的预料。这个案例远比先前讨论的刚果恶债和其他案例复杂，因为俄罗斯的政府是民主选举的。问题依旧是，从道德层面来看，谁应该承担产生的后果，是在贷款中没有任何发言权的俄罗斯人民，还是贷款方案的设计者、债权人 IMF？

---

① 安德烈·施莱弗（Andrei Shleifer）是哈佛大学教授，也是当时财政部副部长拉里·萨默斯（Larry Summers）的挚友兼同事，他根据哈佛与 AID（美国国际开发署）签订的一项合同，受任为俄罗斯私有化提供建议。（当时，财政部在制定对俄罗斯的经济政策时充当了核心关键角色。）在起诉哈佛的顾问利用内幕信息进行交易，并通过内部关系取得执照成立金融公司的过程中，AID 先是中止，然后解除了合同，并要求收回所支付的费用。法庭确认了 AID 的请求以及对施莱弗的指控。哈佛在花费了上百万美元的律师费用后，最终达成了庭外和解，哈佛最后支付了 2 500 多万美元的罚款，施莱弗本人支付了 200 多万美元。时任哈佛校长的萨默斯也由于这次事件的压力很快辞去了校长职务，但当这本书付梓印刷时，哈佛仍然没有给施莱弗任何处罚。关于这次事件的进一步讨论，参见 David McClintick，“How Harvard Lost Russia，” *Institutional Investor*，January 13，2006；详见 www.dailyii.com/print.asp?ArticleID=1039086。

② 参见 John Lloyd，“Who Lost Russia?，” *New York Times Magazine*，August 15，1999。

早些时候，我指出 IMF 在阿根廷的案例中要负特别的责任，因为阿根廷把自己完全寄托在 IMF 的贷款上，认为只有遵从 IMF 的建议才能得到贷款，而 IMF 的建议却使它的经济问题进一步恶化。俄罗斯的情况如出一辙。在俄罗斯发生债务违约前，IMF 建议先尽量把债务从以卢布计价转向以美元计价。IMF 知道，或者说应该知道，这会让俄罗斯暴露在极大的风险之下。由于汇率高估，本币贬值是意料之中的。因为债务用美元计价，俄罗斯从增加出口收入、减少进口支出中得到的利润会被国际收支平衡表上的损失抵消。它的债务（用卢布衡量）则会大量增加。IMF 看到了美元贷款的利率较低，但它应该清楚这不过反映了市场对卢布贬值的预期。

印度尼西亚是另一个有力的证明。东亚金融危机期间，IMF 会同世界银行、亚洲开发银行以及其他机构，给印度尼西亚提供了大概 220 亿美元的贷款。这笔钱被形容为对印度尼西亚的救市，但仔细一看，实际上是把西方银行救了出来，这类事情实在太普遍了。真正的受益者是西方银行，而不是印度尼西亚，这一真相在 IMF 坚持减少给穷人的食物和燃料补助，认为尽管有数十亿美元来偿还给西方银行，却没有足够的钱来帮助印度尼西亚的穷人时（尽管这只会动用贷款中的一小部分），更表露无遗。不久，失业率剧增了 10 倍，实际工资则暴跌，这部分要归咎于 IMF 坚持要印度尼西亚实行的政策。印度尼西亚国内普遍认为，既然 IMF 对它的经济问题负有很大的责任，就有必要进行实质性的债务豁免。但在 2004 年 12 月 26 日海啸袭击印度尼西亚之前，这些请求都石沉大海。海啸给了债务豁免一个人道主义的理由，原本 2005 年到期的 30 亿美元左右的债务得以延后一年。

在其他案例中，可能会有人主张放贷方负有更多的责任，比如，当世界银行的项目因为没有充分考虑环境影响，或没有进行充分的经济分析而失败时。世界银行理应有很多专家，发展中国家很信任他们的专业技能——特别是在过去。可是如果项目失败或没有达到预期目标，发展中国家仍然得偿还债务，是发展中国家来承担后果而不是世界银行。

给债务豁免条件制定更清晰的准则会产生两个效果——债务重组会更加顺利，代价也会更小，这样曾经让阿根廷历经磨难的、代价高昂的债务危机发生的概率会降低。成本被控制后，各国会更愿意进行债务重组。高悬的债务曾长期影响增长、阻碍发展，这一过程将会缩短。与此同时，对债权人的激励会增强，它们会更加注意小心地放贷。借贷更为谨慎，可能会造成短期增速放缓，但长期的利益却是巨大的。困扰发展中国家的危机可能不会完全消失，但危机的频率和影响力会降低，其结果是，促进了长期的增长。

上述观点将遭遇很大的阻力。正如我们所看到的，美国已经表示反对建立有序的债务重组流程。金融市场上的一些人不愿意看到有序的流程，他们希望债务违约的代价是高昂的，这样很少有人敢去违约。他们反对债务减免，认为这会带来更多违约、更高的利率，于是借款会因此减少。考虑债务危机的基本问题之一是过度借贷，因此借款减少实际上是合意的。① 可是，甚至很多新兴市场经济体也会在口头上反对，尤其是那些在金融市场上被认为有违约可能的人。他们为了债权人的利益进行大胆的演示，通过表现他们愿意承受债务违约带来的巨大痛苦，以证明债务违约根本不在他们的考虑之列（他们是否真的反对这些改革则是另一回事）。

履行债务偿付义务过程中的很多问题，都不是由发展中国家造成的，而是由全球经济和金融体系的不稳定引起的。只要国际金融市场的不稳定性没有改观，我们就会更加迫切地需要一个更好的分担风险和解决债务问题的机制。要发挥全球化的功效必须对这种不稳定采取行动，这是我们下一章的内容。

① 较高的利率甚至可能通过减少社会成本与私人成本之间的差距来增加总效率。

9 改革全球储备体系

全球金融体系运作得并不理想，尤其是对发展中国家而言。资金从贫穷国家倒流到富裕国。美国这个世界上最富有的国家似乎不能量入为出，每天从比自己贫穷的国家借 20 亿美元。

从发展中国家流向发达国家的资金中，一些是用来偿还它们的高额负债，这是上一章所研究的课题；其余的则用来购买美国以及其他“强势”货币国家的债券；进入发展中国家的储备中。这些债券优势突出，它们流动性高，当国家需要现金时可以很快卖出变现；但是它们的成本也很高，因为它们的利率往往很低。这些债券中大部分是美国短期国债（通常被称为 T-bills ），近几年的利率已经低到 1% 。于是便有了这样一种怪异的现象：亟须资金的穷国将亿万美元借给世界上最富有的国家。在2004年，仅仅来自中国、马来西亚、菲律宾和泰国用于储备的资金，就高达3 180亿美元之巨。[①]

在上一章我们了解到超额负债给发展中国家带来的危害，我们也看到了全球经济的巨大波动（包括利率和汇率的波动）可以将适度负债迅速地转化成无法承受的债务负担。本来资金应该是从富裕国家流向贫穷国家，风险则应该由贫穷国家流向富裕国，全球金融体系在这两方面都一事无成。

由于风险的冲击由贫穷国家承受，于是危机已经成为了一种生活方式，在过去的30年中爆发了上百次危机。[②]这就是全球储备体系的缺点，是全球金融体系众多不足中的一个，对这个储备体系进行一项简单改革就可以造就一个更强大、更稳定的全球经济。改革也会解决世界上最重大的难题之一，即用于促进发展、战胜贫穷、为所有人提供更好的教育和健康保障的资金不足。

世界所有的国家都拥有储备，用于多重目标。从历史上看，储备可用于支持国家货币。那些持有南非兰德或阿根廷比索的人，如果知道国家拥有美元或黄金来支撑这些货币，知道他们实际上可以将这些货币兑换成黄金或美元，用来购买商品和服务，那么他们可能对所持有的货币更有信心。历史上，黄金曾被直接充当货币，充当人们贸易交换中的一种媒介，人们可以在买卖食物或衣物中交换黄金。后来，政府和央行发行了“法定通货”，这是一种可以兑换成金条的纸币，人们发现使用它要方便得多。最初，人们认为法定纸币必须有十足的储备，即每发行一美元的纸币，政府或央行必须拥有等值的黄金。后来，人们发现足值准备并不必要，所需要的只是对货币的信心，有信心意味着其他人愿意接受这种货币作为支付，而维持这种信心只需要部分储备支持。起初人们认为这种信心只能用黄金来支持，之后又意识到强势经济体的货币（或债券）也可以用做支持，比如一开始使用英国英镑，二战后大部分时间

---

① 当本书即将出版之时，新兴工业化国家从1997年以来每年都有资本净流出，其他发展中国家自2000年以来资本也是每年都有净流出。参见IMF，*World Economic Outlook*，September 2004（Washington DC：IMF，2004），Statistical Appendix，Table 25；详见www.imf.org/external/pubs/ft/weo/2004/02/pdf/statappx.pdf。

② Gerard Caprio，James A. Hanson，and Robert E. Litan，*Financial Crises：Lessons from the Past，Preparation for the Future*（Washington DC：Brookings Institution Press，2005）.

都是用美元。

储备金同时也能帮助国家应对所面临的风险，这将支撑对国家和货币的信心。国家可以在需要的时候提取储备金，储备金构成了一道缓冲器，用以缓冲无法预期的利率上升引起的债务成本的改变。也可能突然出现困难情况，比如庄稼歉收，那么国家就可以用储备金来进口食物。一个国家需要的储备金数量是变化的，按照经验，国家的储备金至少需要足够满足几个月的进口。从历史上看，发展中国家拥有的储备金足够支付 3—4 个月的进口，最近，这些储备金应足够支付多达 8 个月的进口。

在上一章中我提出了另一个风险，即许多国家向国外短期借入美元。这些短期债权人通常都是说变就变。如果市场上突然出现了无法履行债务责任的恐慌，这些债主会同时要求收回它们的资金，由于这些国家根本不可能在这么短的时间内偿还所有债务，于是这种担忧反而变得自圆其说。如果一个国家拥有足够的储备金，投资者可能就不会那么容易恐慌；即使投资者的确很担心，那么国家有能力履行债务责任的可能性也很高。今天，审慎原则要求一个国家保有的储备金数额，至少要与它们的短期美元债务或其他硬通货债务如日元、欧元等债务持平。①

储备金同时也可以用来管理汇率；没有储备金，汇率通常会下跌，而且往往是大幅下跌，因为那些变化无常的投资者、追求利润的投机者以及货币操纵者会沽售这个国家的货币。汇率的不稳定会导致经济巨大的不稳定，要抵消这些波动，政府会在其他人卖出时买入国家货币或者在其他人买入时卖出国家货币，通过这样的方法政府稳定住了汇率，也就稳定了经济。但是，如果它们只有美元储备可以卖，那么就只能用美元来购买自己的货币了。②

一般国家都会保有一定量的储备金，并且储备金的总额攀升得很快。仅仅在 2001 年至 2005 年这四年间，八个东亚国家（中国、日本、韩国、新加坡、马来西亚、泰国、印度尼西亚和菲律宾）的储备金总额翻了不止一倍（从大约 1 万亿美元升至 2.3 万亿美元）。而真正的超级明星是中国，到 2006 年中，中国的储备累计近 9 000 亿美元，也就是

① 也就是说，国家需要更多的资金量来维持进口，同时能够偿付以美元计价的短期债券。

② 比如 1997 年 7 月 2 日，当人们意识到泰国没有足够的储备金来维持其货币的汇率水平时，泰国的危机就爆发了。

说每个中国人，无论男女老少，人均储备超过了700美元，而当时中国的人均收入每年不足1 500美元，这种成就不能不让人惊讶。对于整个发展中国家而言，20世纪70—90年代，储备金占GDP的6%—8%，到2004年，已经增加到占GDP的30%。①估计截至2006年年底，发展中国家的储备金总额可达到3.35万亿美元。

对储备的巨大增长的原因，没有统一的解释，但有两个因素的重要性还是很明显的，那就是全球经济和金融的高度不稳定性，以及IMF处理1997年东亚危机的方式和态度。这些国家感到丧失了经济主权，更糟糕的是，IMF强推的政策使经济下滑比没有这些政策时要严重得多。始于1997年的金融危机，给东亚国家上了关于不稳定的残酷的一课，由此组成了97班级，它们大幅提高储备，部分原因就是要确保自己不需要再一次向IMF借款。而周边看到邻国遭殃的国家也会得出同样的结论，那就是拥有足够的储备势在必行，这样才可以撑得过全球经济起起落落的最坏状况。汇率管理同样会在建立储备时扮演重要的角色；低汇率能促进出口，并且国家可以通过卖掉本国货币、买入美元来维持低汇率。

发展中国家储备的高成本

正如我之前提到的那样，历史上储备是以黄金的形式持有，有些国家至今还在采取这样的方式。然而事实上，如今的储备都是以美元计价的资产，有时就是美元资产本身，就像我们提到过的美国国债一类，可以很容易地兑换成美元。国际上的储备都青睐美元，主要是因为美国在世界经济上的主导地位以及美元在历史上相当的稳定性。美元能否或者应该保持住它在全球储备体系中的基础地位是我即将阐释的一个问题。然而，我们首先需要开始着手解决发展中国家储备的惊人成本。

为了得到拥有这些储备账户的所有好处，国家要为提供的保险支付成本。如今发展中国家超过3万亿美元的储备，所得到的真实回报率平均为1%—2%或者更低。②大多数发展中国家亟须资金，它们有大量的高回

---

① 参见Dani Rodrik, "The Social Cost of Foreign Exchange Reserves," NBER Working Paper 11952, presented to the American Economic Association meeting, Boston, January 2006；详见www.nber.org/papers/w11952。发达国家的储备金占国内生产总值的百分比没有太大变化，维持在略低于5%的水平上。

② IMF, *World Economic Outlook*, September 2005 (Washington, DC: IMF, 2005), Statistical Appendix, Table, 35.

报项目。如果不把资金放在储备中，如果不以这样低的回报率借给美国的话，那么这些钱本可以投资在那些平均收益率达到10%至15%的项目上。①这种利率之间的差别被视为储备的成本，经济学家将这种成本，即应该得到的回报与真正得到的回报之间的差别称为“机会成本”。

如果用保守估计的10%作为这两者差别的平均数，那么发展中国家持有储备金的实际成本每年超过3 000亿美元，这一数字是惊人的。②可以这样来看这一数字：它相当于全球对外援助总额的四倍还多；它相当于所有发展中国家GDP总额的2%还多；它大体相当于发展中国家为了实现千年发展目标所需要的资金，包括将贫困人口数量减少一半。③相比于发展中国家从一个成功的有利于发展的多哈回合贸易协定所得到的收获，这一数字也要大得多。（正如我在第三章中提到的，可能出现的最好情况对发展中国家的价值也是有限的。）

我们也可以从另外一个角度来分析全球储备体系中发展中国家的成本。假设一个穷国的一家企业向一家美国银行借入1亿美元短期借款，利率假设为20% 。遵循审慎原则，该国如果不想面对可能爆发危机的威胁，应该保有等值于短期美元债务的储备金，因此它必须在储备中增加1亿美元，即买入价值1亿美元的短期美国国债，利率为5% 。事实上，贷款并没有使资金从美国净流入到发展中国家，而仅仅只是一笔虚账。但是美国银行借出的1亿美元收取的利息，要比美国政府借入1亿美元而支出的利息高得多，于是1 500万美元净转移到美国。这对美国银行和美国政府来说都是一笔好买卖，但对发展中国家来说却是不利的，我们很难理解1 500万美元从发展中国家净转移到了美国怎么还能促进发展中国家的增长或稳定。

另外在发展中国家，资金实际上也从公共部门转移到了私人部门。私人部门会受益（否则不会出现即使利率高也借款的情况），但是政府不得不将资金用于建立储备，而这些储备资金本可以用于修建学校、医

---

① 在这十年的头几年，短期国债利率降到了1%，到2006年中已经升至5%。算上通货膨胀，实际收益率更是微乎其微，从2003年的−2%到2006年略升至1%。

② 罗德里克（Rodrik）在其《外汇储备的社会成本》（*The Social Cost of Foreign Exchange Reserves*）（引文如前所注）中提出了一套更为保守的计算方法，他将重点放在超额储备，即超出了按传统的三个月进口规则计算的储备上。他还介绍了主权债贷款利率与借款利率之间分别按3%、5%或7%的利差为基础的计算方法，取中点值计算，成本接近发展中国家GDP的1%。

③ UNDP，*Investing in Development*：*A Practical Plan to Achieve the Millennium Development Goals*（London and Sterling，VA：Earthscan Publications，2005），p. 57.

疗诊所或公路。

尽管发展中国家的储备成本巨大，但如果真具有设想的那些作用，经济运行能够更加稳定，那么国家还是会受益。（它们愿意花这样高的价格表明了发展中国家的不稳定带来了巨大代价。）但是，全球储备金体系的真正受益者，是那些储备货币的发行国，它们得到了低息贷款；而如果不是由于储备的需求，它们借款的成本可能会非常高。由于近2/3的储备金以美元形式持有，从这个意义上讲，美国也就成为了主要获益者。①就算美国支付的利率比从穷国借入3万亿美元支付的利率只低一个百分点，美国通过全球储备体系从发展中国家得到的好处就要比它给发展中国家的援助多得多。

疲软的全球经济

当前的全球储备体系给发展中国家带来的成本是最明显的，但事实上这并不是全球经济最重要的成本。全球储备体系降低了全球经济的活跃度并使其愈发不稳定。目前的储备体系很难实现全球经济充分就业，因为投入到储备中的资金是本可以用于提高全球总需求的资金，可以用来刺激全球经济。而政府却把本应该用于投资和消费的资金储备了起来。

我们来看看这个问题的重要程度，请注意全球经济体所拥有的储备超过4.5万亿美元，而且以每年17%的速度增长；换句话说，也就是每年约有7 500亿美元的购买力从全球经济中挪走，实际上这些资金被窖藏起来。②强劲的全球经济要求有强劲的商品和劳务需求，这种需求一定要强劲到足够满足全世界的生产能力。世界上所有商品和劳务的需求（也就是家庭消费需求、公司投资需求以及政府需求的总和）我们称之为全球总需求。如果世界不想面临全球总需求不足所导致的全球经济疲软，那么就不得不用某种方法来弥补总需求的不足。在过去，很多发展中国家用宽松的货币和财政政策来弥补这个不足，从而导致支出超过了收入。尽管这样的支出对全球总需求做出了一定的“贡献”，但宽松的财政政策却导致了政府负债增加，而负债的增加往往会使国家陷入严

---

① IMF，*Annual Report*，April 2005，Appendix I：International Reserves，Table I.2；详见 www.imf.org/external/pubs/ft/ar/2005/eng/pdf/file7.pdf。

② International Monetary Fund，International Financial Statistics，“Total Reserves 1s (w/gold at SDR 35 per oz),” accessed May 15，2006，详见 http://ifs.apdi.net。（换算因子：每 SDR=1.5 美元。）

重的危机，正如我们在上一章中所看到的那样。过去的 30 年中爆发了百余起危机，大多数发展中国家都从中得到了教训。

要弥补由于购买力被窖藏所导致的总需求不足，有一个国家能够做到——美国已经成为终极的消费者，美国能够，特别是从 2000 年以来也愿意接受巨额赤字。对储备货币发行国的国债的胃口似乎无穷无尽，而对于储备货币发行国家的政府来说，满足这种胃口而使自己负债越来越多也是非常容易的，其他国家愿意以低利率借出资金的事实让政客们发现难以抵制这种诱惑。陷入财政赤字是很容易的，支出超过自己拥有的资金即可。自从美元成为主要的储备货币之后，1981 年和 2001 年美国曾两度通过赤字得以大幅削减税收。这也帮助我们解释了之前观察到的那个奇怪现象，即美国是世界上最富有的国家，却是入不敷出的。从这个方面看，美国也是在为世界效劳，人们担心全球经济疲软，而且有可能疲软到实际价格开始下降的程度，这种折磨了日本十年的通缩恐慌，在本世纪初就表现出来了。如果没有美国的肆意挥霍，这种恐慌可能已经变成了现实。①于是问题来了，美国还能继续效劳多长时间，也就是说美国还能持续这种无节制的消费狂潮吗？是否存在另外一种方法、一种更均衡的方法，能避免全球经济下滑的趋势？

储备货币发行国的总需求不足

我们已经看到全球储备体系如何造成了全球总需求不足的问题，全球储备体系还导致了储备货币发行国总需求不足这一特殊问题。

如果一个国家的货币成为了储备货币，而且想要让自己的货币继续充当储备货币的话，它就必须把自己的货币（更准确地说是短期国债或债券）“卖给”其他那些持有国。②当一个国家把短期国债卖给其他国家时，也就是向其他国家借款。政府在支出大于收入的时候会借款；政府

① 通货紧缩是总需求不足的表现，总需求不足，会导致低产出和高失业率。但通货紧缩本身可能也是个问题，因为按实际美元计算，借款者不得不还得比借入的多，也比他们预期的多。这些增加的实际债务负担（再加上经济疲软）往往导致高违约率，从而导致银行体系出现问题。19 世纪末和大萧条就是通货紧缩的时代。20 世纪上半叶最伟大的经济学家之一欧文·费雪（Irving Fischer）分析了通货紧缩和债务在大萧条时期的作用；最近我和布鲁斯·格林沃德（Bruce Greenwald）对他的理论进行了重新演绎并赋予了现代元素。比如，参见 Joseph E. Stiglitz and Bruce Greenwald，*Towards a New Paradigm in Monetary Economics* (New York：Cambridge University Press，2003)。

② 从供给和需求的角度看，其他人想要持有这些短期国债的意愿构成了（部分）需求，而且政府很容易对这种需求做出反应，只需要借钱（发行短期国债）即可。从国外借钱常常被称为“资本流入”。

在国民储蓄不足时，至少是储蓄相对于投资不足时，会向国外借款。在这种情况下，由于国内没有充足的资金供政府支出，国家一定要向国外借款来解决财政赤字。

换一种说法，国家作为一个整体，在自己整体的支出大于收入的时候要向国外借款，这也就意味着这个国家的进口大于出口时，两者之间的缺口由借款来提供资金。

贸易赤字与国外借款是同一问题的两个方面。如果国外借款增加了，那么贸易赤字也会变大。这就是说，如果政府借款增加了，除非私人储蓄相应地增加（或私人投资相应地减少），否则国家将不得不向外国借更多的款，并且贸易赤字也会进一步扩大。

这也就是为什么经济学家总是提起双赤字问题：当政府借款增加，也就是财政赤字增加时，贸易赤字很有可能也会增加。①

储备货币发行国可以被看成在出口短期国债；但短期国债的出口却不同于汽车、电脑或者绝大多数商品的出口，因为这种出口并不会产生就业机会。这也是为什么储备货币发行国、出口短期国债而非其他商品的国家总是会面临总需求不足的问题。或者换种说法，我们看到向国外借款（发行短期国债）的对等物就是贸易赤字，即进口超过了出口。同时，正如出口创造了就业机会而进口会损害就业，当进口超过出口时，会真正产生总需求不足的风险。②国内总需求本可以转化为国内就业机会，却转化成了对国外生产商品的需求。

大多数民主化国家的政府在失业上升时绝不会无动于衷，它们通常会采取降低利率或增加政府支出的方法进行干预。不幸的是，正如美国2001—2003年经济下滑时期所显示出的那样，即使利率近乎为零也不足以让经济恢复到强劲的增长和充分就业，更大程度的赤字支出看来是

---

① 国民储蓄总额是家庭、公司以及政府储蓄的总和；财政赤字——即政府收入和支出之间的差额是负储蓄。当财政赤字上升时，国民总储蓄会减少（除非家庭储蓄和公司储蓄增加），如果投资不变，这就意味着将出现资金缺口，国家就不得不增加从外国的借款。这就是为什么财政赤字和贸易赤字会接踵而至，除非投资或个人储蓄同时发生变化。20世纪90年代，美国财政赤字减少，投资增加，所以贸易赤字依然很大。财政赤字意味着政府欠债越来越多，贸易赤字意味着国家欠债越来越多。这两个都会成为问题，尤其是当国家或政府将它们所借的钱花在消费而不是投资上的时候。

② 不仅全球存在总需求不足的风险，储备货币国家也存在。从技术上讲，我们可以将发生的情况表达如下：总需求减去净进口。（另外还有一种影响是外国的储备需求可能会降低本国总需求，因为对储备货币国家的货币需求增加，或对短期国债的需求增加，在灵活汇率体系下会引起货币升值，从而降低出口，增加进口）。

必要的。①从这个角度看，是贸易逆差导致了财政赤字，而不是反过来。从这种角度来看待赤字的观点得到了研究的支持，研究是针对过去 25 年的贸易和财政赤字结构的。而美国最不同凡响的一点是，不管年头是好是坏，不管政府有没有财政赤字，美国总是存在贸易逆差。20 世纪 90 年代可以说是一个不寻常的特殊时期，投资热潮意味着即使没有财政赤字，经济也可以维持充分就业状态，但是投资和储蓄之间的缺口却依然存在，消除财政赤字本可以增加国民储蓄，但国内投资几乎同步增加。因此，即使消除了财政赤字，贸易逆差仍然很大，因为美国还在继续提供短期国债给那些想要用作储备的国家。

从这种意义上讲，美国持续贸易逆差的根源在于它作为储备货币国的地位，其他国家仍然在不断地储备美国短期国债。但问题是这一体系是不可持续的，日积月累的债务最终会削弱维持美元的储备货币地位所需要的信心。当然，美国是有能力来偿还所欠债务的，但是随着债务的攀升，通过通货膨胀手段来降低债务实际价值的风险也在提升，通货膨胀率的轻微上涨就会产生大幅“减记”实际债务价值的效果。在我奔赴世界各地，与各国的投资者和央行行长探讨的过程中，人们越来越公开地表达这种担心。同时，由于对美元本身的信心变得脆弱，美元的价值也变得越来越不稳定。

不稳定性

上述问题引出了全球储备体系主要成本的最后一个方面，即这一体系所带来的不稳定性。储备的目的旨在减少经济不稳定带来的成本，但是具有讽刺意味的是，在每个国家降低了经济不稳定所带来的成本的同时，当前的全球储备体系却直接或间接地成为了全球高度不稳定的一个主要原因，事实上全球经济的不稳定程度已经非常之大。举例来说，从 2002 年 2 月—2004 年 12 月间，美元币值相比于欧元暴跌了约 37%，这种巨幅下滑震动了整个金融领域，当时普遍信守的全能美元坚不可摧的观念最终被击破。

其实美元这种所谓的坚不可摧性之前就遭到质疑。20 世纪 70 年代早期的那场危机，对于 21 世纪初那些操控汇率的年轻交易员而言已经

① 无论是哪一届政府，如果总需求不足，就会有政治上的压力实施扩张性财政政策，这样看来，将短期国债作为储备的需求至少在部分上决定了贸易赤字，而财政赤字则根据贸易赤字的变化进行调整。这与大部分的标准分析相反，标准分析认为财政赤字由政策决定（例如减税政策），而贸易赤字的调整反映了国内储蓄和投资的差额。

是陈年往事了，但它为现在的这种担忧提供了参照。二战后的几年，美国认为投机性冲击可能会对欧洲弱国造成问题，但绝不会成为美国要面对的问题，但这只是一相情愿的想法。当时美国采用的是一种固定汇率，美元可以按照每盎司黄金 35 美元的汇率兑换成黄金。但是对美元的投机冲击迫使美国放弃美元兑换黄金的承诺，让美元自由浮动，由市场来决定汇率水平。

这个体系仍在运行，虽然运行得不是很好。但是，整个储备体系的一个根本性问题就是它的自我推翻性。储备货币发行国的结局是越来越多的负债，而这最终也恰恰是让这种货币不再适于充当储备货币的原因。

当前的体系已经开始分崩离析。2005 年初中国宣布不再承担持有美元储备资产的义务，事实上中国早已将大量的美元储备转换成了其他储备（大约是储备的四分之一），但是这一声明具有巨大的象征性意义；其他中央银行更加习惯于避开公众注意的传统，也向我悄悄透露它们正在转出美元资产。

中央银行转出美元资产的政策变化是明智的。当人们深信储备必须以黄金形式或以黄金支持的美元形式持有时，没有人会想到去管理这些储备资产。但从 2000 年开始出现了观念上的一个重大变化，央行行长已经意识到他们并不需要用美元来支撑本国货币。随着货币自由地相互转换，重要的不再是美元数量的多少，而是储备中财富的数量。于是问题就演变成了如何最合理地管理这些财富，大家都熟知财富管理的原则，包括分散化等。由于太多的储备已经以美元方式持有，因此分散化就意味着要换出美元。

这种观念的转变，部分原因是由于中央银行已经发觉美元并没有很好的贮藏价值。从传统意义上讲，央行行长的重点是通货膨胀，没有人愿意持有价值不断削弱、购买力不断降低的货币。在低通胀的情况下，美元看起来像是一种很好的贮藏手段。但对于美国之外的国家，美元价值取决于汇率；而央行行长们和 IMF 在建立稳定的汇率体系方面很失败，而且是惨败。在美元比日元币值稳定时，美元对于日本而言是一种很好的贮藏价值的货币。但随着美元的波动加剧，日元兑美元的汇率大幅波动，于是美元对于日本而言丧失了其贮藏价值的功能。欧洲和其他地方也适用同样的观点，即美元波动加剧意味着它不再是一种良好的全球化性价值贮藏工具。

举例来说，在 1995 年几个月的跨度中，美元相比于日元币值下跌了20%，当时美国几乎没有出现通货膨胀，但在日本，那些将钱兑换成美元的日本人发现，2005年4月份在日本所能够买到的商品数量，相比1月份要少得多。美元相对于欧元的价值在更长的一个时期有更大的损失。机会成本同时也是巨大的，如果将资金以欧元而不是美元的形式持有，那么储备持有人的获利本可以大得多。机会成本的视角对于东亚国家而言开始变得尤为重要，截至2003年年底，这些国家持有近1.6万亿美元的硬通货储备（其中大多数都是以美元形式持有）。在接下来的几年中，如果它们的储备是欧元资产而不是美元资产，它们的资产负债表中本可以增加近11%约1 800万美元，这么大一笔资金就白白扔掉了。

当然，没有人能预测汇率的变动，但这也正是现代资产组合理论强调资产配置分散化的原因——不要把所有的鸡蛋都放在一个篮子里。事态向着不利于美元的方向发展，随着中央银行换出美元，美元疲弱，反过来又强化了美元不再是良好的价值贮藏工具的观点。

欧元的出现加速了美元储备金体系的崩溃。尽管欧洲已经被诸如低增长、高失业以及结构性危机等一系列的问题所困扰，但欧元已然成为了一种强势货币。分散化逻辑指出，不管人们如何评估欧洲和美国的未来，都应该在储备中持有相当数量的这两种货币。

起初，欧洲很高兴这样的发展，看到欧元渐渐成为了一种储备货币，欧洲享受着这种成就感，因为它们希望欧元成为一个受尊敬的新币种，而成为储备货币正是一种信号。但随着这种储备货币地位所带来的麻烦日渐明朗，在欧洲已不再是每个人都对欧元抱有希望了。随着中央银行拥有越来越多的欧元储备，欧元币值上升，欧洲出口的难度增加，同时为进口的涌入打开了大门。①维持充分就业举步维艰。由于失业率本已在高位，并且中央银行的精力只集中于通货膨胀而根本不是失业和增长，我们有理由对欧洲的宏观经济前景产生担忧。②

情景分析——从不稳定升级到危机

全球储备体系存在问题，这一点看起来是很明显的，但这一问题将以何种形式暴露出来却不太确定。从危机出现到进一步恶化有几种不同

---

① 当然，将来可能会出现这样的情景，即当欧元债务水平上升时，人们对欧元的信心也会削弱。

② 进一步说，欧洲的《稳定与增长公约》（Stability and Growth Past）旨在制止欧盟成员国的赤字支出；但是随着赤字限制被经常性地打破，人们不由得质疑公约的有效性事实上是否还存在。

的情景。

接下来的几年可能会出现以下情景：随着美国债务的日积月累，人们对美元稳固性的怀疑越来越强。开始时，一些投资者认为如果他们把资金转到别处可能会更好，当他们这样做时，美元将会贬值。（2005 年美元地位的改善至少有一部分得归因于企业利润的汇回，因为当年对汇回利润所征的税收尤其低，致使利润汇回异常地高。到 2006 年中期，美元再次开始走弱。）如果将美元价值的损失计算在内，持有美元是不明智的，因为收益实在不足以补偿风险。当然，世界上没有万无一失的事，但是，当察觉到美元的风险后，越来越多的投资者决定将越来越多的美元资产转换成欧元、日元，或者如果有可能的话，转换成人民币。（虽然中国存在资本管制，2004 年还是有近 1 000 万美元流入中国，还不包括外国直接投资。）这种情况一旦发生，便会对美元产生越来越大的向下压力。与此同时，随着投资者将资金撤离美国证券市场，其股票价格将会下跌或横盘，因此，将资金放在美国看起来越来越像是一种错误的赌博。

美国家庭的负债水平很高，异乎寻常的低利率诱使许多家庭办理了住房抵押贷款，因此中长期利率上升的后果可能会特别严重。问题的关键并不在于平均负债水平，而是将要面临债务偿付困难的家庭数量。浮动利率的住房抵押贷款占比越来越高，使得形势更加让人担忧。

调换美元资产的进程可以有条不紊地完成，也许花上几个月，甚至是几年。或者，这一进程也可能是杂乱无章的，可能是一次冲击。如果是前面一种情况，美国的股票市场可能仅仅稍有微恙，甚至可能还会继续上涨，只不过涨幅要比没有调换美元的情况小。如果是后一种情况，美国经济则可能会出现衰退；如果是一次冲击的话，总是很难预测哪个事件会是导火索。即便是站在现在的时点往回看，人们也很难说得清是哪一起事件引发了 1987 年 10 月的股灾，一天之内美国近 25%的股票市值化为乌有。但是当时的许多事件，包括毫无根据的捕风捉影，都可能起到作用。而中东局势可能会演变得更令人发指。针对美国的新恐怖袭击表明，尽管美国花费了巨额资金，这个国家仍然是很脆弱的。

美国的负债越来越高，储备货币发行国的这种历史轨迹是意料之中的，这也成为当前世界所面临的全球金融体系不稳定的主要原因。高负债的另一面——也就是中国和日本持有的大量美元却成为了稳定力，两国的储备巨幅增长，仅仅从 2000 年至 2006 年就增长了 1 万亿美元。正如我提到的那样，稳健的资产组合管理意味着减持美元，转换成更多的欧元。中国已经向着这一方向前进了。但中国和日本也遇到了一个问题：它们持有的美元太多，如果它们想要快速地卖掉相当数量的美元，将会对美元产生向下的压力，导致剩余美元的储备的价值损失。中国和日本的央行在维持美元稳定上有自身的利益，恐慌以及非理性的悲观和乐观情绪的冲击是市场的特点，而它们不能受这些影响。

另外，所有的汇率政策都会有政治维度，特别是在中国。在中美经济关系中有一种相互绑架的成分。在于美国的双边贸易中，中国享有巨大的盈余，出口远远大于进口；但中国也成亿成亿地购进美国债券，使美国维持其赤字消费成为可能。美国和中国都清楚这种双向依赖的本质，这也是为什么事情很少升级到唇枪舌剑的层面之上。

美国总是高调地将其贸易逆差归罪于中国不公平的汇率政策。中国已经稍微调高了汇率，但它清楚即使加大升值力度也只能略微降低双边贸易盈余。进一步说，汇率的改变不会影响美国整体的贸易逆差，这种逆差与其宏观经济失衡相关，美国的储蓄少于投资，而巨大的财政赤字加剧了这种失衡。美国可以向其他国家，如孟加拉国，购买更多的纺织品。同时，人民币的大幅升值将降低农产品的价格，而正如我们在第三章中所看到的，美国和欧洲的补贴导致全球农产品价格混乱，已经将农产品价格压制得很低，中国农村地区本来就已经很落后，而这种情况使农村居民的生活变得难上加难。当然，中国可以通过补贴农民的方式抵补这种影响，但这又把促进发展所急需的资金抽走了。简而言之，中国明白如果让汇率升值，那么自己的代价将非常大，而美国所得到的收益却会少之又少。也许美国对此也心知肚明。

虽然中国和美国都彼此需要，但总是存在政治力量会脱离控制的恐惧，一些美国政客，尤其是由于从中国进口而失业严重地区的政客，会试图拿所谓的中国不平等贸易政策来做文章；或者美国也可能在某些中国台湾政客在两岸关系上搅浑水时，站到中国台湾一边。在这些背景下，加上中国的政治体制，中国借给美国几千亿美元来帮助美国的这种做法是否可以接受？中国政府是否承受着必须抛售至少相当大一部分美元的压力，即使这样做要付出一定代价？尽管中央银行在竭力维持稳定，但政治可以压倒经济，强制推行对任何人都没有好处的措施。政治力量引发抛售美元的可能性不会消除，一旦发生，我们将会看到美元暴跌。经济学家可能更愿意相信经济力量才是所有价格的基础，但国家货币的价格至少是由政治和经济共同决定的。

尽管中美两国有理性的人都清楚这一事实，但这里存在一种重要的不对等关系，即中国并不是真正需要把其商品运送到美国，来换取一些用来支持美国财政赤字的逐渐贬值的纸张，事实上中国在为世界上最富裕国家中的最富裕居民提供减税的资金支持，这实在是一种讽刺。与其借钱给美国以增加美国人的消费，中国还不如把钱借给本国人或资助本国的投资。相对于美国寻找资助自己财政赤字的另一个廉价资金来源，中国将生产导向本国的消费或投资要容易得多。

尽管如此，幸运的是美中紧张关系所带来的长期经济后果，在今天看来还只是遥远地平线上的一片乌云，仅仅是在这个已经紧张的全球金融体系中增加了一层不确定性。

让全球化造福全球：新的全球储备体系

美元储备体系也许并不是造成全球金融不稳定的唯一原因，但它的确起到了一定作用。问题在于，如果全球经济从目前的体系勉强转移到另一种体系，例如目前世界似乎正在转向的两种储备货币体系，是否会同样被各种问题困扰？或者说，能否有办法解决根本性的问题？

有一种特别简单的解决方案，就是很久之前凯恩斯所提出的，国际社会可以提供一种全新的法定货币作为储备金（凯恩斯将这种货币称之为“班柯”（bancor））。[①]世界各国都可以在需要时，如在危机时，将这种法定货币兑换成本币，我们暂时称它为“全球货币”（global greenbacks）。

这种方法不仅具有理论上的可行性，而且在区域层面，如亚洲，已经采取了行动，其中的一些观点与上述方法如出一辙。亚洲行动的起源应该追溯到东亚危机。在危机的最高点，日本提出了一项亚洲国家之间的合作运动——建立亚洲货币基金，并且慷慨地拿出 1 000 亿美元作为资助资金，这些资金正是该地区在恢复经济方面所急需的。美国和 IMF 却竭尽所能地制止亚洲货币基金的建立，它们担心这一组织的建立将会削弱它们在这一地区的影响，它们都存心将它们的自私自利的想法置于这些国家人民的福利之上。他们成功地遏制了这一提议，但仅仅几年

① John Maynard Keynes, "Proposals for an International Clearing Union," (1942), in *The Collected Writings of John Maynard Keynes*, vol. 25, *Activities 1940—1944*, ed. Donald E. Moggridge (London: Macmillan, 1980), pp. 168 - 95.

后，也就是在 2000 年的 5 月，东盟组织的成员国与中国、日本以及韩国在泰国举行会议，并签订了《清迈倡议》(Chiang Mai Initiative)，事实上就建立外汇储备库达成共识，开启了区域合作协商的新篇章，增强了它们应对危机的能力。

IMF 对 1997 年危机的处理赤裸裸地暴露了 IMF——进一步引申其实就是美国，与这些地区的国家之间的分歧。这些国家自然会问：我们为什么要把巨额的储备资金投入那些并不善待我们的西方国家？我们完全可以将资金投入本地区，国家之间可以相互持有彼此的货币。我们需要更多的投资，而且如果我们要借钱给其他国家来提高其国民的消费，为什么要把资金借给肆意挥霍的美国，而不把资金借给低消费的自己人呢？

该项倡议既包含了经济维度，也包含了政治维度。这些国家要比美国和其他发达国家进行更多的储蓄，财政政策也谨慎得多，但在美元储备体系中，它们借出资金而收到的利率，要比它们借入资金支付的利率低，这一事实尤其令人不快。进一步讲，它们一次又一次地在汇率不稳定中成为输的一方；作为债务人，20 世纪 90 年代汇率下降意味着，按本国货币计算，它们偿还的资金远远高于借入款；作为债权人，2000 年由于美元贬值，它们所收到的实际支付额远远少于当初借出的资金。

截至 2005 年的 11 月，已经有将近 600 亿美元的货币可以在不同亚洲国家间进行交换，并且已经达成了将这一数额进一步扩大的协议。这一倡议指出，可以将储备金看成类似于国家间相互合作的共同保险系统，在储备中相互持有其他国家的货币具有提供信用额度的相同效果，即向其他国家承诺在需要时允许其使用这一资源。

国际社会已经意识到这项倡议可以按照特别提款权（SDRs）的方式提供凯恩斯所构想的那种流动性。特别提款权不过是在 IMF 的制度框架中所创造的一种国际货币。①

全球货币的建议仅仅是扩展了这一理念，我之所以将新货币称为全球货币，是为了强调所创造的是一种新的全球储备货币，从而避免与已有的特别提款权混淆。特别提款权有两大问题，首先，它的创立只是为了应景，而全球货币将每年创立；另外，SDRs 大部分都给了世界上最

---

① 这种做法已经出现了两次，SDR 总价值 214 亿（截至 2006 年 6 月 14 日，1 份 SDR 价值等于 1.47 美元）。这些财产被中央银行持有，并可以自由兑换成任何货币。1997 年 IMF 委员会批准加倍发行 SDR，如果其成员方（111 个成员方）中有 60%，即占 85%的投票权同意，就可以生效。2005 年 8 月底，美国以 17.1%的投票权对此进行了否决。

富有的国家，而全球货币则不仅可以用于解决世界金融问题，更可以用来对抗当今世界所面临的更深层次的问题，比如全球贫困的问题和环境恶化的问题。①

全球货币体系将如何运行，这里作一简要说明。签约这一新全球储备体系的国家为成员国，每个成员在每年都将拿出特定数量存入全球储备基金，同时，全球储备基金将向这些国家发行等额的全球货币，它们可以将其作为储备持有。②成员国所拥有的净资产并没有变化，它获得了一种资产（对其他国家的要求权），同时也发行对自己的要求权。但是，有一些实实在在的情况发生，因为成员国获得了可以用来应对紧急情况的资产。遇到危机时，成员国可以拿出这些全球货币并将其兑换成欧元、美元或是日元；例如，如果危机是由于农业歉收而引发的，成员国可以用这些钱来购买食物；如果危机是由于银行业破产而引发的，那么成员国可以将这笔资金用作银行的资本金；如果危机是由于经济衰退而引发的，那么这笔钱可以用来刺激经济。

全球货币每年的发行额度要与储备的增加额相联系，这将消除全球储备体系缩减的倾向。假设从今往后，储备占 GDP 的比重大致保持不变，而且全球收入每年以 5%的速度增长，那么如果全球 GDP 约为 40 万亿美元，则每年的发行额约为 2 000 亿美元；从另一个方面看，假定储备与进口的比例保持不变，如果进口大致以两倍于 GDP 的速度增长，那么每年的发行额则有 4 000 亿美元。

当然，正常情况下这种纸币的交换不会带来什么差别，每个国家一

---

① 这项提议背后的经济学逻辑原理在布鲁斯·格林沃德与约瑟夫·E·斯蒂格利茨提交给 2006 年 1 月 4 日在波士顿举办的美国经济学年会的论文《关于国际货币改革的一个小建议》(Bruce Greenwald and Joseph E. Stiglitz，“A Modest Proposal for International Monetary Reform”) 中有更为详尽地阐释。详见 www. ofce. sciences-po. fr/pdf/documents/international _ monetary _ reform. pdf。

② 正如中央银行发行货币不需要全额担保一样，新成立的全球货币当局在发行全球货币时也不需要持有与已发行全球货币等额的储备。与 IMF 或世界银行一样，如果有必要，其成员国可以同意担保全球货币，这个保证将增强对新的全球储备体系的信心。但这些承诺可能都用不上（全球货币并不是普通的交易媒介，它们只是一种价值储备，在特定条件下可以兑换成能够购买商品和服务的货币）。

下面所要讨论的提议中一个重要的部分是，全球货币的发行不需要与帮助建立新全球储备体系的资金贡献紧密联系起来。我已经描述了这个系统如何作为全球货币与各国货币之间的一种“纯粹交换”来有效运行，全球货币当局只是发行全球货币（很多时候就像其他中央银行发行法定纸币）。后面我将介绍指导年度发行额分配的原则。另一种办法是，那些得到全球货币的国家可以同意贡献相等数额以资助全球公共产品和发展，在本章稍后会作介绍。

如既往地从事自己的经营活动，实施货币和财政政策；即使遇到了紧急情况，生活似乎还如往常一样。例如，设想某种货币遭到袭击，按照此前的情况，该国应该卖出美元、买入本国货币以支撑其币价，只要它的储备中有美元（或者能够从 IMF 得到美元），它就可以一直这样操作下去。而在新的制度下，该国可以将全球货币兑换成传统的强势货币如美元或欧元，然后卖出美元或欧元来支持本国货币。

这里有一个重要的细节，就是全球货币与各种货币的汇率。在固定汇率的环境下（也就是首次提出 SDRs 建议的环境），这当然不成问题；但在浮动汇率的情况下，事情就麻烦多了。一个国家可以采用当前的市场价；或者，官方汇率可以设定成一定时期例如之前三年的平均值。在这种情况下，为了避免中央银行利用市场利率和官方利率之间的差异，应该对兑换加以限制（比如只能在危机发生时才能进行兑换，危机的定义是国家的汇率、产出和失业率发生了重大变化）。我的设想是，全球货币只能由中央银行持有，但是这项建议有一个更雄心勃勃的版本，即允许个人持有全球货币，这样该货币就会出现一个市场价格，人们对它像对待其他强势货币一样。

由于每一个国家都在其储备中持有全球货币，这些国家就不必持有（相应数量的）美元或欧元作为储备。对于全球经济来说，这不仅对以前的（和目前的）储备货币，而且对全球经济都产生了巨大的影响。

我们之前提到过当今储备体系中自我颠覆的逻辑，即储备货币发行国的负债将越积越多，然后这种货币将不再适宜作为一种良好的储备货币。目前美元正经历着这个过程。由于全球储备体系不再依赖于单一国家负债的上升——这是当前体系最基本的矛盾，使得经济的不稳定不可避免——全球经济的稳定性也会增强。

全球货币体系将为经济带来更大程度的稳定的第二个原因是，最近10 年来危机反反复复，有一个重要因素就是贸易赤字。当一个国家的进口超过出口时，它就不得不借钱来弥补缺口；只要贸易赤字存在，国外借款也就存在。但到了一定程度后，放贷国就会担心这个国家负债过多，继续放贷将不安全。而一旦有人开始想到这些问题，危机非常有可能已经悄然逼近了。

很明显，如果一个国家出口大于进口，那么其他国家必须进口大于出口才行。事实上除了统计上的误差，整个世界的贸易赤字与盈余的总和必须为零。换一种说法，贸易赤字总和必须等于贸易盈余，这是全球贸易赤字铁的定律。相应地，像日本这样一贯坚持必须有盈余的国家，为了实现这种盈余，其他国家就必须有赤字。同样地，如果某些国家摆脱了这种赤字，那么可能是其他国家的赤字增加了，或者是盈余在减少，再或者二种情况兼而有之。

按此道理，赤字就好像一个棘手的问题。韩国、泰国和印度尼西亚在东亚危机后消除了贸易赤字，并转化成了盈余，几乎可以肯定有其他一个或几个国家不可避免地产生了等量的赤字来弥补它们的收益，这个国家就是巴西。但是就像韩国和泰国不能长久地维持贸易赤字一样，巴西也做不到。随着投资者发现巴西的赤字上升，他们做出了以往一贯的反应，即要求偿付债务，从而引爆了危机。随着巴西经济陷入衰退，进口萎缩，于是赤字转化成了盈余；这里的盈余意味着在全球体系下的其他某个国家出现了同样额度的赤字。

IMF以及整个金融界，一直将贸易赤字国看成造成全球不稳定的问题所在，以上分析意味着贸易盈余同样也是问题。事实上，60年前凯恩斯在考虑全球金融体系的问题时，竟然就已经提出了建议，即向那些产生贸易盈余的国家征税，以防止它们的贸易盈余过快增长。①

由于全球储备体系运行不善，事情也向更糟的方向发展。迄今为止只有一个国家一直保持贸易赤字而没有引爆危机，这就是美国。美国不仅已经成了消费的终极者，也成了赤字的终极者。美国是有能力躲开赤字问题的，因为它是世界上最富裕的国家，因为其他国家想要在储备中持有美元。然而，即使美国维持赤字的时间能够比其他国家长，它也不能没完没了地这样下去，秋后算账的一天总会到来的。

全球货币体系打破了导致危机接连发生的零和逻辑。当然，贸易赤字的总和依然等于盈余的总和，但每年会发行全球货币来抵消，也就是来支付赤字。只要赤字保持温和水平，就不会有问题，因为有了一个等同于全球货币发行量的缓冲器。这样，棘手的赤字博弈将被有效终止，并且创造了一个缓冲器，使全球经济在面临不可避免的冲击时变得稳定。

美国可能会认为全球货币体系将会使它的利益受损，因为它不再能从发展中国家得到低息贷款。当然，这种最贫穷国家以低利率为最富裕国家提供贷款的情况是不妥当的。但是美国却能与世界其他国家一起从更稳定的全球经济中获益。全球货币体系使美国在没有巨额财政赤字的

---

① John Maynard Keynes, "Proposals for an International Clearing Union" (1942), in *The Collected Writings of John Maynard Keynes*, vol. 25，引文如前所注。

情况下维持充分就业变得更加容易（前面提到的那种逻辑将不复存在，即海外持有的美元储备增加使美国总需求疲软）。①

如果不能说服美国加入新的全球储备体系，也会有另一种途径，不过更艰难一些。美国以外的其他国家同意采用这样一个互助合作的体系，同意逐步地把更多的储备金转换成合作国家的货币。这样美国从剥削发展中国家中得到的利益越来越少，就会越来越有动力加入这一体系。

改革与更广泛的全球化方案

谁将会得到每年发行的全球货币？这一问题的答案会对全球福利产生极大影响。

国际社会是有机会让全球化更好地运行的。②全球化使世界各个国家间的联系更加紧密，而这种紧密联系又为它们带来了更多的相互依赖性，于是这种更深的相互依赖性又要求更多的集体行动。全球公共产品变得越来越重要，它将为国际社会的所有国家谋福利。这里包括了诸如医疗健康（发现应对疟疾或艾滋病的疫苗）和环境问题（减少温室气体排放、保持热带雨林的生物多样性），这些都将是储备金的首要用途。

新的全球储备体系不仅可以解决如何资助全球公共产品的问题，也可以实现全球社会对社会正义的承诺。在为全球公共产品提供资金后，剩余的资金将有很大部分给予世界最贫穷国家。这是对 IMF 基本思想的重大改变，IMF 认识到世界需要更多的流动性，并通过 SDRs 来实现，但却是建立在“想要拥有就要付出更多”的原则基础上，于是富人得到了最大的一份收益。

管理储备金可以有很多途径，而且对于什么是最好的方法难免存在不同意见，但我们都应该小心不要求全责备③，也许将这些方法综合起来将更为合理。其中的一种方法是依据不同国家的收入和人口来分配资金（这与社会公正原则相一致，越穷的国家应该得到越多的人均分配）。

① 我认为全球储备体系鼓励了赤字支出，贷款的轻而易举诱惑我们草率地进行借款，像美国最近这些年一样。当美元不再是储备货币时，这种诱惑就会有所下降，美国也不需要庞大的财政赤字来刺激经济，补偿贸易赤字的影响，我们所看到的仅仅是储备中美国短期国债的积累，这一点并不太重要。

② 即使所进行的改革比这里所建议的更有限，也会产生巨大的收益；即使全球货币按 GDP 比例流向不同的国家，本章所倡导的改革都会促进全球经济更加强劲和稳定。

③ 对于现有国际机构的作用，人们可能会存在一些分歧。批评家对这些国际机构能力的信心还不及对本国政府的信心，并且他们认为这些机构所固有的治理和责任问题使得改革基本上不可能成功。

鉴于以前的附加条件失效的先例，唯一加诸的条件应该与全球的外部性相关，即一个国家带给其他国家的成本。这里最重要的可能是核扩散，只有完全承诺自己拥有无核机制的国家才是合格的。其他的一些条件可能会包括全球环境的外部性，比如温室气体的排放、破坏臭氧层气体的排放、海洋污染以及遵守濒危物种的国际协定等。

第二种管理方法，是通过国际组织来分配资金，国际组织可以是现有的，也可以是在联合国资助下新建立的某种“特殊信托基金”。资金可以发放给各个国家，并且这些国家同意拿出等额的资金交给联合国特殊信托基金。其中一部分将用于帮助实现千年发展目标，即国际社会制定的到 2015 年前消除贫困的目标，包括增进健康、提高文化水平以及改进发展中国家的环境。①以医疗健康为例，世界卫生组织的纪录令人难忘，某些疾病，包括天花和小儿麻痹等，已经被消灭。随着资金的增多，就能够花更少的钱办更多的事。②我们知道修建排污水系统、使用杀虫剂浸泡过的蚊帐，就可以大大减少疟疾的发生。我曾在世界各地见到过乌烟瘴气的临时厂房，室内气体的污染可能引起肺部疾病和眼部疾病，仅仅是几根烟囱就可以解决问题。正如我在第二章中提到的那样，只需要教导人们在饮用水源的下游建立公共厕所，就可以取得公共健康的巨大进步。一些小小的改变就可以给成千上万人民的生活带来巨大变化，那么更多资金将会带来惊人的成就。

同样，一些资金也可以用于全民识字的普及。如今，全世界约有7 700万人不会读、写，千年发展目标中有一项就是要求在 2015 年前让世界每一名儿童都能完成基础教育。这方面的成本不大，每年在 100 亿美元到 150 亿美元之间③，但迄今为止国际社会还没有得到这笔需要的

---

① 一份联合国报告的结论是，实现这些目标的成本并不高，但比现在的对外援助支出水平明显要高。该报告建议要实现千年发展目标，未来 10 年所需要的发展援助总额的合理水平是，2006 年为 1 350 亿美元，到 2015 年升至 1 950 亿美元，这两个数字分别等于捐赠国 GNP 的 0.44%和 0.54%。参见 UNDP，*Investing in Development*，引文如前所注。

② 根据国际艾滋病疫苗倡议组织所说，2002 年在 HIV/AIDS 疫苗研发上的总费用约为 4.3 亿—4.7 亿美元，其中只有大约 5 000 万—7 000 万美元来源于私人产业。与此相对应，整个生物制药的研发费用已经达到每年 500 亿美元左右。参见 International AIDS Vaccine Initiative，“Delivering an AIDS Vaccine：A Briefing Paper，” World Economic Forum Briefing Document，2002。

③ 参见 Shantayanan Devarajan，Margaret J. Miller，and Eric V. Swanson，“Goals for Development：History，Prospects and Costs，” World Bank Policy Research Working Paper，2819，April 2002。

资金，因此发行全球货币来建立联合国儿童基金会的特殊教育信托基金将会带来重大改变。

正如我们在第六章中看到的，全球变暖成了一个全球难题。减少温室气体和执行其他环境政策将会增加成本，国际社会已经建立了一种全球环境的借贷机制来帮助支付这一成本。但这方面资金还是严重不足，因此可以将一部分全球货币发放到这里。

第三种管理方法涉及资源在发展导向型项目间的分配竞争，是政府和非政府组织可能会用到的。竞争将刺激项目中的创新，从而提高发展中国家人民的福利水平。

第四种方法则是直接将资金分到个人手上，这种方法可能问题太多而不具有可操作性。除了将钱发放到最贫穷的人手里的困难外，把钱发给个人，然后又让他们支付基础医疗和教育费用，这样做没什么意义。这时交易的双方都是徒劳，而且不是最佳的。更好的方法就是为最贫困的人提供教育和医疗服务。①

当我在世界各地的研讨会上提出全球储备体系改革后，我深受大家支持的鼓舞。乔治·索罗斯曾倡议一次性发行 SDRs 来为全球发展筹措资金。②但是为什么要将发行限制成一次性的?

全球金融体系的问题是系统性的，很大程度上与全球储备体系相关。世界已经脱离了美元体系，但这并不意味着正在向一个更好的体系转化，而且遗憾的是，对于应该向哪个方向发展以及如何发展，人们并没有太多的思考。这一倡议可能会比其他提议让全球化更好地运行，虽然这并不能解决发展中国家面临的问题，但能让情况变得更好；它可以增强全球稳定性、增进全球平等。这并不是一个新的想法，但这个想法的时代也许已经来临。

---

① 关于直接转移支付有这样一种看法，即在许多发展中国家，公共健康和教育服务的质量都是有缺陷的。如果个人能够直接购买这种服务（用转移支付所提供的钱），那么服务的质量可能会有实质性的提高。

② 参见 George Soros, *George Soros on Globalization* (New York: PublicAffairs, 2002)。

10 增强全球化的民主性

全球化原本应该给所有的人带来前所未有的利益，但奇怪的是，全球化却受到了来自发达国家和发展中国家批评的双面夹击。美国和欧洲感受到了外包的威胁，而发展中国家则看到了发达国家利用全球化的经济制度来对付它们；而这两种观点都看到了公司利益的提高是以其他价值的损失为代价的。在本书中，我多次提到，对全球化的这种批判是非常值得肯定，然而这些批判所针对的是全球化的掌控方式，我尝试着向大家展示，我们应该如何再造全球化，使它更为名副其实地实现其名称所赋予的承诺。

本书的内容主要侧重于全球化的经济学方面，但是，正如我在第一章中所指出的那样，许多问题的出现大多是与经济全球化的速度超越了政治全球化相关联的，是与全球化的经济结果超越了我们对全球化的理解和控制能力有关的，也就是说，我们不能通过现有的政治程序来应对全球化的经济结果。因此，改革全球化是一个政治问题。在这一结束章中，我想谈一些关键的政治问题，这其中就包括了非技术工人的前途问题、全球化对不平等问题的影响；另外还将谈到全球经济制度中的民主赤字问题，这甚至会削弱我们国内的民主政治；另外，尽管我们生活在一个日益全球化的经济环境中，但人们还是习惯于用本土的思维方式来看待世界。

不平等现象的加剧与外包的威胁

2004 年 2 月，布什总统的首席经济顾问 N. 戈里高利·曼昆（N. Gregory Mankiw）称赞外包的低成本带来的高利润给美国公司带来机会。此言一出，反对声四起。美国人担心的是工作岗位，从 2001 年至 2004 年，美国的制造业丧失了 280 万个工作岗位；除了制造业，甚至高科技行业和服务行业的人们也存在这种担心。① 从某种意义上讲，外包并不是什么新鲜事，美国公司向海外转移就业岗位已有几十年的历史，从 1979 年开始美国制造业的工作岗位的数量就在萎缩，美国制造业的劳工比率从 20 世纪 40 年代起就在不断地下降。（1945 年，美国就业人数的 37%受雇于制造业，而今天这个比率已经不足 11%。）②

经济活力的特点体现在旧的工作岗位的减少和新的工作岗位的创造上，这是很自然的事情，劳动生产率低的工作岗位减少意味着工人被转移到了劳动生产率高的领域。马车产量会随着汽车的出现而下降。在关于《北美自由贸易协定》的争论中，1992 年总统大选候选人罗斯·佩罗（Ross Perot）警告说，当美国的工作岗位流失到海外时，你会听到“巨大的抽吸声”；而克林顿政府的回答是，美国不需要那些低报酬、低技能的工作岗位，市场将会创造出技能更高、报酬也更高的工作机会。

---

① 2001 年 1 月美国大约有1 710万个制造业的就业机会，到 2004 年 12 月下降到了 1 430 万个。参见 Bureau of Labor Statistics (at www. bls. gov/)，Employment，Hours，and Earnings from the Current Employment Statistics survey (National)，Manufacturing employees (seasonally adjusted)。

② 参见 Bureau of Labor Statistics (at www. bls. gov/)，Employment，Hours，and Earnings from the Current Employment Statistics survey (National)，Manufacturing employees and total nonfarm employees (seasonally adjusted)。但是比“外包”更重要的是，制造业的生产率已经得到了巨大提高，在生产率提高的情况下，制造业无论如何都会出现大量失业。

在 NAFTA 建立的最初几年中，美国的失业率的确是下降了，从 NAFTA 建立时的 6.8%下降到了低于 3.8%的水平。

正如美国和欧洲国家一百多年前实现了从农业向制造业的转移，近些时期它们已经实现了从制造业向服务业的转移。制造业的就业和产出比率已经下降到了 20%[①]，这不仅仅是美国的情况，欧洲和日本也出现了这种现象。美国和欧洲虽然在制造业丧失了工作岗位，但同时它们在服务业却得到了工作岗位，服务业不仅包括低技能的翻烤汉堡，同时它还包括金融服务领域的高薪酬的工作。人们一度认为，美国可以凭借其高水平的技能及其服务业对经济的统治，免受来自国外的竞争。外包之所以让人害怕，是因为人们意识到连高技能的工作岗位也开始流向国外。技术升级和强化教育的战略，尽管很重要也很有价值，但是它却不能为如何应对全球竞争提供完整的答案。

竞争威胁的规模之广、速度之快，以及在相对短的时期内失业的规模之大、速度之快，都超出了以往所发生的任何事件的影响。如同硬币的另一面，全球化带来了另外一个前所未有的变化：印度和中国这两个国家，曾一度处于经济孤立和极端贫困的状况，而现在却成了全球经济的重要组成部分，以前还从来没有过这么多人口的收入迅速提高的先例。[②]

标准的经济学理论是提倡贸易自由化的，它已经描述了一个在完全自由化的条件下所可能出现的情况，这种情况连这一理论的倡导者都很少提及，而本人在第三章作了一个简要说明。在全球经济实现完全一体化的情况下，整个世界将变得像一个单一国家，非熟练工人的工资收入都是相同的，无论他们生活在哪里——无论是在美国，还是在印度，抑或在中国，技术水平相当的非熟练工人从事同等的工种、拿到同样的工资。从理论上讲，实际工资水平会介于目前印度或中国的非熟练工人的工资与美国或欧洲的非熟练工人的工资之间；但是在现实中，鉴于非熟练工人的相对数量，很大的可能是，他们的工资收敛于一个工资标准时

---

① World Bank, World Development Indicators, Manufacturing, Value Added (percent of GDP). World Bank, Development Data and Statistic；详见 www.worldbank.org/data/onlinedatabases/onlinedatabases.html。

② 正如我们在第二章中指出的，印度和中国的增长速度是工业革命或美国在 20 世纪 50 年代和 60 年代黄金时期的 2—3 倍。参见 Nicholas Crafts, "Productivity Growth in the Industrial Revolution: A New Grwoth Accounting Perspective," *Journal of Economic History*, vol. 64, no. 2 (June 2004), pp. 521-35。

更接近印度或中国的工资水平，而不是美国或欧洲的工资水平。

当然，取消所有的关税和贸易壁垒不会使工资立即完全一体化或均等化，因为运输成本仍然会存在，地处偏僻的贫穷国家，运输成本也还是一个很大的障碍。在过去，至少有两个因素使得工资的差异不会消除，其一是发展中国家的资本稀缺，由于缺乏资本（没有新的机器和技术），造成了工人的劳动生产率水平低下。手摇纺机的劳动生产率要比机械纺机低，正是由于手摇纺机的劳动生产率低，造成了使用这种纺机工人的工资也相对低廉。其二是发达国家和欠发达国家在认知水平上的差异；发展中国家在技能和技术上都很落后，这使得它们的劳动生产率不高，工资也会被压低。

然而，工资均等化的这些阻碍因素正在消失。国际资本市场已经有了很大的发展。今天，尽管中国国内的储蓄已占其 GDP 的 42%，然而它每年吸收的国外直接投资超过了 500 亿美元，这个数字接近中国 GDP 的 4%。① 同时近些年来，发达国家向欠发达国家的知识流出速度也在提高。

不过发展中国家要完全消除认知上的差距、解决资本短缺问题还需要几十年的时间。好消息是，中国和印度将会有强大的力量提高工资水平；不好的消息是，西方国家压低非熟练工人工资的力量也很强大。因此，尽管美国人和欧洲人会为发展中国家非熟练工人生活水平的提高而感到高兴，但是，他们也会担心对自己国内的影响。这不仅仅是有多少工作岗位会外包给或者说是流失给中国和印度的问题，真正的问题是，劳动力的需求与供给之间哪怕一个较小的缺口，都可能会构成一个巨大的问题，导致工资水平的停滞甚至下降，工人会感觉到他们的工作岗位是不稳定的，这种焦虑的情绪会在工人中间不断蔓延。这些才是正在出现的一些不妙的现象。

当然，我们已经看到，全球化和贸易的自由化将会提高总体的收入水平（前提是参与国能够维持充分就业，这是一个非常重大的假设前提）。但是问题在于，平均收入在提高，工资特别是底层工人的工资却停滞不前，甚至还会下降，导致了不平等程度的加剧。那些发现自己所处的行业中被竞争淘汰的人会遭受损失，他们会发现自己在某些特殊技

① OECD Observer, "China Ahead in Foreign Direct Investment," August 2003；详见 www.oecdobserver.org/news/fullstory.php/aid/1037/China_ahead_in_foreign_direct_investment.html。

能上所投入的“人力资本”已不再有多少价值。在过去的五年中，美国的实际工资水平基本上没有提高，而那些底层工人的实际工资至少有25年停滞不前了①，这个社会阶层可能会处于非常窘迫的境地，当商家歇业、失去工作时，房地产的价格会出现下降，那个地区的大多数人都会遭殃，因为家庭财产是这些人的主要财产形式。

应对全球化的挑战

发达工业化国家应对全球化的挑战可以有三种方式。其一是对问题视而不见，坦然接受日益严重的不平等现象，持这种立场的人（多数是涓滴理论的拥护者，该理论认为，只要有增长，所有的人都会受益。该理论目前已受到质疑）强调的是市场经济的内在力量及其应对事物变化的能力，他们声称，我们可能还不知道新的工作岗位能在哪些领域被创造出来，但只要让市场施展魔力，新的工作岗位就会被创造出来。只有在政府为保护工作岗位而对市场进程进行干预时才会出现失业问题，欧洲的情况就是如此。

但是无论在欧洲还是在美国，这种方式都是行不通的。有人在全球化中成为了赢家，但输家多得数都数不清。当然，全球化只是影响我们社会和经济生活的诸多因素之一，即便没有全球化，不均等现象也会扩大。技术变化会提高某种技能的市场溢价，因此，那些拥有或能够获得这种技能的人会成为当今经济生活中的受益者。技术变化对收入不均等，甚至是非熟练工人工资下降的影响，最终可能比全球化本身的影响还要大。选民们在技术进步方面几乎是无能为力的，但是他们可以通过其选择的代理人，在全球化问题上有所作为。保护主义的情绪几乎在各个地区滋长。在美国，即使一个小小的贸易提案——与中美洲的自由贸易协定，也遭到了强烈的反对，2005 年 7 月，众议院也仅以 217 票对 215 票的微弱优势勉强通过。让市场独自发挥作用，一切都会好起来，我不认为这样的假设是站得住脚的；同样，要求工人以足够的耐心去坚信全球化最终将会使所有人的境况都得到改善，但他们现在必须接受低工资和工作保障水平的降低，我也不相信这样的做法是行得通的。即便他们全心接受全球化会加速 GDP 增长这样的推论，但是，他们又凭什么相信这样的经济增长会给他们带来收入的迅速增长和总体福利的提高

① Economic Policy Institute，“Hourly Wage Decile Cutoffs for All Workers，1973—2003 (2003 Dollars)”；详见 www. epinet. org/datazone/05/wagecuts _ all. pdf。

呢？尽管政治家们断章取义地引用经济学教材去消除选民们的疑虑，但是，标准的经济学理论以及丰富的经济数据所显示出的结果与工人们的直觉是一致的：没有政府强有力的再分配政策，非熟练工人的状况将变得更糟。

移民现象也会产生类似的问题。我在第三章阐述了移民是如何提高全球经济效率的，以及移民是如何对发展中国家的工人尤其有利的。但是，非熟练劳工的流动会使发达国家的非熟练工人的工资下降。随着贸易自由化和劳动力流动，国家整体可能会受益，但是对于最底层的人来说，他们的状况有可能会恶化。

应对全球化挑战的第二种方法是对抗公平的全球化，这种观点认为，现在正是美国和欧洲运用其经济力量确保游戏规则永远或至少是尽可能长地为它们服务的时期。权力滋生权力，它们运用现有的联合的经济力量，至少可以保住甚至是巩固它们的地位。这种观点不是建立在公平、正确的基础上，而是建立在权力政治的基础上。

在这种逻辑下，美国这个口头上空喊公平贸易的国家，就理所当然地可以保护自己不受外包和外国商品的冲击，而同时又可以将其产品打入国外市场。美国这种厚颜无耻的一个具体例证是，它一边满口宣扬自由贸易，一边将农产品的补贴加倍。为了搪塞那些坚持公平贸易的人，美国在寻找“合法”的方式提供这些补贴上费了些心机，例如，它们设计了诸如“非贸易扭曲补贴”的概念，让其他国家同意这种补贴是被允许的，然后再声称农业补贴就是这类补贴中的一种。这种推断的逻辑是，“合法”意味着道义上一定是正确的。

我认为这种方法不仅在道义上是错误的，在经济和政治层面上也是行不通的。美国立于世界之林，长期以来不仅靠的是它的经济和军事实力，而且靠的是它维护正义和公平的道义领袖地位。但对于那些相信权力政治的人而言，这是无关紧要的；更确切地说，我们在全球化的道路已经走了很远，再选择这种方法已经是不可能的了。尽管乌拉圭回合的贸易协定对发展中国家并不公平，然而它却为建立一个貌似国际贸易法治体系创造了一个开端，美国也必须遵守这样的法律。

此外，前30年的成就之一是许多发展中国家建立了强大的民主制度，其国民都知道世事变化，也懂得什么样的贸易协定建议是完全不公正的。美国一边高谈阔论自由贸易，一边却在维护农产品补贴，美国国民可以不在乎这种表里不一，但巴西、阿根廷的国民却不能不在乎。

如果让美国和欧洲从全球化中抽身撤退，这样牵连的利益实在太大了，因为有太多的人得到了全球化的好处。如果让发达国家根据自己的利益不公平地去构建全球化，就会让发展中国家过多的人遭受损害。

因此，也就只剩下仅有的一条道路——妥善应对和重塑全球化。对美国而言，妥善应对意味着承认全球化将会压低非熟练工人的工资。发达工业化国家必须不断地提高其劳动力的技能，同时它们还必须强化它们的社会保障网体系并提高其收入税制的累进率。受到全球化伤害的是处于底层的公民（他们可能还受到了其他因素的影响，如技术的变化），降低他们的纳税负担、提高那些受到全球化惠顾人群的税赋，这都是应该做的事情。遗憾的是，在美国和其他一些国家，政策方向却正好与此相反。对研发的投入也很重要，因为它能够提高劳动生产率，劳动生产率提高了才可能使工资和收入提高，即使这部分提高的收入中只有小部分用于教育和健康等社会事业，也会增强全体国民的福利。

按目前的方式管理全球化，已经有太多的人遭受了损失，因此对全球化的批评是正确的。然而，这些批评者中的一群乐观主义者，就是我在本书的开始部分所提及的那些人，他们在孟买“世界社会论坛”大会上宣称“另一种世界是可能的”，我认为他们的这种观点也是正确的。本书已经列举了许多改革内容是能使全球化产生更好的作用的，即它本身是具有提高发达和发展中国家人民利益的功能的。这样的一种改革后的全球化是会得到发达和发展中国家的人民拥护的。

民主赤字

在本书中我已经阐明，发达国家和欠发达国家都必须学会如何更好地应对全球化；我们也必须学会如何更好地管理全球化，更多地关注穷国，关注富国中的穷人，关注利润和 GDP 之外的价值观。但是，问题在于民主赤字阻碍了全球化的运行。国际组织（国际货币基金组织、世界银行、世界贸易组织）受托制定游戏规则并管理全球经济，但是，反映的却是发达工业化国家，或者更进一步说是这些国家中特殊利益集团（如农业和石化工业）的利益。这种不平衡在一些情况下是由于投票权扭曲而造成的[1]；而在另外一些时候，则完全是由各国经济力量的角逐和利益纠缠所导致的。在全球化的每个领域，从贸易到环境，再到金融，从过程到结果，这种不平衡现象随处可见。我们也可以从目前已纳入全球化议程的和尚未纳入议程的问题中看到这种现象的存在。

在过去的两个世纪中，民主政治已经学会了如何缓解资本主义的无度状态，即引导市场的力量，确保获益的人多于利益受损的人。这一过程所取得的成就是惊人的，第一世界许多人的生活水平的提高程度令人赞叹，已经远远超出了19世纪人们的想象。

然而，在国际层面，我们却还没有形成民主政治的制度。如果我们要使全球化运行得更有效的话，即确保全球市场经济的力量能够使世界上多数人的生活得以改善，而不只是富裕国家中的少数富人，那么必须建立全球的民主政治制度。由于民主赤字阻碍了对全球化的管理，全球化的无度性未能得到控制，实际上，就像我们在前几章所谈到的那样，有些时候全球化还限制了国内民主对市场经济的疏导。

对全球性机构的需求从来没有如此之大，但是它的公信力、它的合法性却在退化。IMF在非洲和其他地区实施的方案，包括在这些国家实施过分严格的财政约束政策，导致了这些国家的不满；在处理上个世纪的几次危机方面，IMF又频频失误，这给了IMF致命一击。我在第二章中提到，在IMF和世界银行的理念驱动下形成了所谓的华盛顿共识，那些追随华盛顿共识来制定政策的国家在经济上已宣告失败，与东亚国家不断取得的成功相印证，已无法唤回对这些机构的信心。同样，IMF狂妄自大地强迫发展中国家向投机资本开放其市场，几年后这些国家很快认识到资本市场的自由化所带来的是经济的动荡，而不是经济的增长，这也使得发展中国家无法对这样的机构再抱任何希望。IMF在推行这种会引发金融动荡的方案时，却对金融动荡的根本诱因——全球储备体系毫不作为。在贸易领域，WTO的情况也好不到哪里去，2001年11月，在多哈回合中大家已经承认了以往回合的贸易谈判是不公平的，但是发达工业化国家最终还是巧妙地逃避了责任，实际上违背了在发展回合中所作出的承诺。

从某种意义上讲，这些机构自身本来是无可厚非的，问题在于这些

---

① 连国际货币基金组织都已经认识到了问题之所在，并在2006年春季的国际货币基金组织理事会会议上呼吁重新分配投票权。英国中央银行——英格兰银行行长默文·金恩(Mervyn King)，于2006年2月20日在新德里发表讲话，要求对IMF进行广泛改革。

机构受美国和其他发达工业化国家的操纵，这些机构的失败反映的是这些国家所实施的政策的失败。冷战结束，美国成了世界唯一的超级大国，这给了它在公平原则和关怀贫困基础上重塑全球经济和政治制度的机会；然而，由于来自共产主义意识形态的竞争也随之消失了，这又给了美国在自私自利和只关注美国跨国公司利益基础上重塑全球制度的机会。非常不幸，在经济领域，美国恰恰选择了后一条道路。

就像国际组织不应该受到一味地指责一样，一部分的责任应该由操纵这些机构的政府来承担；政府自身也不能完全成为指责的对象，有一部分的责任应该由选民承担。我们正日益融入全球经济，然而我们每个人几乎都还生活在本土的社会圈中，在相当大的程度上还延续着本土化思维。对我们来说，本国丧失一个工作岗位的价值远大于国外获得两个工作岗位的价值（在战争环境中，一个战友的牺牲比国外的人丧失生命要严重得多），这是一种自然而然的思维模式。这种本土思维模式的局部表现是，我们通常不会考虑我们所奉行的政策是否会影响到全球经济和其他国家的经济，我们只关注对我们自身福利的直接影响。美国的棉农只考虑他们从农业补贴中所获得的收益，而从不在乎因此而造成世界上其他国家数百万计的损失。

为了使全球化有效运行下去，我们必须改变思维定式，必须从全球化的角度来思考和生活。目前，有这种全球大同感觉的人少得可怜。有句老话说得好，由于所有的人都生活在"本土"的社会圈中，因此，所有的政治都是本土的政治。所以，全球化陷入了非常狭隘的本土政治的窠臼中也就毫不奇怪了。即使世界的增长使各国在经济上已经越来越相互依赖、相互制约，本土的思维依然顽固不化。本土政治与全球问题之间的分离正是对全球化产生诸多不满的根源。

对比国家层面和全球层面，在对政策的分析和拥护上所存在的差异是显而易见的。在每个国家内部，我们能够意识到不同的法律、不同的监管会对不同的人群产生不同的影响；经济学家会非常仔细地计算每一个税种、每一条规定和每一项监管措施对不同收入人群的影响程度；我们会根据某项政策是否公平、是否伤害了穷人、是否让获益较少的人群过多地承担了政策的负担等等，对不同的政策作出赞同或反对的回应。

相反在国际领域，我们不仅未能很好地对某项政策进行分析，同时我们几乎从来也没有从公平的角度来支持过某项政策。贸易谈判代表得到的指示是要从他们本国的利益角度出发，争取他们所能得到的最好的贸易协定，他们不是为了起草一份对所有人都公平的协议而被派往日内瓦（通常是贸易谈判的举行地）。贫困人群本应该得到的特殊关照非但没有得到，反而给予了那些最有权势的人，例如那些为美国的总统选举和政党轮流执政提供了大量政治献金的特殊利益集团。实际上，特殊利益集团的利益常常会上升到国家利益的层面，对美国制药公司、对微软和埃克森美孚最有利的事情通常也被视为对国家整体最有利的事情，这一点浓缩在了 1953 年通用汽车公司总裁詹姆斯·威尔逊（Charles Wilson）的一句名言中："对我们国家有利的事对通用汽车来说也一定是有利的，反之亦然"。① 但是，在全球领域中，即便这种说法在以前是正确的，现在也不再是了。

即使在国际机构内部，也很少从社会公平的角度对全球政策进行讨论。据称在国际机构中不存在利弊权衡问题，因此，决策是委托给技术官员作出的，他们被认为在进行客观科学决策时比政治家具有更好的专业水准，因此，委派他们去完成寻找和管理最优的经济制度，这实际上是一种托词。有些问题当然需要委托给技术专家，例如，选择最优的计算机系统去运行社会保障制度。但是将起草经济游戏规则这样的事情委托给技术专家，那只有在一种情况下才是合理的，即最优规则是唯一的，这套规则比其他任何一套规则都更能使所有人的境况得到改善。然而，情况却并非如此，这种观点不仅是错误的，也是危险的。除了个别例外，利弊权衡的情况总是存在的；利弊权衡的存在意味着选择的存在；而合适的选择只有通过政治制度才能实现，这就是弥补全球民主赤字是如此重要的原因。

决策过程的去政治化为不代表广泛社会利益的决策铺平了道路。将关于公正的贸易体系或公正的知识产权制度的决策从公开的政治议程中去除，从而为特殊集团利益对这些事项作出决策打开了方便之门。于是，知识产权协议由制药公司来制定，贸易政策由生产商而不是消费者来制定。货币政策提供了另外一个佐证。没有什么经济事件能比宏观经济运行状况对公众的影响更大了，失业的增加会使工人状况恶化，但它所产生的低通胀结果却是债券持有者乐意接受的，平衡这种利益是最为典型的政治行为。但是金融市场上的人士却在一直努力使这一决策去政治化，将决策交由技术专家处理，这些技术专家受托寻求符合金融市场

---

① 威尔逊本人似乎更有资格认为两者的利益是一回事。他在国会证词中的实际用语是："过去我总认为对我们国家有利的也是对通用汽车公司有利的，反之亦然。" 参见 James G. Cobb, "G. M. Removes Itself from Industrial Pedestal," *New York Times*, sect. 3, p. 4。

利益的政策。IMF 也一直在鼓励，有时甚至用援助作为条件来强迫各个国家，让它们的中央银行只关注通货膨胀问题。

欧洲已经屈从于这样的信条。今天，由于欧洲中央银行所推行的货币政策维持低通胀，尽管债券价格的高企让债券市场一路走强，欧洲的增长和就业却步履蹒跚，整个欧元区愁云惨淡。

应对民主赤字之策

对于民主赤字问题，在国际机构中有两种反应。第一，按照本书前面所建议的思路，进行制度安排的改革，但这不是一蹴而就的事情。第二，更为严谨地思考在国际层面应该作出什么样的决策。

当知识和思想、商品和服务、资本和劳务的跨国间流动越来越便利的时候，全球化意味着在世界上某个地区发生的事情会对其他地区产生连锁反应。传染病蔓延从来都是不受国界的约束，然而，随着全球旅游的增加，疾病的传播速度比以往更迅速。发达国家产生的温室气体导致的全球气候变暖影响到了世界所有地区。同样，恐怖主义也变成了全球性的。当世界各国融合得越紧密，它们的相互依存性也就越强；相互依存性越强，就会对采取集体行动来解决共同面临的问题提出了更高的需求。

集体行动方案所要关注的问题应该是关系到整个全球社会福利提高的最为根本的问题，有些无关紧要的问题不应该纳入集体行动的方案。[①] 在第四章中我曾指出，建立统一的知识产权法是没有必要的，过度标准化的知识产权制度不仅会削弱政治主权的重要性，同时，它实际上也会阻碍生产力发展。一套有的放矢的集体行动方案特别重要，因为庞大的方案需要充足的人员，而发展中国家无力负担，那么方案本身就会将发展中国家置于谈判的不利位置。全球集体行动的关注点应该集中于阻止负外部性的需要（即一部分人的行为会对其他人产生负面影响），以及增进全民福利的机会上（即通过共同行动，提供能让全世界受益的全球公共产品）。

随着世界越来越全球化、越来越统一成为一个整体，有越来越多的领域产生了合作协调行动的机会，在这些领域中的集体行动不仅是有需要而且有必要。有一大批全球公共产品需要提供，其范围包括从全球的

---

① 这是一个有时被称为“辅从原则”的例子，即应该在级别尽可能低的、能够采取有效措施的层面讨论问题。

和平到全球的健康，从保护全球环境到保护全球的知识等等，如果国际社会不能共同提供这些公共产品的话，就会产生全球公共产品不足的风险，实际上这种可能性很大。①

提供全球公共产品需要某种融资制度。在第九章中，我阐述了对全球储备体系进行改革可以提供大量的资金来源，按照数量级每年可以达到 2 000 亿美元到 4 000 亿美元。第二种想法是利用全球资源管理的收益来提供全球的公共产品，如拍卖公海捕鱼权、海底自然资源的开采权、碳排放权等等。最后，在某些情况下，征税也能为提高经济效率作出实实在在的贡献，这种为解决负外部性问题而征收的税种称为矫正税。对全球负外部性行为进行征税的范围包括：向发展中国家销售武器、污染、造成跨国资金流动的动荡等等，这些税收收入可以成为全球公共产品提供资金的第三条渠道。

长期来看，为了使全球化更为行之有效，最为重要的变化是通过改革来降低民主赤字的程度，如果这方面没有改变，任何改革都会遇到阻碍，这是一种实实在在的危险。例如，在第三章中我们看到，当关税降低后，非关税的壁垒却又建立起来了。对每个国际机构所需要进行的变革作一番详细的描述，这项工作已经超出了本书的研究范围，因此，我只是将需要进行的改革精髓列举如下：

● 改变 IMF 和世界银行的投票结构，给发展中国家更大的权重。在 IMF 中，美国依然是唯一一个可以行使否决权的国家。在 IMF 和世界银行中，投票权的分配很大程度上是以经济实力为基础的，但是多数情况下，它们所依据的并不是今天的经济实力，而是以半个多世纪以前，这两个机构创立时各国的经济实力作为分配投票权最主要的依据。②

● 改变代表人，即由谁来代表国家。如果是贸易部长决定贸易政策、财政部长决定财政政策，那么像环境、就业等其他相关问题就得不到应有的重视。在讨论知识产权条款时，科技部长必须参与进来，这不仅因为他更具有平衡各方利益的立场，同时也因为他对相关问题有更多

① 正如没有国家政府，公共产品就会供应不足，经济学家称之为“搭便车”问题，因为每个人都会受益（而且要想将某些人排除在外是不可能的，或者代价很高），因此每个人都有让别人努力、自己“搭便车”的倾向。

② 在 IMF 的 2006 年春季会议上，IMF 总裁建议按照这一思路适当改变投票权，但毫不意外，这一建议遭到了一些国家的抵制，因为它们的投票权会相对减少。

的了解和把握。

● 采用代理人原则。如果有一百个或者更多国家搅在一起，无论是制定决策还是展开谈判都是很困难的事。但是用以往的贸易谈判方法来应对这类问题，是完全不可接受的。① 无论如何，经济力量的不均衡始终存在，要想让力量强大的国家不去施展它的力量是不可能的。然而最起码，处理事务的正规程序应该和民主原则尽量地一致。每个不同国家集团的代理人都应该参与到与经济大国的协商，这些国家集团包括最不发达的国家集团、小的农业出口国集团，等等。实际上，这一方面已经取得了某些进步。

鉴于上述改革难度较大，那么，在国际机构运行方式上进行下列改革就变得更为重要了。

● 提高透明度。由于在国际机构中没有直接的民主程序（我们不是通过选举来派驻我们在这些机构的代理，也不是通过选举来产生这些机构的领导），因此，通过增强信息交流的自由度来提高透明度，便成为了至关重要的事。具有讽刺意味的是，这些机构的透明度比成员国的民主政府都差了很远。

● 改进有关利益冲突的法规，这不仅可以增强人们对国际治理的信心，提高国际机构的合法性，同时（如果经济学家的观点是正确的，即做事的确需要有激励机制），它也可以确实做到使政策的制定更加有利于总体利益。

● 议事程序更加公开，流程更加完善，这将保证不仅整个流程有更高的透明度，而且要听到更多的声音。非政府组织的作用越来越重要，它能够确保在全球经济决策过程中听到更多来自跨国公司以外的声音。在像美国这样的民主政治中，监管机构要提出某项法规，需要给利益集团评议的机会，监管机构必须对这些评议作出回应。在全球性机构和监管机构中也应该采取同样的治理程序。

● 增强发展中国家真正参与决策的能力，这可以通过帮助它们评估政策变动的影响来实现。美国财政部和其他发达工业化国家的财政部都具有这种评估的能力，但发展中国家却不具有做这项工作的资源。如果存在着一个独立的机构，能够就不同的政策建议对发展中国家所产生的影响进行评估，WTO 和其他国际组织所进行的议事讨论也会对发展中国家有所裨益。

---

① 见第三章的讨论。

● 提高责任感，即使国际机构没有对选民负责的要求，但是对国际经济机构的业绩评估还应该更加独立一些。世界银行和 IMF 目前也在进行这样的评估，而且还为此花费了巨资，但是评估机构往往对国际货币基金和世界银行所派遣的临时雇员有很强的依赖，这样的依赖固然使他们能够很好地了解事情的进展，但他们却很难提供完全独立的评估意见。评估的任务应该以交给像联合国这样的机构。评估是要对实际结果与预期结果之间的差异做出解释，例如，危机期间 IMF 的一整套救助方案，为什么没有发挥预期的作用？为什么救助国际银行就有钱，而支付穷人的食品补贴就没钱？为什么最贫困国家从最新一轮的贸易谈判中所获得的利益远远小于它们事先所得到的承诺？

● 更公正的司法程序。我们在第三章讨论美国征收倾销税时，就强调了需要更好的司法程序。美国在评价和制定倾销税的过程中，公诉人、法官和陪审团都同时提出意见。这样的司法程序显然是有缺陷的。应该有一个独立的、全球性的司法机构，对于诸如是否发生了倾销事件、如果发生了应该征收什么样的倾销税等等问题，由该机构作出裁定。

● 增强国际事务中的法治。我曾反复评价过乌拉圭回合的伟大成就，是为一个貌似的国际法治理起了一个头，它的意义在于治理贸易关系不仅依靠权力，同时还有一系列的法律原则可循；法律也许还不完善，但总比无法可依要好得多。更何况在许多领域中，一旦真正实施这样的法律，全球化将会变得更加完善。一个很重要的例子就是，在前面我们看到美国拒绝为全球气候变暖做任何努力，那么我们可以将美国的这种做法认定为一种严重的、不正当的贸易补贴行为，无论从建立公平贸易制度的角度考虑，还是从解决当今最为重要的全球性问题的角度考虑，运用法规来制裁这种补贴是一种重要手段。

我们拥有的是一个没有全球政府的不完美的全球治理结构，不完美的表现之一是我们执行国际协定和制止外部负效应的能力存在局限性。因此，我们必须运用已有的各种手段，其中包括贸易制裁的手段。①

在第三章中我提出了另一个重要的问题，即全球贸易制度被分解成了若干个双边的和区域性的贸易协定。过去 60 年来多边贸易制度所取得的一个伟大成就是最惠国原则，在这个原则下，每个国家都给予其他

① 不过我在第三章中曾指出，现行的贸易制裁体系在发展中国家违背 WTO 规则、对发达国家不利时，可以更为有效地做出反应，而不是相反。

任何国家同等的待遇。但是美国带头破坏了这个原则，而其他国家也纷纷效仿。在WTO规则中，只有当双边或区域贸易协定的贸易创造效应大于贸易转移效应时，这样的贸易协定才具有合法性。几乎可以肯定，一些双边协定是经不起这样的检验的。当那些试图分割全球贸易体系的国家提出双边或地区协定时，应该有一个国际法庭根据从这些国家获得的大量证据来裁决每一项协议是否合法。例如，墨西哥在NAFTA框架下所获得的好处，是否在很大程度上是美国从其他拉美国家的纺织品进口贸易中转移过来的，这样的问题应该由国际法庭来裁决。这种做法的好处是，如果草率签订的双边贸易协定威胁到多边贸易体系，就会逐步减缓，抑或直接终止这些协定的签署。

寻找新的平衡

如果要让全球化行之有效，我们需要一种能让社会福利在发达国家和发展中国家之间更好平衡的国际经济体系，这是发达国家和欠发达国家之间一种崭新的全球社会契约，其中的一些核心要素包括：

- 发达国家致力于建立更为公平的贸易体系的承诺：这种体系将能够实实在在地促进发展（本书第三章勾画了发展的路径）。
- 保护知识产权与促进研发的新方法：这种新方法在继续激励创新并提供资源的同时，能够认识到发展中国家获取知识的重要性，承认让发展中国家以可承受的价格去购买救命药品的必要性，以及认可发展中国家对其传统的知识进行保护的权利。
- 发达国家向发展中国家提供的环境服务予以补贴的协议：这种补贴不仅包括了对生物多样性的保护，也包括通过碳回收改善全球气候变暖。
- 认识到我们——无论是发达国家还是不发达国家，拥有同一个地球，全球气候变暖对地球产生了现实的威胁，对一些发展中国家而言，其影响是灾难性的。因此，我们所有人都需要限制碳排放，我们必须放下关于谁是罪魁祸首的争论，而去做一些实实在在的事。美国，这个世界上最富裕、能源消费最挥霍的国家，应该担负起特殊的责任；美国的加利福尼亚，已经显示出了巨大的减排成效，而与此同时居民的生活标准并没有因此而下降。
- 发达国家向发展中国家承诺公平地支付自然资源费用，并且保证在开采自然资源时采取适当的措施，不会给后人留下环境退化的恶果。
- 发达国家承诺过要向发展中国家提供占其GDP的0.7%的资金援

助，今天重提旧事是希望它们用行动去兑现这一承诺。美国可以花费上万亿美元去打一场伊拉克战争，让它每年花费区区一千亿美元去打一场全球性的反贫困战争，则完全不在话下。

● 将 2005 年 7 月所达成的债务减免协议的惠及范围扩展到更多的国家：有太多渴望发展的国家被横亘的债务所阻碍，它们将巨额的钱财用在了清偿债务上。事实上我们已经看到，它们还债的数额如此之大，以至于近年来的净资金一直是从发展中国家流向发达国家的。

● 改革全球金融结构可以降低其不稳定性，这种不稳定性给许许多多的发展中国家带来了破坏性的影响，改革可以将这种风险的负担更多地转移到发达国家，因为发达国家比发展中国家更能够承担这类风险。改革的关键之一是改革全球储备体系，正如我们在第九章中所讨论的，我相信，这项改革不仅能加强全球金融的稳定性，从而使所有的国家都受益，同时，这项改革也有助于为全球公共产品提供资金，如果我们想要使全球化运行更加有效的话，全球公共产品是不可或缺的。

● 进行一系列法律制度上的改革，以确保不会产生诸如新的全球性垄断一类的事件，保证公平地处理复杂的跨国界破产倒闭事件，无论是主权国家的破产还是公司的破产，迫使跨国公司正视其应承担的责任，例如它们破坏环境所应负的责任。

● 发达国家给发展中国家的资金向来都少得可怜，它们提供军火时却一直都大方得很，它们基本上就是腐败的一部分或者同伙；并且它们也会用其他各种方式来破坏幼弱的民主制度。全球社会契约所包含的并不是口头上喊喊民主，而是要求发达国家少挖民主墙角、多做对民主有利的事，特别是要在减少武器输出、贿赂以及银行保密业务等方面多做些实事。

当然，为了使全球化更好地发挥作用，发展中国家也必须做好自己该做的工作。国际社会可以帮助发展中国家创造有利于发展的环境，也可以为发展中国家提供发展的机会和相应的资源。但是，实现成功的、可持续的发展的责任最终还是要落在发展中国家自己的肩上，发展的成果将被广泛地分享。虽然不是所有的国家都会取得成功，然而我坚信，有了上述的全球社会契约，成功的国家可能远远多于以往任何时期。

这种新型的全球社会契约的一些苗头已经出现。2002 年 3 月，联合国召集的为发展筹资的国际会议在墨西哥蒙特雷市举行，发达国家承诺将对外援助提高到占其 GDP 的 0.7%的水平。这次会议的重要性还表现在，大家终于认识到发展问题之重要性和复杂性，远非财长们所能应对的。财长和央行行长在讨论问题时总是有他们特殊的考虑，他们的考虑尽管非常重要，但却不是唯一重要的问题。就主权债务危机来说，没有哪个政府会将制定破产处置框架的立法工作交给一个由债权人、债权人相关利益集团主宰的委员会。然而，如果就像 IMF 一直以来要求的那样，让 IMF 来负责破产处置过程，那么所产生的结果恐怕没什么两样。制定决策必须采取能够更加平衡利益的方式。

实现利益更加平衡的路径之一，是加强联合国经济及社会理事会（Economic and Social Council）的作用。该理事会应该在许多问题上发挥重要作用，它能够确定全球经济问题的议事议程、确保关注的焦点不仅是发达国家的利益问题，同时也会重视关系到全世界福利水平的一些根本问题；它会鼓励人们对全球金融体系的改革进行探讨，全球金融体系改革凸显了发展中国家的问题，或者说是事实，例如，发展中国家承担了汇率和利率冲击的风险。该理事会还将推进全球储备体系的改革，或者说会敦促寻找处理主权债务重组的新方法，以使破产处置过程不会被债权国所控制。在国际事务的许多领域中，有太多的决策都是坐井观天来制定的，该理事会在跨越这些“孤井”方面能发挥特别重要的作用。它能够促进我在第六章所提及的保护热带雨林的行动，同时激励发展中国家去保护它们的热带雨林（减缓全球气候变暖和维护生物的多样性，给整个世界带来巨大的利益），为发展中国家提供发展所需要的资金。该理事会还能够推进一种知识产权制度，既能促进科学的进步，又能给予其他价值以应有的尊重，如生命的价值、获取知识的价值。该理事会能够确保对一国经济政策的任何国际性考察（通常也称为“监督”），不仅仅注意金融市场所关心的通货膨胀，而且也会注意与工人的利益休戚相关的失业问题。

对全球化管理的不满，部分反映在对全球化的结果不满上，部分是对缺乏民主程序的不满。从这两方面来看，减少民主赤字是迈向全球化有效运行的方向的重要一步。我相信在民主监督下所产生的经济政策和管理方案，一定会更加有效，也更加关注老百姓的利益。

全球化关系重大

围绕全球化的争论之所以如此激烈，是因为它的关系实在太大了，不仅关系到经济上的福利水平，而且关系到我们社会的根本性质，甚至是我们熟知的这个社会的生死存亡。过去 20 年中，全球主义者可能一直都认为，他们通过国际机构所推行的经济学说，迄今为止在提高每个人的福利上获得了非凡成就，因此，全球化的所有不利影响都是可以容忍的；也许他们希望的是，即使不平等日益严重，只要有足够的资金涓滴到穷人头上，就可以安抚他们了；即便有一些人无法得到救命药，但只要总体上有足够多的人看到了自己的健康状况在改善，他们也就心满意足了。然而，正如我们所看到的，有太多这样许诺过的利益并没有成为现实。

即使全球化在经济方面取得了较大的成功，但是在某些方面全球化给人们带来的不幸也还会持续，如果更多的人认识到所发生的事情，这种不幸还会加重。美国一直强调维持贸易开放比保护文化传统和保障食品安全更重要，至少对转基因食品的非理性的担心要坚决予以反对。然而，美国也已经认识到了还有一些东西的价值比经济的全球化更为重要，至少有一种价值是重要的，就是国家安全。美国态度强硬地为贸易限制辩解，宣称这种限制能增强国家安全。美国对于原油进行补贴，不允许外国船只在美国境内运输货物，这两种行为都以国家安全的考虑为借口。美国甚至还赞同“二级抵制”（secondary boycotts）* 的做法，即美国不仅禁止美国公司向中国销售可能用于军事用途的产品，而且还向欧洲施加巨大的压力，逼迫它们如法炮制。1996 年美国颁布的《赫尔姆斯—伯顿法》（Helms-Burton Act），对同古巴有经贸关系的外国公司实施经济制裁，就算这些外国公司的母国法律允许也不能例外。2001 年炭疽热的恐慌（最终也无法证实这与美国境外的恐怖主义有关），使一项生物恐怖法得以通过，该法案要求那些申请出口到美国的商品进行登记并记录档案，并声称这一要求并不麻烦，也没有什么成本；但许多外国企业并不这么想，最起码这增加了向美国销售商品的成本；随着签证难度的加大，造成了外国公司在美国经商的困难，其中包括提供服务。如果其他国家也以其人之道还治其人之身，其结果是显而易见的，即一边在消除人为的贸易壁垒，同时又设置起新的壁垒。

当然，一个国家的首要责任是保护其国民，国家安全必须是第一要务。这样的考虑是实实在在的，对安全的担忧不是空穴来风。欧洲越来越依赖来自俄罗斯的天然气进口，美国也更加依赖外国进口的石油，要使全球化更有效地发挥作用，其中的挑战在于将这些担忧转化成大家共同的责任，而解决问题的程序则必须民主化。美国不能在关注自己的安全问题的同时却不许别国做同样的事；欧洲企业与什么样的国家进行贸易、哪些商品可以销售，这样的问题不能由唯一的一个独裁者来裁定。

---

* 也可译为“次级联合抵制”。——译者注

全球化的安全问题所涵盖的内容非常丰富。在紧急时期，一国能否从国外购买到必需品（如能源和食品），对这种问题的担心是限制进口和补贴国货的根本缘由。如果沿着这一逻辑，那么结论就是贸易自由化的整个框架都是危险的。难道说我们为了使全球经济更为高效，每个国家只能接受这样的风险作为代价吗？

难道只是因为俄罗斯提供的天然气最为便宜，欧洲国家就可以置国家安全于不顾而从俄罗斯购买天然气，还是应该对能源市场进行干预以减少能源的对外依赖？我们是否在接纳经济的相互依存度日益提高的同时也为其带来的风险而欢呼，因为这样一来用和平方式解决国际间的政治争端的动力会更强？我们是否应该在国际上建立一个民主程序，以裁定在什么样的情况下以国内安全为目的的贸易干预是可以接受的，还是干脆允许各个国家可以为所欲为地打出国家安全这张牌来为贸易保护主义辩护？

即使是对于那些为全球化摇旗呐喊的拉拉队成员来说，有关国家安全和全球化的争论，凸显了那些不在经济福利之列的价值与全球化休戚相关。然而在全球化的发展进程中，这些非经济的价值却一直遭到漠视，原因很简单，这些对于普通百姓来说非常重要的问题，在民主缺失的情况下是得不到应有的重视的。美国，这个世界上最富有的国家，想要什么就能得到什么，想干什么就能干成什么，只要它感到了危险，特别是在关系到美国国家安全问题方面，它从来都是我行我素的。但是，至少到目前为止，其他国家不愿意站起来予以回击。有太多的国家在美国精心编排的全球化狂欢中被冲昏了头脑，而全然不知这样的全球化是如何被谋划出来，又是如何进行管理的。然而，总有一天美国再也不能为所欲为，到那时，全球经济、社会、政治以及环境变化的合力要比一国依据自身的利益和立场来塑造世界的能力强大得多，即使是世界上最强大的国家也无法与之抗衡。

有关国家安全和全球化的争论还彰显了本书的第二个主题，即经济全球化的速度快于政治全球化。

在我们没有学好如何和平共处的时候，我们在经济上已经很快地变得相互依赖了。尽管经济全球化营造的经济纽带，包括全球化所蕴涵的相互依赖以及日常交往中所加深的相互了解，都是和平的强大推力，但它们自身的力量远远不够。没有和平，就没有商业往来。曾几何时，在一个世纪之前，动荡的战争阻碍了全球化进程，用了半个多世纪的时间才让全球化恢复到战前水平（以全球贸易占全球 GDP 的比重来衡量）。[①] 曾几何时，一战结束时，美国已经是世界上最强大的国家，对多边主义嗤之以鼻，退出了当时为维护世界和平而建立的国际组织——国际联盟。布什政府当年也公然拒绝了《京都议定书》、国际刑事法庭以及限制军备竞赛的重大协议，而且在他违反国际法、先发制人地发动入侵伊拉克的战争之时，在联合国拂袖而去。

联合国证实了协商民主的价值所在，有人指出伊拉克的大规模杀伤武器是迫在眉睫的威胁，联合国在仔细地权衡了所谓的证据后，得出的结论是：这些证据不足以让先发制人地发动战争自圆其说，这是违背长期信守的规范的行为。这一结论得到了证实——没有找到大规模杀伤武器。美国这个世界上唯一的超级大国一方面积极推进经济全球化，一方面又在同时削弱经济全球化运作所必需的政治基础。美国以促进全球民主为其行为旗帜，但实际上是在破坏全球民主；美国言必称人权，但却为违背《联合国反酷刑公约》（UN Convention Against Torture）的行为进行厚颜无耻的辩解，还有其他罄竹难书的行为，实际上都是在践踏人权。

人们寻求建立在国际法制基础上的、更加公平的全球化，如果说应该有一个国家来响应这一呼吁，这个国家应该就是美国。美国《独立宣言》（Declaration of Independence）的主张不是"所有美国人生来平等"，而是"所有人生来平等"；美国的立国之父关心的是各项原则的普遍适用性，并且在《独立宣言》、《美国宪法》(Constitution)、《权利法案》(Bill of Rights)，以及最初的十个美国宪法修正案中进行了非常清晰的表述，成为了世界上其他国家的表率；上述文件的起草人如果能看到 1948 年 12 月 10 日联合国采用了《世界人权宣言》(Universal Declaration of Human Rights)，他们定将不甚欣慰。美国自立国之始就受惠于全球化，大批工人移民到海岸，国外资本和思潮为它提供了支持；现在它是经济全球化的最大受益人之一。因此确保全球化未打折扣是符合美国的利益的，即便打了折扣，确保缩小经济全球化和政治全球化之间的差距也是符合美国的利益的。[②]

① 参见 Robert C. Feenstra, "Integration of Trade and Disintegration of Production in the Global Economy," *Journal of Economic perspectives*, vol. 12, no. 4 (Autumn 1998), pp. 31-50, Table 1。

② 从这个角度来看，我希望布什总统的单边主义在 21 世纪的第一个 8 年里只是一时的背经离道。

对于世界的大多数人而言，一直以来全球化的运作方式似乎是与魔鬼订立盟约，一些人变得更有钱，GDP 数值如果还有意义的话，看起来也更好，然而生活方式以及基本价值观都受到了威胁。世界上的一些地区，全球化带来的收益简直微不足道，付出的代价却是实实在在的。全球经济的进一步一体化带来了更大的波动、更多的不安全，以及更大的不平等，甚至对基本的价值观都构成了威胁。

然而这不应该是全球化的本来面目，我们能够让全球化卓有成效，不仅为富人权贵服务，而且为所有人服务，包括那些最贫穷国家的人。路漫漫其修远兮，我们已经等得太久，现在是该行动的时候了。

图书在版编目（CIP）数据

让全球化造福全球/(美) 斯蒂格利茨著；雷达，朱丹，李有根译；谢亚凡校．—北京：中国人民大学出版社，2011.10
(当代世界学术名著)
ISBN 978-7-300-14698-0

Ⅰ.①让… Ⅱ.①斯… ②雷… ③朱… ④李… ⑤谢… Ⅲ.①经济全球化—研究 Ⅳ.①F114.41

中国版本图书馆 CIP 数据核字（2011）第 224594 号

当代世界学术名著
让全球化造福全球
[美] 约瑟夫·E·斯蒂格利茨 著
雷 达 朱 丹 李有根 译
谢亚凡 校

出版发行	中国人民大学出版社		
社　　址	北京中关村大街 31 号	**邮政编码**	100080
电　　话	010－62511242（总编室）		010－62511398（质管部）
	010－82501766（邮购部）		010－62514148（门市部）
	010－62515195（发行公司）		010－62515275（盗版举报）
网　　址	http://www.crup.com.cn		
	http://www.ttrnet.com(人大教研网)		
经　　销	新华书店		
印　　刷	北京市易丰印刷有限责任公司		
规　　格	155 mm×235 mm　16 开本	**版　　次**	2011 年 11 月第 1 版
印　　张	18 插页 2	**印　　次**	2011 年 11 月第 1 次印刷
字　　数	296 000	**定　　价**	45.00 元